AF356297

+ RAYMOND GUYOT

La Première Entente Cordiale

F. RIEDER ET Cie
ÉDITEURS
PARIS

LA
PREMIÈRE
ENTENTE CORDIALE

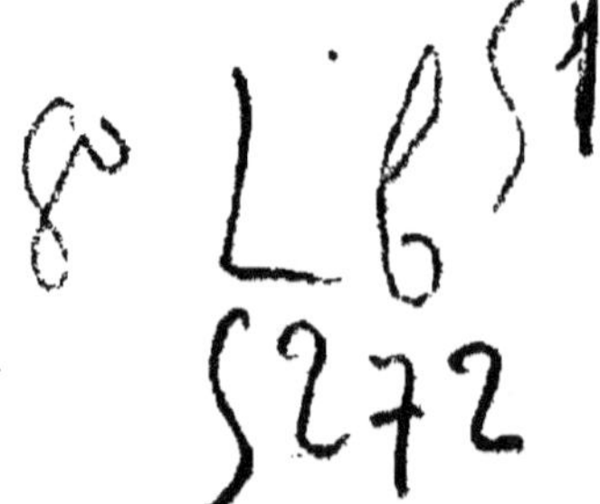

OUVRAGES DU MÊME AUTEUR :

Librairie Fontemoing (de Boccard successeur) :

SOUVENIRS D'UN PRÉFET DE LA MONARCHIE. MÉMOIRES DU BARON SERS (en collaboration avec M. le baron Henri Sers).

Librairie Félix Alcan :

LE CONVENTIONNEL GOUJON (en collaboration avec F. Thénard) (récompensé par l'Académie des Sciences Morales et Politiques).

LE DIRECTOIRE ET LA PAIX DE L'EUROPE (1795-1799). (Académie des Sciences Morales et Politiques, prix Drouyn de Lhuys).

L'ŒUVRE LÉGISLATIVE DE LA RÉVOLUTION (en collaboration avec M. Léon Cahen).

Librairie Berger-Levrault :

NOTES BIOGRAPHIQUES SUR J.-F. REUBELL.

Librairie H. Fleury :

NAPOLÉON, documents historiques et iconographiques (tirage à 500 ex. numérotés, épuisé).

RAYMOND GUYOT

Maître de Conférences à la Faculté des Lettres
de l'Université de Paris

LA
PREMIÈRE
ENTENTE CORDIALE

> « Deux nations ne peuvent continuer à
> être politiquement unies, si elles ne s'atta-
> chent étroitement par le lien des affaires
> commerciales. »
>
> (Lord Palmerston, 1837.)

F. RIEDER ET C⁰, ÉDITEURS
7 PLACE SAINT-SULPICE · PARIS (VI⁰)
MCMXXVI

PRÉFACE

CETTE étude est commencée depuis 1913. Comme tout le monde à cette époque, j'avais remarqué, non sans inquiétude, l'impuissance des hommes d'Etat français et anglais à s'accorder pour prévenir efficacement les dangers de guerre, et contenir, en maintenant la paix, l'ambition grandissante des nations de l'Europe centrale. Cette faiblesse évidente de la seconde « entente cordiale » rappelait assez exactement, dans ses traits généraux, l'histoire de la première, pour me donner l'idée d'étudier de près celle-ci, qui me semblait assez mal connue. Les causes qui l'avaient rendue si fragile, et en avaient amené la rupture en 1846, avaient-elles disparu depuis ? Etaient-elles vraiment limitées à ces trois querelles, aujourd'hui surannées, du droit de visite, de l'affaire Pritchard et des mariages espagnols, que tous les livres d'histoire énonçaient traditionnellement dans le même ordre et presque dans les mêmes termes ?

Des recherches entreprises aux Archives du Foreign Office, et continuées ensuite à Paris, au dépôt des Affaires étrangères, me démontrèrent rapidement le contraire. En dehors des négociations politiques franco-anglaises, sur lesquelles les documents inédits apportaient du reste beaucoup de précisions nouvelles, il se trouvait que d'importants pourparlers économiques, dont les historiens, même récents, ne disaient rien, avaient été entrepris, pendant presque toute la durée du règne de Louis-Philippe. Trois fois ils avaient été près d'aboutir à un traité de commerce, et ils avaient échoué trois fois. Il me semblait même que ces échecs pouvaient avoir influé assez directement sur certaines phases de l'accord — ou du désaccord — politique, par exemple pendant la crise orientale de 1840. Je communiquai à la Société d'Histoire Moderne, en 1914, ces premières conclusions auxquelles j'étais arrivé. Mon travail, interrompu par la guerre, ne put, pour diverses raisons, être repris qu'en 1921.

Revoyant alors les documents de plus près, avec des yeux que l'expérience avait ouverts, comme à bien d'autres, sur l'influence des causes économiques et financières dans les rapports entre nations, je crus apercevoir que certains éléments importants m'avaient échappé en 1913, qui avaient joué aussi un rôle dans la conclusion et la rupture de la première entente cordiale. A côté des essais d'alliance commerciale entre la France et l'Angleterre, il fallait faire place à un essai, plus limité il est vrai, d'association des capitaux, dans l'industrie, les banques et les compagnies de chemins de fer.

Mes recherches pour éclaircir ce point furent plus difficiles, et moins heureuses. Faute de pouvoir accéder aux archives privées des principaux intéressés, à supposer qu'elles existent encore, je n'ai pu retrouver, dans les dépôts publics ou les documents imprimés, que des indications fragmentaires, quoique parfois assez précises. Elles ne m'ont permis d'établir que des hypothèses, dont j'ai donné communication, en octobre 1924, à l'Académie des Sciences morales et politiques.

Enfin, j'aurais souhaité me faire une idée nette de ce que furent, à l'époque que j'étudiais, les rapports intellectuels entre la France et l'Angleterre. Que savait-on, en chaque pays, du peuple voisin ? Quel moyen avait-on de se connaître et de se comprendre ? Dans la balance où pesaient déjà les traditions et les intérêts, de quel poids pouvait être l'opinion éclairée des deux nations ?

Je m'aperçus rapidement que pour en juger avec quelque certitude, il aurait fallu des recherches immenses, et qu'elles étaient à peine entreprises. Les travaux de ce genre commencent d'intéresser les spécialistes de la littérature comparée et de l'économie sociale ; mais la plupart de leurs enquêtes n'atteignent pas encore la période qui m'occupe, et presque aucun d'eux n'a eu souci de contribuer par ses recherches à l'histoire de notre politique étrangère. Ne pouvant prolonger indéfiniment une étude déjà longue, j'ai donc dû me résoudre à des aperçus généraux sur ce côté de la question, tout en essayant de donner, toutes les fois que je l'ai pu, quelques précisions indispensables.

Ces détails personnels m'ont semblé nécessaires pour expliquer, sinon excuser, les lacunes du présent ouvrage. Il ne prétend pas renouveler le sujet, mais seulement apporter quelques compléments à nos connaissances. Il aidera peut-être à mieux comprendre l'histoire de la première entente cordiale, son origine, sa faiblesse, son peu de durée. Je souhaiterais qu'il né fût pas tout à fait inutile, non plus, à l'intelligence de nos rapports présents avec l'Angleterre, si différente que soit l'époque actuelle du temps de Victoria et de Louis-Philippe.

NOTE BIBLIOGRAPHIQUE

La présente étude est faite surtout d'après les documents des archives anglaises et françaises :

I). Aux archives du RECORD OFFICE à Londres, les correspondances échangées entre le Foreign Office et l'Ambassade britannique à Paris ont été consultées sur les minutes et sont citées d'après elles, avec, pour abréger, la seule mention de la date et l'indication F. O., qui se rapporte pour les dépêches du ministre à la série F. O., *France*, volumes 405 à 797, et pour celles de l'Ambassadeur, à la série F. O. *Archives, France*, volumes 110 à 341. Les autres documents, (correspondances avec les autres postes diplomatiques, ou collections particulières, telles que les *Aston papers* et les *Bloomfield papers*) sont cités avec référence précise à leur série.

II. a) Aux Archives des AFFAIRES ÉTRANGÈRES à Paris, les documents de la correspondance politique sont classés dans une série unique pour chaque pays. Les pièces de la série *Angleterre* volumes 631 à 668 sont citées, pour abréger, avec seule mention de la date et les initiales A. E. Celles des autres séries, ainsi que les documents du fonds *Mémoires et documents* et du fonds *Négociations commerciales* sont citées avec référence au volume ou carton qui les contient. Quelques pièces, qui manquent à Paris, ont été retrouvées aux archives de l'Ambassade de France à Londres.

b) Aux ARCHIVES NATIONALES, les documents de la sous-série F12 ont été utilisés pour l'histoire des négociations commerciales. Ils sont cités également avec références détaillées, en raison de leur dispersion.

c) Au département des manuscrits de la BIBLIOTHÈQUE NATIONALE, la correspondance de Thiers est conservée sous la cote *Nouv. acq. fr.*, n° 20610. Elle forme une série unique de volumes se succédant dans l'ordre chronologique. On y a renvoyé avec la référence B. N. *Papiers Thiers*, et la date.

Une partie des documents diplomatiques a été publiée, surtout en Angleterre, pour être communiquée aux Chambres. Ces publications sont commodes, mais toutes incomplètes ou altérées. Nous les avons utilisées, mais pour toutes les pièces citées nous avons vérifié sur l'original et c'est à lui que nous renvoyons. Par contre, les pièces de la Correspondance diplomatique de Talleyrand, ambassadeur à Londres, publiées par M. PALLAIN, étant une reproduction très exacte des originaux, nous les citons d'après l'imprimé : *Ambassade de Talleyrand à Londres* (1830-1834).

La correspondance de la *Reine Victoria* forme, avec le recueil de Pallain, la seule collection suivie de correspondances proprement dites. Nous la citons d'après l'édition anglaise :

The letters of queen Victoria, a selection from H. M'S correspondence 1837-1861, p. p. A. C. BENSON et le vicomte ESHER. Londres 1908, 3 vol.

Enfin un grand nombre de lettres, surtout privées et confidentielles, sont dispersées dans des volumes de Mémoires ou des Biographies. Les plus importantes et les plus nombreuses se trouvent dans les ouvrages suivants, où nous renvoyons avec indication la première fois, du titre complet, et ensuite, du seul nom d'auteur :

Mémoires du Prince de Talleyrand, p. p. le duc de BROGLIE, Paris, 1892, 5 vol. (Les t. III, IV et V, ces deux derniers contenant les principales pièces.)

GUIZOT, *Mémoires pour servir à l'histoire de mon temps*, Paris 1858-67, 8 vol. (tomes V à VIII surtout).

BULWER, (Sir Henry Lytton E.) *The life of Henry John Temple, Viscount Palmerston*, Londres 1870-1874, 3 vol.

ASHLEY, *The life and Correspondence of Henry John Temple, Viscount Palmerston*, Londres 1879, 2 vol. (complète le précédent).

SANDERS (L. C.) *Lord Melbourne's Papers*. Londres 1889.

STANMORE (A. H. Gordon, Baron). *The Earl of Aberdeen*. Londres 1893.

PARKER (C. S.) *Sir Robert Peel, from his private papers* (tome III.) Londres 1899.

RUSSELL (John, Earl). *Life and Letters* by sir Spencer WALPOLE, 2 vol. Londres 1891.

Pour tous les autres recueils similaires, on trouvera dans le corps du travail la référence complète pour chaque citation.

Les travaux des historiens sur le sujet spécial étudié ici sont peu nombreux. Il n'y a qu'un ouvrage consacré exclusivement aux relations franco-anglaises, celui du major HALL, *England and the Orléans Monarchy*, Londres, 1912, qui utilise les archives de Londres et de Paris, mais est tout à fait muet sur les rapports économiques, sociaux, intellectuels, etc.; (nuance whig). Il faut donc recourir aux études plus générales. Les principales sont :

D'HAUSSONVILLE, *Histoire de la politique extérieure du gouvernement français depuis 1830*, Paris 1851 (réimpression d'articles de la *Revue des Deux-Mondes*, écrits d'après les documents imprimés, sans références ; de nuance orléaniste).

THUREAU-DANGIN, *Histoire de la Monarchie de Juillet*, Paris, 1884-1892, 7 vol. (utilise de nombreux documents inédits ; nuance orléaniste).

WARD ET GOOCH, *The Cambridge history of british foreign policy*, Cambridge 1923, (tome II, 1815-1866, utilise en partie les archives du Foreign Office ; nuance whig).

Il a paru aussi des études détaillées sur certains points de l'histoire diplomatique. Les plus importantes sont :

Sur l'Europe en 1830 :

Vicomte de GUICHEN, *La Révolution de 1830 et l'Europe*, Paris 1917, (utilise de très nombreux documents des archives, mais la mise en œuvre laisse beaucoup à désirer ; nuance légitimiste) :

Sur l'affaire de Belgique :

Abbé Fl. de LANNOY. *Les origines diplomatiques de l'indépendance belge ; la Conférence de Londres (1830-1831)*. Louvain, 1903. (Nuance conservatrice anglophile ; bibliographie étendue) ;

Sur la crise orientale de 1840 :

Adolf HASENCLEVER, *Die Orientalische Frage in den Jahren 1838-41*, Leipzig 1914 ; (utilise les archives de Vienne et de Berlin, détaillé et critique à la manière allemande. Bonne bibliographie) ;

Vicomte de GUICHEN, *La crise d'Orient de 1839 à 1841 et l'Europe*. Paris, 1922. (Beaucoup de documents ; nuance patriotique française, influencée par la guerre) ;

, Fr. St. RODKEY, *The Turco-Egyptian question in the relations of England, France and Russia, 1832-1841*. Urbana (Illinois), 1924, 2 vol. (quelques documents américains ; travail très détaillé et précis, spécialement sur la question de la route de l'Inde. Bonne bibliographie) (1).

Pour les rapports sociaux franco-anglais, un seul ouvrage à notre connaissance embrasse l'ensemble de la période 1830-1848 :

R. BOUTET de MONVEL. *Les Anglais à Paris (1800-1850)*, Paris 1911.

Sur les relations économiques, il n'existe encore, à notre connaissance, aucun travail développé.

Enfin, les rapports intellectuels, et ce qu'on a appelé « l'entente cordiale littéraire » n'ont pas non plus, croyons-nous, été étudiés en eux-mêmes.

Pour l'histoire intérieure de la France et de l'Angleterre à l'époque de la première entente cordiale, nous avons surtout utilisé, outre l'ouvrage déjà mentionné de Thureau-Dangin :

CHARLÉTY. *La Monarchie de Juillet* (t. V de l'*Histoire de France contemporaine* de Lavisse). Paris, s. d. [1921] (sans doute le meilleur ouvrage d'ensemble sur la période).

W. HUNT et R. L. POOLE. *The political history of England*, t. XI (1801-1837) et XII (1837-1901). Londres 1907-1909 (surtout pour l'histoire parlementaire).

Elie HALÉVY. *Histoire du peuple anglais au XIXe siècle* (tome III, 1830-1841), Paris 1923, (spécialement utile au point de vue de l'histoire sociale et religieuse) ;

Joseph BARDOUX. *Essai d'une psychologie politique de l'Angleterre contemporaine. Les crises belliqueuses*. Paris, 1906. (Histoire des idées et de l'opinion publique).

(1) Le livre de M. Donald M. Greer, *l'Angleterre, la France et la révolution de 1848*, paraît au moment même où je corrige les épreuves de celui-ci. Écrit d'après les archives de Paris et de Londres, il contient une excellente étude des mariages espagnols et de la rupture de 1846-47, ainsi qu'une bibliographie très complète. Mais il ne dit rien des rapports économiques.

CHAPITRE PREMIER

FRANÇAIS ET ANGLAIS EN 1830

———

I. Les relations politiques avant 1830. — II. Les relations sociales;
les voyageurs. — III. Les relations littéraires. Stendhal. Le
théâtre anglais à Paris. — IV. La situation en juillet 1830. Les
deux libéralismes. — V. L'Angleterre et la révolution de juillet.

I

LES deux nations qui peu de temps après 1830 inventèrent
presque en même temps, pour qualifier leurs relations
nouvelles, le terme d'*entente cordiale* sont peut-être celles
qui dans le passé s'étaient le plus longtemps et le plus cordialement haïes. Depuis un siècle et quart, leur histoire avait compté
autant d'années de guerre que d'années de paix. La dernière
période de lutte, à peu près ininterrompue pendant vingt ans,
avait été d'un bout à l'autre une guerre à mort, un *bellum inter-
necivum*, selon le mot de William Pitt. De part et d'autre de
la Manche, les tribunes des assemblées, les places publiques et
les champs de bataille avaient retenti d'imprécations contre l'ennemi national. Chaque peuple enseignait aux enfants la haine
de l'autre. Au cours même d'une négociation de paix en 1797,
un représentant de la France avait soutenu, le plus sincèrement
du monde, que le seul pardon des injures souffertes, la renon-

ciation à de justes vengeances, étaient pour les Français un lourd sacrifice, et qui ouvrait droit à compensation (1).

Quinze ans s'étaient écoulés depuis la fin du dernier conflit. La France avait subi la loi du vainqueur, perdu sa puissance navale et ses colonies, sa prépondérance politique et jusqu'à la sécurité de ses frontières. L'Angleterre, en possession de nouveaux territoires, garantie pour l'avenir par des alliances et des précautions militaires, n'en était pas moins chargée d'une dette écrasante et aux prises, à l'intérieur, avec d'immenses difficultés dont elle devait naturellement tenir rancune à son ancienne ennemie. Et cependant les rapports des deux pays allaient, dès l'automne de 1830, prendre un tout nouveau caractère. Au lendemain de la Révolution de juillet allait s'établir, entre Paris et Londres, un courant spontané de sympathie où il semblait que les peuples eussent autant de part que les gouvernements, et qui parut devoir conduire à un rapprochement durable, peut-être même à une alliance proprement dite. Le changement survenu dans une aussi courte période était-il profond et sincère, et quelles circonstances l'expliquent ? Le temps, à vrai dire, a déjà commencé de faire, en quinze années, son œuvre d'apaisement et d'oubli. Un à un disparaissent les auteurs et les chefs de la Grande Guerre. Georges III est mort en 1820 ; Georges IV, régent depuis 1810, mourra à son tour en 1830; Guillaume IV, qui lui succédera, n'appartient plus tout à fait à la génération de ceux qui ont connu, à l'âge adulte, les angoisses et les colères de la lutte pour la maîtrise des mers, entre Aboukir et Trafalgar. Lord Castlereagh, devenu marquis de Londonderry, s'est suicidé en 1822, Canning est mort en 1827, lord Liverpool en 1828.

Pourtant, le parti qui est au pouvoir à Londres est toujours celui qui a mené la guerre contre la France et qui a triomphé d'elle. Le premier ministre britannique en 1830 est précisément l'homme qui personnifie aux yeux des Français la victoire an-

____

(1) Fougeray du Coudrey. *Pléville-Le-Pelley*, p. 16.

glaise et le triomphe sur Napoléon, ce même Wellington qui a fixé en personne l'emplacement des forteresses élevées contre la France sur notre frontière du Nord, et qui a emporté à Londres, pour la placer comme un trophée dans le vestibule de son hôtel, la statue colossale de Napoléon par Canova.

Entre les deux gouvernements toutefois, des rapports corrects se sont établis. La France compte même, depuis 1818, à côté de l'Angleterre, au nombre des « puissances alliées ». Les ambassadeurs de Louis XVIII ont été bien accueillis à Londres. Plusieurs d'entre eux, le marquis d'Osmond, le duc Decazes, Chateaubriand y ont reçu, dans les milieux politiques et dans la haute société, des témoignages de sympathie qui s'adressaient autant à leur pays qu'à leur personne ; mais les éléments d'un véritable rapprochement politique des deux gouvernements ont toujours manqué.

Il semblerait naturel que les hommes d'Etat de la Restauration, ramenés en France, avec leur souverain, par la victoire anglaise de Waterloo, dussent incliner de préférence à une entente avec l'Angleterre. L'opposition libérale française les en accusait volontiers. Elle rappelait, à l'occasion, que certains d'entre eux avaient, de longues années durant, vécu des subsides britanniques pendant l'émigration, ou même porté, avec la cocarde noire, l'uniforme des troupes anglaises. Le fait était parfois exact ; le reproche d'avoir conservé envers l'Angleterre des sentiments dociles ou reconnaissants l'était infiniment moins. En réalité, l'esprit de méfiance, parfois d'hostilité envers l'Angleterre ou plus spécialement envers la politique anglaise, était aussi vif chez tel grand seigneur ou tel ministre ultra-royaliste que chez l'homme du peuple ou l'ancien soldat de l'empire, héritier des vieilles rancunes contre la « perfide Albion ». On aperçoit des traces de ces sentiments dans le soin particulier avec lequel, après 1815, et jusque sous le règne de Charles X, les ministres chargés de la police font espionner, à Paris et ailleurs, non seulement les ambassadeurs britanniques, mais tous les Anglais de quelque conséquence qui viennent séjourner dans le royaume (1). On en trouve aussi la preuve dans la méfiance persistante de nos hommes d'Etat et de nos diplomates à l'égard de la politique britannique et de ceux qui en sont les interprètes. Lorsque Chateaubriand, ambassadeur à Londres en 1822, entend lord Londonderry lui faire, sur ses intentions envers l'Espagne, une déclaration précise et confidentielle, il n'ose en écrire à Paris qu'avec d'excessives réserves sur la sincérité de son interlocuteur, et dans les félicitations que le ministre lui adresse pour avoir mérité cette confiance peu commune, on démêle une nuance d'ironie et d'incrédulité (2). Il arrive même que d'anciens émigrés, ayant longtemps vécu à Londres avant 1814, s'en souviennent avec quelque amertume, et tiennent à faire voir, par leurs manières et leur langage, que les temps sont changés, et que le sentiment national français n'a pas de meilleurs interprètes qu'eux-mêmes. Personne n'a parlé de l'Angleterre, dans les Chambres de la Restauration, avec plus d'animosité qu'Hyde de Neuville, jadis émigré à Londres et complice, sous le Directoire, de l'évasion de Sidney Smith.

Des hommes comme Castlereagh, ou plus tard Canning, ont trouvé en France des chefs de gouvernement capables de les comprendre et de faire parfois, au désir de ne pas rompre avec eux, des concessions très importantes, mais c'est plutôt chez un Villèle ou un Decazes, demeurés sur le territoire français pendant toute la Grande Guerre, que chez un Chateaubriand ou un Polignac.

Par là s'explique peut-être que les occasions de conflit entre l'Angleterre et la France se soient assez souvent reproduites, de 1820 à 1830, notamment à propos de l'expédition d'Espagne, et qu'à la fin du règne de Charles X le gouvernement tory de Wellington en soit venu à une quasi-hostilité, non certes contre la nation française, mais contre le souverain, son entourage et ses ministres.

Tant bien que mal, les rapports pacifiques s'étaient cepen-

(1) E. Daudet. *La police politique (1815-1820)*, chap. I et III.
(2) Comte d'Antioche, *Chateaubriand ambassadeur à Londres*, 234-36.

dant maintenus entre Paris et Londres. Mais le gouvernement français y avait fait des sacrifices. Louis XVIII, pour ne pas rompre avec l'Angleterre sur les projets d'intervention européenne en Amérique du Sud, dont Canning ne voulait pas, avait dû renvoyer Chateaubriand du ministère des Affaires étrangères. Il avait rappelé de Lisbonne son ministre, Hyde de Neuville, qui s'était attaché avec trop d'ardeur à combattre l'influence anglaise, et même à provoquer une intervention des troupes françaises au Portugal.

Ceux qui, en France, ultra-royalistes comme Chateaubriand ou libéraux comme Foy et Lamarque, avaient alors protesté contre « l'humiliation » de leur pays, semblèrent prendre leur revanche trois ans plus tard, quand la nation entière applaudit à la victoire de Navarin, remportée cette fois pour la cause d'un peuple qui défendait son indépendance et sa liberté. Sur le sens de cet événement et sur les conséquences qu'il devait avoir, le désaccord fut complet entre les gouvernements de France et d'Angleterre. Ce qu'on qualifiait à Londres d' « affreux accident », eut pour effet immédiat de renverser le ministère et d'en exclure les auteurs de la coopération anglo-franco-russe. A Paris, la victoire de Navarin donna le pouvoir aux partisans d'une politique extérieure indépendante ; elle faillit réunir dans un même cabinet Chateaubriand et l'amiral de Rigny, la victime de Canning et le vainqueur des Turcs.

Dès ce moment, l'opinion britannique soupçonna le gouvernement français de laisser grandir dans le public la haine contre les traités de 1815 et le désir de la revanche militaire. Le ministère Wellington accepta bien de voir les troupes de Charles X occuper la Morée, mais il s'arrangea pour ôter à cette opération l'ampleur et le caractère glorieux qu'elle aurait pu prendre si les Egyptiens n'eussent évacué le pays par avance. En France, l'opposition libérale accusait le ministère d'avoir sacrifié la gloire nationale à la jalousie de l'Angleterre. A Londres, les tories les plus obstinés cessaient de s'intéresser à la cause des Bourbons. A quoi bon les soutenir, s'ils ne garantissaient plus le respect des traités de Vienne et si Charles X cédait aux vœux de revanche militaire et de conquête attribués à la nation française?

Cette méfiance inquiète du gouvernement britannique et de la majorité qui le soutenait dans les Chambres ne se limitait pas aux frontières des pays naguère enlevés à la France, ni même à celles de l'Europe en général; elle s'étendait à tous les points du globe où l'amour-propre et les intérêts des deux nations pouvaient se trouver en conflit. On en vit d'abord la preuve dans les difficultés de toute sorte qui se produisirent dès le début de la Restauration, à propos de nos colonies.

Le traité de Paris du 20 mai 1814 nous avait enlevé, parmi nos anciennes possessions d'outre-mer, Sainte-Lucie et Tabago dans les Antilles, l'Ile de France et ses dépendances dans l'Océan Indien. Les autres colonies nous furent rendues, mais avec lenteur: la Guadeloupe et la Martinique, au milieu de 1815; Bourbon en avril de la même année, le Sénégal et les loges de l'Inde en 1817; la Guyane en 1818. A Madagascar, les querelles continuèrent jusqu'en 1828 entre les Français, qui avaient repris possession de Sainte-Marie et de Tamatave, et les Anglais de Maurice, qui soutenaient contre nous le roi des Hovas Radama et avaient conclu avec lui, en 1825, un traité de commerce. A Saint-Domingue enfin, où Louis XVIII avait d'abord eu l'intention de rétablir la domination française, la contrebande des armes, organisée depuis longtemps par les trafiquants anglais de la Jamaïque et des autres îles, continua impunément après 1815, malgré les engagements de neutralité pris par l'Angleterre dans un article secret du premier traité de Paris. Toutes les réclamations françaises demeurèrent sans effet et finalement, en 1825, Charles X se résigna à reconnaître l'indépendance de l'île. Ces difficultés n'avaient pas un très grand retentissement dans le public ; mais on s'en occupait parfois à la Chambre. Un jour, en 1828, Sébastiani accusa le ministère d'agir dans nos colonies « comme si nous ne les possédions que sous le bon plaisir de l'An-

gleterre », ce qui provoqua une protestation indignée du ministre de la Marine, Hyde de Neuville, à la vérité peu suspect
de complaisance pour la politique anglaise. (1)

Un conflit plus grave menaçait d'éclater, en 1830, au sujet
de l'expédition d'Alger, entreprise par Charles X et Polignac
surtout pour des fins de politique intérieure, mais que le gouvernement britannique considérait d'un tout autre point de
vue. Averti, dès mars 1830, du projet d'occupation, le ministre anglais des affaires étrangères, lord Aberdeen, ne cessait de
réclamer de la France une promesse de respecter la souveraineté turque en Afrique du Nord et de n'y faire aucun établissement durable. Polignac, sans vouloir céder à ce qu'il appelait « l'inquiétude ombrageuse » de l'Angleterre, refusa
toujours de donner une promesse écrite, et Wellington lui-même
n'osa pas aller jusqu'à formuler des menaces, qu'il était, à ce
moment, incapable de mettre à exécution. Mais il n'en éprou-
vait que plus de mauvaise humeur. « Nous n'ignorons pas, dit-
il un jour au duc de Laval, que l'esprit d'ambition et de
conquête est un sentiment national en France. Quelle que soit
la couleur du gouvernement, il sera forcé de céder à cette im-
pulsion. » Le 25 juillet 1830, au moment où l'ambassadeur
français, allant passer quelques semaines à Paris, prenait congé
de lord Aberdeen, ce dernier lui dit : « Jamais, ni sous la
République, ni sous l'Empire, la France n'a donné à l'Angleterre des sujets de plainte aussi graves » (2). Ce langage était,
à coup sûr, fort exagéré. Mais il est certain que, depuis 1815,
les relations des deux gouvernements n'avaient jamais été plus
tendues.

II

A vrai dire, il n'en était pas tout à fait de même entre les
deux peuples. Au fort même de la guerre, il y avait toujours

(1) Brochure de Féray et Fitte intitulée : *Nécessité d'une prompte et
efficace modification à notre tarif des douanes*, 1833. (A. N., F 12, 2525).
(2) E. Le Marchand, *l'Europe et la Conquête d'Alger*, 202.

eu en France des amis de l'Angleterre, empressés à louer, quand ils croyaient pouvoir le faire impunément, son régime de liberté individuelle et politique.

En Angleterre, des milliers de personnes attendaient impatiemment la paix pour revenir sur le continent. A peine les Bourbons étaient-ils de retour, que Paris fut plein de « mylords », comme déjà au moment de la paix d'Amiens. Les commerçants se hâtaient de profiter de la levée des prohibitions douanières, ordonnée par le comte d'Artois. Des industriels, des filateurs en particulier, s'installaient dans la région du Nord. Les touristes s'empressaient à vérifier par eux-mêmes l'exactitude des récits fabuleux dont la presse britannique avait, pendant la guerre, nourri l'imagination populaire (1). Le mouvement, arrêté pendant les Cent Jours, reprit aussitôt après, au point d'amener le gouvernement de Louis XVIII à des mesures spéciales de police. Il se reconstitua ainsi, très rapidement, une vie de société franco-anglaise, dont les premiers éléments s'étaient déjà rencontrés au moment de la paix d'Amiens, et même avant la Révolution.

On y remarque d'abord les financiers: les banques anglaises n'avaient jamais perdu le contact avec la haute société française; la maison Boyd, qui avait en 1796 préparé les voies à la mission de lord Malmesbury, comptait parmi ses clients le futur Charles X, et c'est à elle qu'en 1830, avant de quitter la France, il confiera ses fonds. Le duc d'Orléans était et demeurera, après son élévation au trône en 1830, le client des frères Coutts. Plusieurs banques anglaises avaient des succursales à Paris, telle la banque Callaghan et Cie, où Edward Blount débuta, avant de s'associer avec Charles Laffitte. (2) William Hope, qui avait épousé la fille du général Rapp, s'était installé lui-même à Paris, et y fit construire, rue Saint-Dominique, l'hôtel célèbre qui devait prendre plus tard le

(1) V. à ce sujet Woodbridge, *La France en 1815, vue par des yeux anglais* (Bull. de la Soc. d'hist. moderne, nov. 1921).
(2) Blount, *Mémoires*, 31.

nom d'hôtel de Sagan. C'est lui qui, en 1816, associé avec Baring, plaça dans sa clientèle les titres de l'emprunt français. C'est Baring qui, en 1818, au congrès d'Aix-la-Chapelle, donna aux arrangements proposés par Richelieu, pour l'évacuation de la France, sa garantie financière, et tous deux s'associèrent pour l'entreprise avec les frères Rothschild, Nathan et James, établis l'un à Londres et l'autre à Paris (1).

Dans l'entourage des financiers, nous retrouvons sous la Restauration la même société, et parfois les mêmes hommes qu'à l'époque des négociations de 1806, au temps du traité d'Amiens ou même de la mission de Talleyrand en 1792. C'est le cas, par exemple, pour Montrond, qui voyage fréquemment, sous la Restauration, entre Paris et Londres, spéculera jusqu'à sa mort au Stock-Exchange, et qui du reste est devenu à demi-anglais par sa vie privée, puisqu'il a, de sa longue liaison avec lady Yarmouth, depuis lady Hertford, un fils qui sera le célèbre *dandy*, lord Seymour. (2) C'est le cas encore pour ce Lewis Goldsmith, ancien rédacteur, en 1799, du journal francophile *Albion*, jadis collaborateur plus ou moins direct d'Otto, ambassadeur français à Londres, et qu'on retrouve après 1815, à Paris, où il aura maille à partir avec la justice, en attendant de devenir fonctionnaire du Foreign-Office et beau-père du lord chancelier Lyndhurst. (3)

Le groupe le plus curieux de ce monde très particulier, qui touche à la haute aristocratie, à la presse et au théâtre, est formé par le trio célèbre de lord Blessington, de sa femme et du comte Alfred d'Orsay. (4) Lady Blessington qui, veuve d'un capitaine ivrogne, s'est fait épouser par lord Blessington en 1817, après une assez longue liaison, rencontrera d'Orsay à Londres en 1821. Ce « Cupidon déchaîné », comme l'appelle Byron, ne quittera plus, dès lors, le ménage Blessington,

(1) *English national biography*, v° *Baring* et *Rothschild*.
(2) Jacques Boulenger, *Sous Louis-Philippe : Les Dandys*, 232 et suiv.
(3) *English national biography*.
(4) R. Boutet de Monvel, *Les Anglais à Paris (1800-1850)* 170 et suiv.

il épousera même une fille du mari, née d'une première union, afin d'hériter de la fortune. Ruiné plusieurs fois, après avoir peut-être, sous Louis-Philippe, fourni quelques « informations » au Ministère des affaires étrangères, il finira par accepter de Napoléon III, jadis hôte des Blessington à Gore-house, le poste de Directeur des Beaux-Arts. Sa mère était la fille d'une ancienne danseuse italienne, la Franchi, maîtresse du duc de Wurtemberg : celle-ci avait fini par épouser, aux Indes, un chevalier Quentin Crawford, écrivain, collectionneur, un peu policier, fort riche d'ailleurs, qui vécut, quoique Anglais, fort tranquille à Paris pendant tout l'Empire, et y mourut en 1829. La vieille Mistress Crawford, alors septuagénaire, réunissait chez elle des revenants de l'ancien régime. Chez les Blessington, qui vinrent à Paris sous Charles X, on rencontrait Talleyrand, Dalberg et le duc de Mouchy, mais aussi Thiers et Laffitte, et encore l'attaché militaire de l'ambassade britannique, le colonel Caradoc. D'Orsay avait, avec la haute société anglaise, des liens de famille directs et d'un autre caractère : son beau-frère, le duc de Guiche, de la maison de Gramont, avait été officier britannique dans l'émigration et avait marié sa sœur avec lord Ossulton, depuis lord Tankerville. Les Blessington avaient des relations étendues dans le monde politique whig et la veuve de d'Orsay, Harriett Gardiner, épousera, plus tard, un beau-fils de Palmerston, Charles Spencer Cowper, fils de lady Cowper.

Il y eut, après 1815, beaucoup de « liaisons » franco-anglaises du genre de celles d'Orsay avec lady Blessington, ou de Montrond avec lady Yarmouth. Mais il y eut aussi des mariages. L'un des plus connus est celui du comte de Flahaut, un des rares officiers français qui se soient retirés en Angleterre après avoir quitté l'armée impériale. Il épousa, en 1817, à Édimbourg, miss Elphinstone, depuis lady Keith, fille de l'amiral Keith et de sa première femme Jane Mercer. Ils devaient, l'un et l'autre, travailler de leur mieux à établir l'alliance franco-anglaise après 1830, et Flahaut deviendra ambassadeur de France à Londres sous le second Empire. Le vieux duc de Castries épousa miss Coghlan, belle-sœur de lord Barrymore. Polignac, qui se maria deux fois, épousa deux Anglaises. Le comte de Vaublanc maria sa fille à sir Charles Potter. Le marquis de Choiseul épousa une fille de lord Southwell ; le comte Alfred de Chabannes-La Pallice, miss Antoinette Ellice; le duc de Coigny, miss Dalrymple Hamilton; le comte René de Montalembert, miss Forbes. Assez souvent, ces unions ressemblaient un peu à ce que furent de nos jours, à Paris ou à Londres, certains mariages « américains »: les Anglaises qui se marient en France apportent d'ordinaire avec elles une importante fortune, parfois assez récente. Sauf exception, des unions de ce genre, fondées sur l'intérêt privé, n'ont pas beaucoup augmenté les relations politiques ou intellectuelles entre les deux pays. Elles n'établissent guère que des rapports mondains et assez superficiels. Par contre, avec d'autres causes, indiquées plus loin, elles sont sans doute pour quelque chose dans cette renaissance, signalée à la fin de la Restauration par tous les contemporains, de l'anglomanie du XVIIIe siècle. Cette mode se généralisera après 1830, atteindra le monde du « juste milieu » et jusqu'à la petite bourgeoisie. Sous Charles X, comme lady Morgan le constate en 1829, l'engouement pour les manières, les idées et la façon de vivre de l'aristocratie anglaise, n'est encore répandu que dans « une partie du noble faubourg », à laquelle est destiné sans doute le *Manuel du Fashionable*, paru peu avant la Révolution de Juillet. Le reste de la France ne juge guère les Anglais que d'après les souvenirs de la guerre, ou l'exemple des sujets britanniques que depuis 1815 on rencontre en voyage ou en séjour dans notre pays.

A la vérité, ils sont relativement nombreux. Il y a d'abord ceux qui sont venus trouver en France un asile contre des créanciers importuns, ou seulement un moyen de vivre décemment avec des revenus diminués par le gaspillage ou la spéculation. Boulogne et Calais sont remplis de ces visiteurs forcés. Lady Hamilton, la « belle Emma » de jadis, est venue mourir à Calais en janvier 1815. Brummel, ruiné et disgracié, y vivra de 1826 à 1830. Dans cette région, on accueille les Anglais sans excessive curiosité, avec cette politesse un peu narquoise et souvent intéressée que Malmesbury notait déjà en 1796 et que Thackeray retrouvera en 1840. A Paris, vivent ceux qui, sans être appauvris à l'excès, ne peuvent pourtant plus tenir un rang à Londres, mais y réussissent sans peine dans la capitale du pays voisin. La vie, en France, est en effet plus simple et moins coûteuse, et l'exemple de beaucoup de vieilles familles, ruinées par la Révolution, permet qu'on fasse des visites à pied ou qu'on reçoive ses amis sans offrir autre chose qu'un peu de thé ou un verre de sirop. C'est ainsi que sont venus vivre en France d'assez nombreux officiers anglais réformés du service avec une pension médiocre, des veuves, des journalistes, collaborateurs de la *Paris Monthly Review* ou du *Galignani Messenger*, comme fut William Playfair, des écrivains, comme le poète William Spencer, ou comme Thomas Moore, qui écrivit à Meudon et Bellevue, en 1821 et 1822, son poème des *Amours des Anges;* des humanistes ou des érudits, comme sir Francis Egerton, qui n'avait pas quitté Paris de 1802 à 1829. Des étudiants aussi viennent en grand nombre, surtout de futurs médecins ou chirurgiens, qui savent trouver à Paris, comme le dit la *Westminster Review*, les meilleurs maîtres au meilleur prix (1). Beaucoup d'Anglais ne viennent qu'en touristes, mais parmi eux il y a des gens de lettres, qui raconteront ou publieront leurs impressions de voyage, et dont l'influence, au moins dans les milieux cultivés, sera grande. Certains, comme miss Berry, Lytton Bulwer, Henry Reeve, n'écriront que sous Louis-Philippe. Mais John Scott écrit en 1814 *Une visite à Paris* et en 1815 *Paris revu ;* sir Walter Scott publie ses *Lettres de Paul* en 1815, et la *France* de lady Morgan est de 1816 (2).

(1) Article reproduit dans le tome XXVI (1829) de la *Revue britannique.*
(2) Sur ces trois livres, voir l'étude déjà citée de B. Woodbridge, (*Bull. de la Soc. d'histoire moderne*, oct. 1921)

John Scott n'est qu'un petit journaliste, animé de « l'esprit missionnaire typique de l'Anglo-Saxon », et en même temps tout-à-fait dénué de la courtoisie française, qu'il constate en la méprisant du reste. Ses livres n'eurent guère d'influence. Le grand nom de Walter Scott valut plus de succès aux *Lettres de Paul*, d'ailleurs bien plus bienveillantes et aussi plus justes. Scott a bien noté que les émigrés rentrés, peut-être pour faire preuve d'un patriotisme suspecté souvent, disent beaucoup plus de mal des Anglais que les vétérans de l'Empire. Il a constaté l'existence d'un parti orléaniste et prédit l'avènement de Louis-Philippe. Mais c'est surtout Waterloo qui l'attirait, et la moitié au moins de son livre est une peinture de la bataille ou de scènes observées dans les Flandres. Le livre de Lady Morgan, au contraire, étudie la France entière, et, contre l'ordinaire, ne l'étudie pas seulement à Paris et d'après Paris. Ecrit après un voyage rapide par une Irlandaise un peu naïve, manquant d'esprit d'observation et de critique, mais enthousiaste pour les principes de 1789 et capable de juger équitablement Napoléon, l'ouvrage fut assez discuté; (1) il eut cependant un succès marqué : quatre éditions anglaises et trois françaises. Il n'y manqua même pas le complément de la persécution, s'il est vrai que lady Morgan se soit vu interdire le territoire français en 1818, et n'ait pu revenir qu'au temps du ministère Decazes. Elle recevait chez elle, à l'hôtel du Tibre, rue du Helder, des hommes politiques et des publicistes libéraux, comme Benjamin-Constant, qui l'avait défendue en 1816 dans le *Journal de Paris* contre les attaques de la presse royaliste, d'anciens serviteurs de l'Empire, comme Denon et Sébastiani. Elle fréquentait à La Grange, chez Lafayette. Mais elle vit aussi des écrivains, presque tous destinés à prendre rang, un peu plus tard, dans la phalange romantique, et dans ce milieu prit naissance

____

(1) W. Playfair publia en anglais (1818) et en français (1820) une réfutation du livre Lady Morgan, intitulée : *La France telle qu'elle est, et non telle que l'a faite Lady Morgan*. Thackeray s'est aussi, dans *Paris sketch book*, moqué de son optimisme.

un mouvement qui s'affirmait déjà avant la chute des Bourbons, en faveur d'un rapprochement intellectuel et politique avec l'Angleterre.

III

Vingt ans de guerre avaient, comme il est naturel, rompu à peu près complètement les rapports jusque là si étroits entre les penseurs et les écrivains des deux pays. On peut dire qu'à la fin de l'Empire la littérature anglaise était à peu près inconnue en France, et qu'en Angleterre on ignorait jusqu'au nom des principaux écrivains français. Mais après Waterloo, l'école romantique naissante réclama le droit de chercher des sujets d'inspiration nouveaux dans les littératures étrangères, et certains même avouèrent, comme Lamartine, s'être « réfugiés », sous l'Empire, « dans la pensée de l'Angleterre et de l'Allemagne ». Pourtant parmi les écrivains français de la nouvelle école, très peu pouvaient lire les auteurs anglais, les poètes spécialement, dans le texte original. Nodier, Stendhal, Vigny, Musset, sont à peu près les seuls, et ils ne connaîtront qu'assez tard les grandes œuvres de l'école romantique anglaise. Byron a fait paraître les deux premiers chants de *Childe Harold* dès 1812, le *Giaour* et le *Corsaire* sont de 1813, *Lara* de 1814. Southey, Wordsworth, Coleridge, Keats, Shelley, ont publié leurs principales œuvres avant 1820. Elles n'en restaient pas moins ignorées en France, faute d'avoir été traduites, et la gloire de Byron ne commencera guère qu'après 1819, quand auront paru les premiers volumes de la traduction Pichot. (1) On a pu qualifier d'*infiltration* l'influence du byronisme dans la littérature française avant cette époque (2). Shakespeare lui-même, bien que traduit dès 1776, et signalé par Schlegel et Madame

(1) J. Texte, *les Relations littéraires avec l'étranger de 1799 à 1848*, dans Petit de Julleville *Hist. de la langue et de la littérature françaises*, VII, 714 et suivantes.

(2) B. Estève, *Byron et le romantisme français*, 47 et suiv.

de Staël à l'admiration de la génération nouvelle, était encore sous le coup des critiques acerbes de Voltaire et des anathèmes de Laharpe. Même dans le public très averti des « soirées anglaises » que donnait Etienne Delécluze au début de la Restauration, et où se retrouvaient les jeunes admirateurs de Byron, on ne pensait pas encore à remplacer la tragédie classique par le drame de Shakespeare. C'est lady Morgan qui la première, en 1816, attaqua « le système dramatique... fade, froid et insuffisant » de Racine, pour lui opposer « les drames splendides, énergiques et passionnés du barde de l'Angleterre ». En 1821 parut chez Ladvocat une réédition, corrigée par Guizot, de la traduction de Letourneur. L'année suivante, le directeur de la Porte-Saint-Martin entreprit de faire représenter à Paris, par une troupe venue de Londres, les principales œuvres de Shakespeare et quelques autres pièces anglaises. (1) Mais les libéraux et les bonapartistes s'y opposèrent avec violence, jetèrent aux acteurs qui jouaient *Othello* des œufs et des sous; il fallut employer la gendarmerie et la troupe pour rétablir l'ordre. La foule avait crié : « A bas les Anglais! ». Un journaliste libéral, Alphonse Rabbe, dénonça l'anglomanie, même littéraire, comme « un crime de lèse-majesté nationale », et demanda qu'elle fût punie de mort comme la haute trahison. La passion politique et nationale, à vrai dire, était en cause, plus que le goût littéraire, car, les représentations ayant continué à titre privé, les critiques se montrèrent de mieux en mieux disposés, et Stendhal pouvait écrire: « Je parierais que dans vingt ans l'on jouera en France Shakespeare traduit en prose ». Il ne dut pas attendre aussi longtemps, il s'en faut, et le changement rapide qui se fit à cet égard dans l'opinion, était dû, pour une bonne part, à ses propres efforts (2).

---

(1) J. L. Borgerhof, *le Théâtre Anglais à Paris sous la restauration*, passim.

(2) Voir le curieux livre de Miss Doris Gunnell, *Stendhal et l'Angleterre* surtout p. 89 et suiv.

Stendhal savait l'anglais, l'écrivait (mal, avec des fautes), mais le parlait *fluently*, et le lisait fort bien, avec l'entente parfaite de toutes les nuances. Il avait fait et faisait sans cesse des lectures très étendues: il avait lu des poètes : Milton, Burns, Moore, Southey, Byron, Shelley ; des romanciers, Sterne, Fielding, Swift, surtout Walter Scott, qu'il juge fort bien, beaucoup mieux que les Français de son temps ; des historiens : Hume, Hallam, Robertson ; des économistes, des mémorialistes, des *essayistes*. Il lisait beaucoup de journaux; il a pratiqué, tout spécialement, la *Revue d'Édimbourg*. Il avait à Londres un correspondant, Sutton Sharpe, qui lui mandait toutes les nouvelles du monde et de la politique. Il alla trois fois à Londres sous la Restauration, en 1817, en 1821 et en 1826, et son infatigable curiosité le conduisit partout, à Covent-Garden et à Westminster, aux soirées aristocratiques de l'Almack et dans la chambre d'une pauvre fille rencontrée un soir à Leicester Square. Il visita Birmingham et Manchester comme les prairies du Yorkshire et le lac de Windermere chanté par Wordsworth. Il connut beaucoup d'Anglais. En Italie d'abord : il y rencontra Byron à Milan en 1816, plus tard Shelley, dont il dit avoir été l'ami et près de qui il voudra être enterré, sur le Forum. Il y connut Hobhouse, la duchesse de Devonshire, lady Jersey, lord Brougham. A Paris, il a fréquenté dans presque toutes les maisons où venaient des Anglais, et où l'on connaissait l'Angleterre: chez Madame Ancelot, où il a rencontré — et mystifié — lady Morgan, chez Mme de Tracy, née Sarah Newton, chez le Docteur Edwards, chez Mme Clarke, chez Étienne Delécluze. A Londres surtout, Sutton Sharpe l'a conduit dans tous les milieux, et le fera recevoir, en 1838, à l'Athenæum Club. Dès 1822, il collabora à des revues anglaises: *New Monthly Magazine, London Magazine, Athenæum*. Il y envoie des comptes-rendus de livres français, des chroniques de Paris, qu'il signe : *Un petit fils de Grimm*. C'est dans un périodique anglais imprimé à Paris, la *Paris Monthly Review*, qu'il publie, en 1823, la première partie de son livre *Racine* et *Shakespeare*. Il est certainement le Français de son temps qui a le mieux connu et jugé l'Angleterre et les Anglais, contribué le plus à les faire bien juger en France et à les éclairer sur la France. Lui-même a été apprécié en Angleterre, comme critique tout au moins ; on a traduit tout de suite en anglais ses premiers ouvrages, et de son côté il a beaucoup emprunté aux Anglais, pour *Racine et Shakespeare*, pour l'*Amour*, pour la *Vie de Napoléon*, même pour la *Chartreuse*. C'est lui qui a fait connaître au public anglais Lamartine, Casimir Delavigne, Béranger, même — en les critiquant — Hugo et Vigny.

Après lui, le mouvement s'accentue avec rapidité. Amédée Pichot publie, en 1825, son *Voyage historique et littéraire en Angleterre et en Ecosse*, et révèle au public français non seulement Walter Scott, à qui près d'un volume (sur trois) est consacré, mais Wordsworth, Coleridge, Southey, Shelley, Keats. Il devient, en 1825 encore, un des principaux collaborateurs de la *Revue Britannique*, qui vient de se fonder sous la direction de Saulnier, Dondey-Dupré et Philarète Chasles, et qui publie un « choix d'articles tirés des meilleurs écrits périodiques de la Grande-Bretagne », des grandes revues libérales surtout. Le *Globe*, dès sa fondation en 1824, montre une sympathie constante, et fort éclairée, pour la littérature anglaise. En 1827 enfin, une troupe de théâtre française, conduite par Mlle George, ayant reçu à Londres un excellent accueil, l'idée de donner à Paris des représentations anglaises est reprise, et le jour de la première, le 6 septembre 1827, l'acteur Abbott, régisseur de la troupe, avant d'annoncer aux spectateurs de l'Odéon qu'on va jouer *The Rivals* de Sheridan, prononce des paroles significatives : « Chaque jour, sous l'influence réciproque des beaux-arts, on voit s'effacer la trace des préventions nationales. Bientôt une longue rivalité n'aura laissé dans les esprits supérieurs d'autre sentiment que celui d'une généreuse émulation ». En octobre 1827, le théâtre anglais de Paris joua un à-propos qui se terminait par deux mariages franco-anglais, et dont le titre était *Entente cordiale* (1).

L'influence littéraire des représentations anglaises fut considérable. Tous les gens de lettres, tous ceux qui s'intéressaient au théâtre — et le nombre en était grand à cette époque de suffrage censitaire et de vie politique restreinte — voulurent entendre des acteurs si fameux, et dont le jeu paraissait si neuf : Kemble, Macready, Kean, Harriett Smithson. Nodier, (à vrai dire shakespearien de la première heure) s'écriait en écoutant *Hamlet* : « Ah ! ah ! la voilà enfin la tragédie ! » Et il écrit que l'établissement du théâtre anglais à Paris est un de ces évènements dont les résultats seuls peuvent faire apprécier toute l'importance. Hugo, déjà initié aux drames de Shakespeare par Nodier lui-même, en 1825, écrit, dans l'enthousiasme du spectacle, la préface de *Cromwell*, où il donne à Shakespeare une place dans la Trinité littéraire, à côté d'Homère et de la Bible. Vigny, déjà au fait de la littérature dramatique d'Angleterre, et marié en 1825 à une Anglaise, Lydia Bunbury, était gagné d'avance, mais n'en fut pas moins profondément ému ; Antoni Deschamps lui rappelait plus tard qu'ils avaient ensemble écouté *le roi Lear*,

> *Et tous deux, à l'aspect de si grandes douleurs*
> *Dans le vaste Odéon nous étions tout en pleurs.*

Musset s'enthousiasmait à son tour pour le romantisme britannique, et traduisait, l'année même où Kean vint jouer à Paris, la *Confession d'un mangeur d'opium* de Thomas de Quincey. Pour Dumas, plus que pour tout autre, le théâtre anglais fut une révélation : « Supposez, dira-t-il, un aveuglené auquel on rend la vue, qui découvre un monde tout entier dont il n'avait aucune idée... De ce jour-là, ma vocation avait été décidée » (2).

Après les écrivains, les artistes : Devéria, Boulanger, Dela-

(1) V. Borgerhof, *op. cit.* 106-107.
(2) Alex. Dumas, *Mémoires*, V, 16-17.

croix surtout reçurent, du drame shakespearien, une impression profonde. On sait enfin que la pensée et l'œuvre du poète anglais ont pénétré l'âme du plus romantique de tous, d'Hector Berlioz. L'amour qui devait remplir sa vie était fait d'exaltation poétique autant que de tendresse humaine, et peut-être même ce qu'il y eut de plus profond et de plus durable dans son orageuse passion, c'est une adoration romanesque pour les figures imaginaires d'Ophélie ou de Desdemone, qu'Harriett Smithson ne cessait d'incarner à ses yeux (1).

Sans doute cette influence sur les gens de lettres et les artistes n'implique pas une pénétration profonde de l'esprit anglais : elle est due avant tout au génie personnel de Shakespeare et au talent individuel des acteurs qui interprétèrent ses œuvres. Ce qu'on admire en elles, c'est ce qu'elles contiennent d'émotion, de vérité, humaine et universelle, non ce qu'elles peuvent offrir de proprement anglais. Ainsi avait-on fait déjà pour Byron et même, dans une certaine mesure, pour Walter Scott. Mais l'Angleterre désavouait presque Byron, et elle n'avait pas fait de Scott une sorte de génie national, comme elle faisait de Shakespeare. Comprendre et aimer *Richard III* et *Macbeth*, apprécier, applaudir Kean et Macready, c'était cette fois, penser et sentir tout à fait comme le public anglais, et proprement sympathiser avec lui. Les Français eux-mêmes s'en rendirent bien compte : « Le génie de Shakespeare, écrivait le *Figaro* du 18 octobre 1827, a triomphé des longues préventions de la nation française, et commencé peut-être entre les deux pays une réconciliation que la politique s'est longtemps attachée à rendre impossible ». Une influence de cette nature pouvait atteindre tout le public des représentations, et il avait été aussi nombreux que varié. Delacroix s'amusait de voir que Shakespeare eût fait ce miracle : « peupler l'Odéon à en faire trembler les pavés du quartier sous les roues des équipages. » La haute société s'y donna rendez-vous dès le pre-

____

(1) Cf. Ad. Boschot, *Une vie romantique, Hector Berlioz.*

mier soir et si la Cour n'y vint pas, le duc d'Orléans y parut plusieurs fois avec sa famille. Tous les « gants jaunes » du noble faubourg s'y retrouvaient, confondus parmi les « bataillons épais » de la jeunesse romantique. Il s'ensuivit, il devait s'ensuivre une recrudescence de l'anglomanie déjà constatée au XVIIIe siècle, où la mode et le snobisme avaient une grande part, mais qui pouvait aider à une pénétration réciproque et à un rapprochement durable. Dès les années qui suivent 1827, il redevint élégant d'avoir un tailleur anglais, un chien *skye-terrier*, un cheval anglais, de manger du roast-beef et même de parler anglais — si l'on pouvait. Lady Morgan, qui en 1816 n'avait pas trouvé à Paris trois personnes capables de lui répondre dans sa langue, écrit un nouveau livre, où elle se plaint de l'excès contraire. Et un visiteur français à qui elle témoignait sa surprise à ce sujet, lui répartit tout naturellement : « Il faut que vous le sachiez : tout ce qui est anglais, excepté la politique, est maintenant en grande faveur à Paris... »

<h1 style="text-align:center">IV</h1>

Excepté la politique... Il semble pourtant que sur ce terrain aussi, on puisse, de part et d'autre de la Manche, observer vers la fin de la Restauration d'appréciables changements dans l'opinion publique.

Tant que les conservateurs étaient restés, en Angleterre, les maîtres incontestés du pouvoir, les libéraux français, même les plus éclairés, avaient témoigné, envers la politique anglaise, d'une aversion qui ne distinguait pas entre les partis. L'avènement de Canning changea ces dispositions. Sa politique envers les républiques de l'Amérique Espagnole, après 1824, les dispositions favorables qu'on lui supposait pour les insurgés grecs, regardés à Paris comme les champions des principes révolutionnaires, avaient été bruyamment approuvées dans la presse et à la tribune de la Chambre. Quand il mourut en

1827, les journaux de l'opposition firent son éloge aux dépens des ministres de Charles X, et la presse libérale recueillit des adresses de sympathie à sa mémoire. Deux ans auparavant, la *Revue britannique* avait commencé de paraître, et tenait le public assez exactement au courant du mouvement politique en Angleterre ; elle reproduisait volontiers les articles de la *Revue d'Edimbourg*, et faisait à l'occasion l'éloge de lord Brougham, qui en était le principal rédacteur. L'opinion libérale française suivait avec un intérêt sympathique les efforts du parti radical en Angleterre pour renverser le monopole politique de l'aristocratie et obtenir la réforme du système électoral. On rappelait volontiers que Sir James Mackintosh, recteur de l'Université de Glasgow et principal collaborateur de Brougham à la *Revue d'Edimbourg*, avait jadis pris la défense de la Révolution française contre Burke, qu'il était l'auteur des *Vindiciae Gallicae* et que l'Assemblée législative lui avait décerné le titre de citoyen français. On relevait avec empressement, dans le passé des chefs du radicalisme, sir Francis Burdett, Henry Hunt ou Cobbett, tout ce qui les rapprochait des républicains ou des libéraux français, dans leur langage ou leur programme, tout ce qui rappelait les souvenirs de la Révolution française. Cette insistance est particulièrement frappante dans les articles consacrés aux orateurs et aux écrivains politiques anglais par Rabbe et ses collaborateurs de la *Biographie universelle et portative*, publiée en 1827. Ils mesurent en quelque sorte leur sympathie pour les chefs de l'opposition à Londres sur les sentiments qu'ils leur connaissent — ou leur supposent — non envers la France de Charles X, mais envers celle de Lafayette ou de Napoléon. Comme Stendhal, pour qui Sainte-Hélène était « l'écueil de la gloire anglaise », les libéraux français souhaitaient une amitié entre les deux peuples, mais à condition que la politique britannique cessât de faire obstacle à l'expansion nationale de la France ; ils aspiraient à la victoire du radicalisme britannique, par sympathie politique, mais aussi parce qu'ils y voyaient la défaite de Wellington, ce « héros de hasard », et la ruine des traités de 1815. Même les libéraux modérés raisonnaient ainsi. Quand Palmerston vint à Paris en décembre 1829, il y rencontra Sébastiani, qui lui parla tout de suite des « frontières naturelles » (1), que la France comptait bien recouvrer avec l'appui de ses amis anglais du parti libéral. Cette erreur était générale en France et elle se retrouvera au fond de toutes les difficultés ultérieures. En réalité, très peu d'Anglais, même dans le parti radical, ont vraiment compris le sens national de la Révolution française, et comment les idées du XVIIIᵉ siècle se sont conciliées avec l'esprit de propagande et de conquête.

Les libéraux les plus sympathiques à la France, comme Brougham, ont montré à l'occasion de la bataille de Navarin et des affaires d'Orient combien ils demeurent en défiance contre les ambitions territoriales et l'esprit de revanche qu'ils attribuent aux Français. Ils prévoient la possibilité d'une révolution en France ; ils l'encouragent parfois, dans l'espérance qu'un changement de régime à Paris précipitera la chute de l'aristocratie à Londres. Mais jamais ils ne donnent à entendre que, parvenus eux-mêmes au pouvoir, ils accepteraient une révision des traités de Vienne du côté du Rhin ou de l'Escaut. Le gouvernement libéral qu'ils espèrent voir s'établir à Paris et avec lequel ils souhaitent sincèrement vivre en bonne intelligence, ils l'imaginent essentiellement pacifique, c'est-à-dire, en somme, résigné à la défaite.

Ils ne souhaitent pas moins vivement de voir triompher en France, avec le libéralisme politique, le libéralisme économique. Ce n'est pas un hasard si trois des hommes qui en Angleterre connaissent et aiment le mieux la France libérale sont en même temps les adversaires les plus résolus du système de prohibition établi par Napoléon et conservé après 1815 par les Chambres de la Restauration. Bentham, qui vient en France en 1825 et y est accueilli avec un empressement particulier dans

(1) Ashley, *Life of Palmerston*, I, 189.

les milieux libéraux, non seulement a puisé chez les philosophes français quelques-uns des principes les plus importants de sa doctrine, mais a publié d'abord en français quelques-uns de ses principaux ouvrages juridiques. Huskisson, qui tentera le premier de transformer le système commercial de l'Angleterre et qui déjà sous la Restauration essaya d'un rapprochement économique entre les deux pays, est un ancien étudiant en chirurgie de l'Ecole de Médecine de Paris ; il a séjourné longtemps en France comme associé d'un pharmacien de. la rue Dauphine avant la Révolution ; il a fait partie de la Société des *Patriotes de* 1789, il a suivi les séances des Jacobins ; il parle français à merveille et tout ses ouvrages ont été traduits en français. Enfin, John Bowring, l'ami et l'éditeur de Jeremy Bentham, le fondateur de la *Westminster Review,* l'un des premiers pionniers du système économique libéral en Angleterre, a eu pour précepteur un prêtre français, est venu plusieurs fois en France, et il a entretenu avec les libéraux français des relations si étroites qu'il s'est trouvé compromis dans l'affaire des quatre sergents de la Rochelle et a été expulsé pour ce motif (1). Tous ces hommes attendent la victoire du parti libéral en France, comme les libéraux français attendent la leur en Angleterre. Mais de même que Sébastiani compte sur lord Grey ou Brougham pour nous laisser reprendre la frontière du Rhin, Bowring et Huskisson comptent sur Lafayette, Dupin ou Laffitte pour procurer aux fers des Midlands ou aux cotonnades de Manchester l'accès du marché français.

Un article de la *Revue d'Edimbourg,* reproduit par la *Revue Britannique* en mai 1830, exhorte la France, dans l'intérêt de son industrie et de ses rapports, même politiques, avec la Grande-Bretagne, à renoncer au système douanier que M. de Saint-Cricq (alors directeur général des douanes) a hérité de Napoléon. Et les rédacteurs de la grande revue libérale dissimulent à peine ce qui est au fond de leur pensée, et ce

(1) Bowring, *Autobiographical recollections,* p. 7.

que lord Granville exprimera nettement, quelques années plus tard : « les alliances politiques ne peuvent être durables que si elles sont fondées sur les intérêts nationaux, et les nations les mieux unies sont celles que rapproche une étroite communauté de relations commerciales. »

Ainsi apparaissent, avant les journées de juillet, les éléments de la future entente cordiale. Apaisement des vieilles rancunes, rapports intellectuels et sociaux plus directs, idéal politique commun aux deux partis dont l'avènement se prépare, tels sont les indices favorables au rapprochement. La révolution de 1830 va les mettre en évidence. Mais chacun des deux peuples y mêle des espérances plus étendues, où se dissimule le germe des querelles futures.

<h2 style="text-align:center">V</h2>

La nouvelle du coup d'Etat de Charles X provoqua en Angleterre une surprise à peu près générale. On savait la gravité du conflit engagé à Paris entre la Chambre des députés et le gouvernement. Mais bien peu de gens croyaient qu'il dût se résoudre, en cas d'élections favorables à l'opposition libérale, autrement que par un changement de ministère. Polignac, en parlant aux ambassadeurs étrangers, avait toujours assuré qu'il était « autant que personne éloigné de recourir aux mesures extra-légales ». (1) Lord Aberdeen, ministre des affaires étrangères du cabinet Wellington, écrivait le 23 juillet : « les différents rapports relatifs à la possibilité d'un coup d'Etat me semblent entièrement dépourvus de fondement ». (2) Dans le parti conservateur, on reprochait à Polignac son intransigeance, ses ambitions de politique étrangère, ses tendances favorables à la Russie, et surtout l'entreprise d'Alger ; on n'aurait pas été fâché de le voir renversé. Mais on le savait soutenu réso-

_____

(1) Vte de Guichen, *la Révolution de juillet 1830 et l'Europe*, 37.
(2) F. O.

lument par Charles X, et on craignait que sa chute n'ébranlât le trône des Bourbons, et par contre-coup toutes les monarchies. En tout cas, elle encouragerait les radicaux anglais dans leur lutte contre les institutions traditionnelles ; elle favoriserait leur succès aux élections, rendues nécessaires par l'avènement de Guillaume IV. Aussi, dès la fin de juin, le *Times* signalait-il le danger de voir Charles X obligé d'appeler le parti libéral au pouvoir.

Naturellement, le parti de la réforme faisait des vœux en sens opposé. Mais c'était moins par fraternité politique avec les adversaires français de Polignac que pour faire pièce à Wellington et à ses collègues, et dans l'espoir qu'une victoire libérale à Paris faciliterait à Londres le renversement du parti aristocratique. Naturellement aussi, on reprochait aux ministres conservateurs d'encourager Polignac dans les intentions qu'on lui prêtait contre les Chambres et surtout contre la presse. Les journaux tories niaient toute complicité, en soulignant le désaccord entre Aberdeen et le gouvernement français au sujet d'Alger, mais le *Daily Chronicle* répondait en donnant nettement sur ce chapitre, tort au Foreign Office et raison aux Français : « Nous espérons bien, disait-il, que nos ministres n'empêcheront pas la France de faire, pour le bienfait de l'humanité, ces lourds sacrifices d'argent. Aucune nation ne dispose, aussi parfaitement que les Français, du pouvoir de mettre l'ordre parmi les Barbares... Nous ne craignons qu'une chose, c'est qu'ils ne renoncent à l'entreprise. » (1) Et comme le *Courier* protestait, contestant à la France un droit de conquête établi sur ce seul motif « que les Arabes sont vêtus et chaussés autrement que *Monsieur Calicot du faubourg Saint-Germain* », le *Chronicle* se lança dans une curieuse apologie de notre génie civilisateur. A grand renfort d'exemples historiques, et en citant James Mill et Goldsmith, il louait le tempérament affable et communicatif des Français, leur art de

(1) *Morning Chronicle*, 23 et 24 juillet 1830.

plaire, leur sens de l'honneur, inné chez le moindre d'entre eux. Ils avaient introduit partout, sans violence, la loi et l'ordre. « S'ils étaient restés cinq ans de plus en Italie, on n'y trouverait plus un brigand aujourd'hui ». Aux colonies, leurs esclaves ont toujours été plus intelligents et cultivés que ceux des Anglais, ils ont su se faire aimer des indigènes au Canada ; ils feront de même en Algérie. « Il ne nous appartient pas de chercher querelle aux Français là-dessus, nous qui depuis trente ans avons fait conquêtes sur conquêtes sans autre motif que notre incapacité à soumettre les Barbares, sinon en leur coupant la tête... Si nos ministres empêchent les Français de rester à Alger, ils seront maudits par tous les parents, par toutes les femmes à qui les pirates auront pris leurs fils ou leur époux » (1).

A la vérité, on croyait, de part et d'autre, que tout se résoudrait en France par « un changement d'administration ». C'était l'usage en Angleterre, et l'exemple de 1688, si souvent rappelé en France pour prédire une révolution parlementaire, ne paraissait pas concluant aux Anglais de 1830, lecteurs de Lingard et d'Hallam, et qui savaient bien la différence entre Guillaume d'Orange et le fils de Philippe-Egalité. Palmerston, cependant, après un voyage à Paris en décembre 1829, prévoyait la possibilité d'un changement de dynastie, au cas où Charles X s'entêterait jusqu'au bout, mais ce serait, ajoutait-il, la première fois de sa vie.

La nouvelle des événements de juillet fut transmise à Londres par la banque Rothschild. Les journaux ne donnèrent que le 29 le contenu des ordonnances, et lord Aberdeen en connut le texte par le *Times*. Aucune information n'était venue de l'ambassade britannique à Paris. L'accord fut unanime, dans tous les milieux, pour blâmer la conduite de Charles X et de Polignac. Le vieux lord Bathurst, le plus obstiné des tories, la désapprouvait hautement. Même les ambassadeurs d'Autriche et de Russie faisaient chorus, et le comte Matusewicz, chargé

(1) Greville *Mémoires*, II, I, 31 juillet 1830.

d'affaires de Nicolas I", disait que les Bourbons ne devaient
plus compter sur l'appui de son souverain. Quant aux libéraux,
ils n'hésitèrent pas à souhaiter ni à prédire la victoire de l'opposition constitutionnelle. « La cause de la nation française est
la cause de toutes les nations, écrit le *Chronicle* du 29 juillet.
Puisse-t-elle s'en montrer digne !... Jusqu'ici les Français ont
dépassé toutes les espérances. Sûrement, ils ne failliront pas
à leur devoir à la douzième heure ! » Dès le 28, le *Standard*,
rappelant que Wellington avait naguère désigné Polignac au
choix de Charles X, accusait le duc d'avoir conspiré avec le
roi de France contre la liberté, et toute la presse whig prononça
le même réquisitoire. A Paris, au contraire, les ultra-royalistes
prétendaient que l'ambassade britannique avait intrigué avec
l'opposition, et le représentant de la Russie, Pozzo di Borgo,
attribuait à son collègue anglais l'opinion « qu'un peu de
guerre civile en France serait à désirer ». (1) Rien de tout
cela n'était exact, et des deux parts on exagérait à plaisir
l'influence de l'Angleterre dans les événements.

L'ambassadeur britannique à Paris, lord Stuart, créé
Baron de Rothesay en 1828, n'était pas homme à jouer,
dans une crise pareille, un rôle de premier rang. Né en 1779,
il était encore d'âge à ne pas manquer d'activité. Près de quinze
ans de séjour à Paris dans son poste devaient lui avoir donné
de l'expérience et de l'autorité. Mais il était de capacité moyenne, médiocrement travailleur et plus assidu, assurait-on, à
l'Opéra qu'aux Tuileries. Il devait en grande partie sa carrière à des appuis de famille et à l'amitié de Canning, dont le
fils épousa sa fille aînée (2). L'ambassadrice aurait pu, dans
une ville comme Paris et auprès d'une cour comme celle des
Bourbons, jouer un rôle véritable. Elle était, de l'avis de tous
ceux qui l'ont connue, « très bien élevée, comme toutes les
filles de lady Hardwicke », et assez spirituelle, mais desservie

(1) Guiches, p. 111.
(2) *English national Biography.*

par une laideur insigne et par un bavardage « désolant » (1).
Ni elle ni lord Stuart n'avaient su prendre auprès du roi de
France et de ses ministres une influence comparable à celle de
leurs collègues d'Autriche et de Russie, Apponyi et Pozzo di
Borgo. Depuis le début de l'affaire d'Alger, Polignac était
en rapports assez froids avec l'ambassadeur d'Angleterre, et
lord Stuart n'avait pas su trouver ailleurs les moyens d'information qui lui manquaient du côté de la cour. Il paraît toutefois avoir fréquenté, à l'occasion, chez Talleyrand, où le
duc de Broglie le rencontra, non sans surprise, le soir du
28 juillet. (2) Il s'était procuré, dès le premier moment de la
révolution, un bon agent de renseignements dans le parti des
députés qui s'associèrent au mouvement. Les 28, 29 et 30 juillet, il reçut de cet informateur, presque heure par heure, des
bulletins remarquables par leur précision et leur exactitude (3).
Leur style, et aussi un parti pris spécial de dénigrement envers
certaines personnes, notamment Sémonville, font quelquefois
penser à Montrond comme à l'auteur possible de ces notes.
Le plus singulier est que lord Stuart semble ne pas s'être hâté
de faire parvenir à Londres ces informations, et n'avoir même
pas compris, au début, l'extrême gravité de la crise. Il avait
cependant aperçu tout de suite le danger du chômage où les
ordonnances avaient réduit les ouvriers, notamment les imprimeurs, et il avait dès le 26, écrit au Ministre de l'Intérieur
pour lui conseiller d'organiser d'urgence des distributions de
vivres, s'il voulait éviter une insurrection. Mais son rôle après
la première journée s'était borné là. Pas plus que ses collègues
du corps diplomatique, il n'avait cherché à voir les ministres
ou le roi pendant l'insurrection. Quant au duc d'Orléans, il
n'était pas en relations familières avec lui. Il l'avait récemment
soupçonné de conserver des ambitions dynastiques. A l'occa-

(1) *Journal du comte Rodolphe Apponyi*, p. p. E. Daudet, I, 403.
(2) *Souvenirs du feu duc de Broglie*, IV, 55.
(3) F. O., aux dates.

sion du changement apporté par Ferdinand VII dans la loi de succession en Espagne, le duc avait craint, paraît-il, de voir les Bourbons de la branche aînée revendiquer leurs droits éventuels au trône d'Espagne et admettre ceux des princes d'Espagne au trône de France, ce qui aurait rejeté les d'Orléans en seconde ligne. Stuart avait entendu parler d'une protestation éventuelle du duc d'Orléans, et il avait cru devoir en avertir Polignac. En juin, il était venu, au Palais Royal, à ce bal « napolitain » où l'on « dansa sur le volcan ». Mais il n'avait pas remarqué, comme d'autres, l'attitude du prince et de sa famille, ni les manifestations du public entassé dans les jardins : pourtant, des cris hostiles étaient partis de la foule à l'adresse d'un officier anglais dont on avait reconnu l'uniforme.

Aussi fut-il très surpris de recevoir, le 30 juillet, un émissaire du duc d'Orléans, venu de Neuilly pour prendre son avis au sujet de certaines offres qui venaient de lui être faites, et savoir si l'ambassadeur jugeait prudent, dans les circonstances actuelles, que le duc se rendît à Paris (1).

Les « offres » en question, dont la correspondance de lord Stuart ne précise pas la nature, étaient probablement celles que Thiers avait, de la part de Laffitte et de Sébastiani, apportées à Neuilly dans la matinée (2). Il n'avait pu voir que Madame Adélaïde et avait emporté d'elle la promesse que son frère viendrait à Paris se joindre aux chefs du mouvement. Lord

(1) Peut-être même y eut-il plusieurs démarches du duc d'Orléans, ca Stuart dit : « *I have received messages* » F. O., 30 juillet.

(2) Le récit de l'entrevue a été fait par Thiers dans une note dictée le soir même et publiée en partie par D. Halévy. (*Le courrier de M. Thiers*, 1921, p. 27). Thiers fixe la date au vendredi matin 30 juillet (et non au 2 août comme dit M. Halévy). Stuart donne (sûrement à tort) celle du jeudi 29 au soir. Cette erreur, assez singulière, ne s'expliquerait bien que si Louis-Philippe avait fait interroger Lord Stuart dès le matin du 30, avant la visite de Thiers (qui arriva assez tard). Les « offres » à lui faites seraient alors venues d'ailleurs. On doit noter que le 31 juillet le *Morning Chronicle* publia le procès-verbal, daté de Paris *27 juillet*, d'une « réunion préparatoire des Français libres » appelant le duc d'Orléans au pouvoir à la place de « Charles Louis Capet » dont la déchéance est prononcée.

Stuart ignorait cette visite (il ne la connaitra que le 20 août, et la placera au jeudi soir 29 juillet), et sans doute n'aurait-elle rien changé à sa réponse, qui fut une désapprobation formelle : « J'ai répondu, écrivit-il à Londres le soir même, que le serment de S. A. R. excluait par avance de sa part toute possibilité d'accepter avec honneur une pareille offre, et que son élévation ne pourrait être sanctionnée par aucune des puissances signataires des traités plaçant les Bourbons sur le trône ». L'ambassadeur ajoutait qu'à son avis le duc devait rester à Neuilly et ne se compromettre en rien avec « le parti au pouvoir ».

Louis-Philippe, ayant reçu de l'ambassadeur russe Pozzo et de Talleyrand en particulier, des assurances contraires, ne tint pas compté des conseils de Stuart. Le soir du 30 il était proclamé lieutenant-général du royaume par la réunion des députés ; le 31 il se rendait à l'Hôtel-de-Ville et après la célèbre scène du drapeau tricolore, revenait au Palais-Royal muni de la consécration populaire.

Quel que fût le zèle de Stuart pour le parti de la légitimité, il le cédait encore à la crainte de voir reparaître en France la République ou l'Empire. L'ambassadeur d'Angleterre se rallia donc provisoirement à la solution orléaniste, mais sans abandonner l'espoir d'un retour prochain de la branche aînée, car selon lui tout autre gouvernement ferait, tôt ou tard, la guerre révolutionnaire pour reconquérir la frontière du Rhin. (1) Cette conviction l'entraîna même à des démarches assez peu conformes aux recommandations de silence et de neutralité qu'Aberdeen, avec l'approbation formelle du roi Guillaume IV, avait envoyées à Paris le 30 juillet.

Quand Charles X, le 2 août, envoya Emile de Girardin à l'ambassade d'Angleterre pour solliciter l'intervention des diplomates étrangers, Stuart, après avoir consulté ses collègues, répondit bien par le refus poli de formuler même un conseil.

_____

(1) Stuart à Aberdeen, 31 juillet, F. O.

Mais il n'en travailla pas moins à éviter de son mieux l'exclusion définitive de l'ancienne dynastie. Il engageait Charles X à ne pas prétendre confirmer la nomination du lieutenant-général, de crainte de le compromettre et de faire le jeu des républicains. Mais en même temps il faisait agir auprès des royalistes pour que le duc de Bordeaux demeurât en France. Il obtenait même du duc d'Orléans, dans le même sens, une démarche très importante. La Chambre des députés devant se réunir le 3 août, Stuart souhaitait que le duc de Bordeaux, héritier de la couronne depuis la veille, en raison de l'abdication de Charles X et du duc d'Angoulême, pût être présenté à l'assemblée par le lieutenant-général, et proclamé par elle. Il fallait donc d'urgence ramener à Paris le jeune prince. Cette mission, à laquelle le duc d'Orléans donna son assentiment, fut confiée à l'attaché militaire britannique, le colonel Caradoc. Le 3 août au matin, Caradoc rendit visite au lieutenant-général, reçut de lui un mot d'introduction qu'il dissimula dans le collet de son habit et se rendit en grande hâte à Rambouillet. Charles X l'accueillit bien, mais finit par rejeter sa demande, devant la résistance de la duchesse de Berry et aussi, semble-t-il, de la duchesse d'Angoulême (1).

Même après la séance des Chambres, et bien que l'attitude de Chateaubriand et d'Hyde de Neuville eût compromis gravement les chances du duc de Bordeaux, Stuart travaillait encore à le retenir en France, ou du moins à proximité, allant jusqu'à demander à Londres que la famille royale fût conduite à Jersey, sous l'escorte de deux vaisseaux de guerre britanni-

(1) Cet incident n'est pas mentionné dans la correspondance officielle de lord Stuart. Caradoc l'a raconté dans ses *Mémoires*, et Greville dans son *Journal*, (II, 21) d'après une conversation de Marmont. Wellington en parle dans plusieurs de ses lettres à Aberdeen. *Dispatches*, 2ᵉ série, VII, 162 et suiv.) Ces divers témoignages présentent Stuart comme ayant eu l'initiative de la démarche. Les écrivains orléanistes en font au contraire honneur à Louis Philippe, pour prouver qu'il n'accepta le trône que malgré lui. (Cf., Denys Cochin, *Louis Philippe*, 192, et R. de Flers, *le Roi Louis Philippe*, 26 et suivantes.)

ques. Cette fois, le gouvernement anglais trouva que son ambassadeur allait trop loin. « La situation du Roi, lui écrivait Aberdeen en particulier, est la plus difficile et la plus cruelle qu'on puisse imaginer, mais il n'y a pas de conseil étranger qui puisse la rendre meilleure ». Et il prescrivit formellement à Stuart, non seulement de renoncer à toute intervention, directe ou indirecte, mais même « de s'abstenir d'exprimer une opinion, quelle qu'elle fût » (1). Quand la démarche de Caradoc fut connue à Londres, il s'en fallut de peu que Stuart fût rappelé. Wellington jugeait que sa situation à Paris deverait impossible. Si on se décida malgré tout à le maintenir, ce fut seulement dans la crainte que l'opinion française n'interprétât son rappel à contre-sens.

Le duc d'Orléans ne pouvait guère avoir de doutes sur les sentiments véritables de l'ambassadeur d'Angleterre à son endroit. En demandant conseil à Stuart le 30 juillet, en acceptant de mandater Caradoc auprès de Charles X le 3 août, le nouveau chef du gouvernement français n'avait sans doute pas agi par pure sympathie et sans arrière-pensée ; mais il n'est pas douteux que ses tendances personnelles le portaient, autant que son intérêt, à rechercher l'appui de l'Angleterre.

Son éducation même l'avait dès longtemps incliné à aimer la vie anglaise, la société anglaise, le tempérament anglais. Son père avait contribué plus que personne à mettre l'*anglomanie* à la mode. Il fit de longs séjours en Angleterre, notamment en 1789 et 1792. Il avait élevé ses enfants à la mode britannique, leur donnant, à l'anglaise, une gouvernante au lieu d'un gouverneur. Pour apprendre l'anglais à ses élèves, Madame de Genlis avait fait venir de Londres la petite Paméla alors agée de six ans, et plus tard elle la ramena en Angleterre, de janvier à novembre 1792, en compagnie de la princesse Adélaïde, fille aînée du duc d'Orléans. Les deux jeunes filles connurent

(1) Aberdeen à Stuart, dépêche (6 août, F. O.) et lettre particulière Stanmore, *The Earl of Aberdeen*, 99.

là Sheridan et lord Edward Fitzgerald, qui un peu plus tard épousa Paméla.

Louis-Philippe s'était ainsi tout à fait *anglicisé*. Il parlait l'anglais aussi aisément que le français, et il conserva toute sa vie l'habitude de mêler les deux langues dans ses lettres intimes.

En 1798, après son voyage aux États-Unis, il était venu en Angleterre avec son frère Montpensier ; il y était resté quatre ans, vivant au château de Twickenham, ou, depuis, il était retourné plusieurs fois pendant l'Empire. Il y revint encore en 1815, s'y attarda même deux ans après la seconde restauration. Plus tard, il parla toujours avec un regret non dissimulé de cette époque de sa vie, de « l'île heureuse où est Twickenham », *old Twick on the banks of the Thames*, comme il répétait volontiers. Il avait étudié de près la littérature anglaise, citait souvent Shakespeare, et notamment ces vers de *Richard III* dont il se fera presque une règle de conduite politique :

> *Besides the Kings' name is a power of strength*
> *Which they upon the adverse faction want.* (1)

Il estimait particulièrement la presse anglaise, et en vantait sans cesse les mérites. Les ultra-royalistes l'avaient accusé de collaborer au *Morning Chronicle*, et d'être pour quelque chose dans les articles, fort injurieux pour la duchesse de Berry, que ce journal avait publiés lors de la naissance de l'*enfant du miracle*. Même après 1830, il garda l'habitude de lire les *papiers* anglais, comme il disait, avant tous les autres, et souvent à l'exclusion de tous les autres, même des journaux français.

Il savait avoir des amis en Angleterre. Il y était retourné récemment, en 1829, avec son fils aîné. Tous deux, le duc de

---

(1) Les rois possèdent dans leur nom même une puissance qui leur est nécessaire contre la faction ennemie.

Chartres spécialement, avaient reçu le meilleur accueil, et Wellington, qui n'avait pas l'éloge facile, louait beaucoup l'intelligence du jeune prince.

Les motifs d'intérêt pour ménager l'Angleterre n'avaient pas moins de valeur pour lui. Ni à Pétersbourg, ni à Berlin, ni à Vienne, Louis-Philippe, porté au pouvoir par une révolution, ne pouvait compter sur aucun appui. Il pouvait mieux espérer à Londres du gouvernement constitutionnel, de l'opinion publique, de la presse de tous les partis. Enfin, il avait eu jadis, avec le gouvernement britannique, des rapports fort étroits ; son existence matérielle avait quelque temps dépendu des libéralités du ministère anglais ; et pour dissiper certains soupçons quant aux ambitions dynastiques qu'on lui supposait sous l'Empire, il avait pris, par écrit, envers l'Angleterre de véritables engagements de fidélité invariable à la branche aînée (1). Tout cela, Louis-Philippe n'était pas homme à l'avoir oublié, ni à croire qu'à Londres on en eût perdu le souvenir. C'est donc du côté de l'Angleterre qu'il chercha tout de suite son principal appui.

Dès le 4 août, le maréchal Jourdan, qui venait d'être provisoirement chargé du département des affaires étrangères, communiquait à lord Stuart les premiers actes officiels du nouveau gouvernement, et faisait appel à lui pour aider au rétablissement de la tranquillité. (2) Le 10, Louis-Philippe, roi des Français depuis la veille, rencontrait l'ambassadeur d'Angleterre chez le comte de Rohan-Chabot, et venant à lui : « Ma situation est très difficile, lui dit-il, il est impossible de contenter tout le monde. Mais je mettrai tous mes efforts à maintenir la paix et à établir de bons rapports avec les puissances. Je compte sur l'Angleterre pour m'y aider. » (3)

Le 13 août, le comte Molé, chargé par le nouveau roi du

(1) V. plus loin, chap. VIII, p. 294-295.
(2) Stuart à Aberdeen, 5 août, F. O.
(3) Stuart à Aberdeen, 10 août 1830, F. O.

portefeuille des affaires étrangères, notifia aux diplomates étrangers l'avènement de Louis-Philippe et exprima le désir d'entrer avec eux en rapports officiels. (1) Stuart, qui en qualité de doyen des ambassadeurs, réunissait chaque jour ses collègues pour concerter une action commune, émit l'avis que chacun d'eux devait regarder comme caducs les pouvoirs leur donnant créance auprès de Charles X, et attendre d'être accrédité de nouveau dans la forme accoutumée. Mais les représentants des autres cours étaient d'opinions très différentes. Le ministre de Prusse, Werther, avait reçu de son gouvernement, au lendemain de la Révolution, l'ordre de quitter Paris avec tout son personnel et d'attendre les événements derrière la frontière. L'ambassadeur d'Autriche, Apponyi, n'ignorait pas les sentiments de son chef Metternich : au moment même de la Révolution, le chancelier autrichien s'entendait à Carlsbad avec son collègue de Russie, Nesselrode, pour agir militairement contre la France si elle voulait porter atteinte aux traités de 1815 ou « à la paix intérieure des autres Etats ». Mais Apponyi regardait comme très dangereux de ne pas soutenir Louis-Philippe, seule ressource contre l'avènement, en France, du parti de la Révolution et de la guerre. Pozzo di Borgo, ambassadeur de Russie, pensait de même, et craignait surtout une restauration des Bonaparte. Comme il s'attendait à recevoir de l'empereur Nicolas des instructions tout à fait intransigeantes, il poussait Stuart à obtenir du gouvernement anglais qu'il reconnût Louis-Philippe tout de suite, afin d'engager les autres puissances à faire de même. (2) Stuart comprenait la justesse de ce raisonnement, mais il cherchait encore à gagner du temps, et sous prétexte d'observer les formes, continuait à parler du roi des Français comme s'il n'était encore que duc d'Orléans, et à le qualifier d'*Altesse Royale*. Pozzo était furieux de cette conduite. Il accusait son collègue anglais de soutenir secrètement les carlistes, et de sou-

(1) A. E. 13 août 1830.
(2) Stuart à Aberdeen, 13 août 1830, F. O.

haiter une guerre civile en France. (1) Grief fort exagéré. Stuart ne conspirait pas ; il n'avait que de la mauvaise humeur et de l'inquiétude. Fort heureusement, son gouvernement était plus sage et plus clairvoyant que lui.

Wellington avait d'abord montré peu d'empressement à reconnaître Louis-Philippe. Il n'avait guère de sympathie pour lui, trouvait sa proclamation du 3 août « plate et mesquine » et craignait qu'il ne fût rapidement débordé par les événements. Selon lui, l'Angleterre devait se concerter avec les alliés avant de reconnaître le nouveau roi. Mais Aberdeen combattit énergiquement cette manière de voir, dans le cabinet et auprès de Guillaume IV. (2)

Il obtint assez aisément gain de cause et Wellington se laissa convaincre : « Il y a quelques pilules amères à avaler, disait-il le 12 août, mais la meilleure chance de paix est de les avaler toutes. » (3) Le 14, dans un memorandum aux puissances, l'Angleterre conseillait de reconnaître le nouveau roi, tout en maintenant l'alliance de 1815. (4)

Au reste l'opinion publique se prononçait très énergiquement dans ce sens. Les libéraux réformistes avaient envoyé à Paris une délégation, présidée par John Bowring, pour porter aux Parisiens les félicitations de l'Angleterre. Louis-Philippe reçut Bowring peu de jours après son avènement et lui fit un très bon accueil (5). Un peu plus tard partit un groupe de radicaux conduits par Cobbett. Les journaux anglais ouvraient des souscriptions pour les victimes des journées de juillet, et organisaient des meetings en faveur de la France libérale. Le *Chronicle* du 6 août faisait l'éloge de Louis-Philippe « homme

(1) Guichen, p. 111 et suiv.
(2) Greville, 2 août 1830.
(3) Stanmore, p. 100.
(4) Schiemann, *Gesch. Russlands unter Kaiser Nikolaus I.*, III, 19.
(5) Bowring a raconté la scène (*Autobiographical recollections*, 251). Louis-Philippe tira lui-même trois fauteuils au milieu de la pièce, fit asseoir Bowring et le préfet Odilon Barrot qui l'accompagnait et s'assit entre eux, mais le fauteuil qui était vermoulu s'effondra sous lui.

sage, prudent et estimable », qui saurait « déjouer les machinations des différentes cours ». On parlait de délégations républicaines françaises, qui devaient venir à Londres et à Dublin, et les ministres anglais en étaient déjà à souhaiter l'intervention de Louis-Philippe pour empêcher leur départ.

Aussi quand le général Baudrand arriva à Londres le 22 août, apportant à Guillaume IV une lettre de son « bon frère », le roi des Français, il fut bien accueilli du roi et des ministres, même de Wellington, et il repartit le 28 avec une réponse favorable. Il emportait comme cadeau personnel un portrait du roi, orné de diamants. Le duc de Montmorency, ancien ambassadeur de Charles X, dut se contenter d'une tabatière. Le roi de France déchu, qui était arrivé à Spithead le 18, ne fut pas admis à séjourner à Londres, et on le transporta par mer, par crainte de manifestations hostiles, au château de Lullworth, dans le comté de Dorset, qui lui avait été assigné pour résidence.

Louis-Philippe, pour remercier de ces bons procédés, renouvelait l'assurance de ses intentions pacifiques, assurait qu'il avait fait prendre, sur les frontières de Suisse et de Belgique, des précautions pour éviter le passage des révolutionnaires étrangers, venus pour demander l'appui de leurs frères de France.

Quand les *reformers* radicaux conduits par Cobbett arrivèrent à Paris, il les fit recevoir par le préfet de la Seine et surveiller par la police (1).

Le 1er septembre, Stuart reçut ses nouvelles lettres de créance. Il les présenta le 3 à Louis-Philippe, qui témoigna « beaucoup d'émotion » en les recevant, et insista encore sur sa volonté de maintenir la paix. Le 5, le *Moniteur* publiait l'ordonnance nommant au poste d'ambassadeur de France à Londres l'homme qui avait paru le plus propre à rassurer les inquiétudes anglaises, le prince de Talleyrand.

____

(1) Stuart à Aberdeen, 23 août 1830. F. O.

CHAPITRE II

L'INDÉPENDANCE BELGE
(1830-1832)

I. Talleyrand, ambassadeur en Angleterre. La Conférence de Londres. — II. Palmerston et Talleyrand. Le protocole d'indépendance. Les missions du comte de Flahaut. — III. La neutralité belge. L'élection du Roi. — IV. Casimir Périer. L'entente cordiale. Les dix-huit articles. — V. L'intervention française et l'affaire des forteresses. Les vingt-quatre articles. L'expédition d'Anvers. Avenir de l'entente.

I

En 1830, Talleyrand avait soixante-seize ans. L'âge avait appesanti son corps, aggravé ses infirmités; il avait laissé intactes non seulement ses facultés intellectuelles, mais sa passion du pouvoir et son ambition de reparaître sur la grande scène politique. Dans l'intrigue habilement conduite qui avait mis Louis-Philippe sur le trône, il avait joué un rôle discret, mais de première importance. Il devait actuellement s'attendre à en être récompensé. Peut-être, un moment, pensa-t-on à lui pour le ministère des affaires étrangères. Mais il n'était guère d'homme moins capable d'y réussir dans les circonstances produites par la révolution de juillet. « Je ne connais pas, a écrit Molé, qui le connaissait bien, de mœurs plus incompatibles avec les mœurs du gouvernement représentatif que celles de M. de Talleyrand. » (1) Il était à peu près incapable de parler en public et il avait trop « la crainte de s'ennuyer ou l'horreur de se gêner » pour renoncer, en vue de plaire aux membres d'une assemblée, à son impertinence de grand seigneur ou à son humeur capricieuse et parfois bizarre. Au reste, il aurait été trop risqué de la part de Louis-Philippe, au lendemain de la révolution, de confier au signataire des traités de Vienne le soin de défendre devant les députés son programme de politique étrangère. Le comte Molé qui en fut chargé n'était compromis à aucun degré dans la politique dite de Sainte-Alliance, et lui, du moins, avait une réputation justifiée d'orateur. Le roi préféra donc offrir à Talleyrand, qui sans doute l'accepta volontiers, le poste d'ambassadeur à Londres dès qu'il fut assuré de voir son gouvernement reconnu par le roi d'Angleterre. Mais il fallut triompher de certaines résistances. Les ministres du « mouvement », Dupin entre autres, craignirent d'irriter l'opinion, ce qui semblait à leurs collègues conservateurs, comme Broglie, une « raison de coin de rue ».

Molé sentait très bien qu'une fois installé à Londres, Talleyrand traiterait les affaires en dehors de lui, par correspondance directe avec le roi, et il n'avait, dit encore Broglie, aucun goût pour la fonction de ministre *in partibus* (2). Ces obstacles auraient sans doute différé, peut-être modifié la décision du roi, si la nouvelle de la révolution belge, qui avait commencé le 25 août à Bruxelles, n'eût rendu pressante la nécessité de rassurer l'Angleterre. Louis-Philippe intervint donc personnellement près des ministres, dit même qu'il exigeait la nomination, en sorte que proposée au Conseil du 3 septembre, elle passa sans objection et parut, on l'a vu, au *Moniteur* du surlendemain.

Cependant l'insurrection belge s'étendait rapidement, gagnait

____

(1) Marquis de Noailles, *le comte Molé, sa vie, ses mémoires*, I, 275.
(2) *Souvenirs du feu duc de Broglie*, IV, 57.

en huit jours tout le pays et repoussait victorieusement l'essai de répression de l'armée hollandaise. Le 3 octobre le Gouvernement provisoire de Bruxelles proclamait l'indépendance. Nommé pour garantir aux yeux de l'Angleterre le maintien des traités de 1815, l'ambassadeur de Louis-Philippe n'était plus, en arrivant à son poste, en état de prendre une pareille attitude sans le plus grave danger pour son gouvernement.

Talleyrand ne semble pas avoir compris tout de suite l'importance du soulèvement belge, ni en avoir prévu le succès. Il ne s'était jamais pressé de sa vie et il ne partit de Paris que le 22 septembre 1830. Il débarqua le 24 au soir à Douvres et était à Londres le lendemain. Ses bagages l'avaient précédé et depuis plusieurs jours le chargé d'affaires Vaudreuil s'occupait à obtenir de la douane britannique l'entrée en franchise de nombreux fûts de vins fins et d'eaux-de-vie; le nouvel ambassadeur voulait qu'à Londres, comme à Vienne quinze ans plus tôt, sa table acquît une juste célébrité. Il amenait aussi un nombreux personnel. A trois agents déjà formés, Durant de Mareuil, Fourier de Bacourt et Bresson, se joignaient une demi-douzaine de jeunes gens « choisis dans le parti du mouvement » que l'ambassadeur avait emmenés pour ne pas trop se donner l'air de l'ancien régime. Comme entourage personnel, deux personnages de marque, intimes du prince à des titres divers, Montrond et la duchesse de Dino.

Montrond, vieux compagnon des bons et des mauvais jours, mêlé dès le temps du Directoire aux affaires les plus intimes et les plus secrètes de Talleyrand, avait vécu à Londres plusieurs années sous l'Emipre ; il y était aussi connu dans le monde que dans les banques et dans les tripots. Tout vieilli qu'il fût, il pouvait rendre encore des services, et Talleyrand l'avait fait inscrire pour une somme assez ronde aux fonds secrets des affaires étrangères. Mme de Dino, ou « Madame Edmond », comme on l'appelait dans l'entourage des princes, mariée en 1808 à Edmond de Périgord, neveu de Talleyrand, n'avait pas tardé à préférer l'oncle, et à peine âgée de vingt et un ans en 1814, l'avait accompagné à Vienne. Depuis, elle tenait sa maison. Elle avait écarté — sans peine — la « Belle Indienne » que Talleyrand avait épousée sous le Consulat et qu'il repoussa définitivement en 1815 après un conflit où Wellington fut un moment mêlé malgré lui. Avec le temps, cette situation, un peu singulière, n'étonnait plus. Mme de Dino n'avait jamais cessé d'occuper le plus haut rang à Paris sous la Restauration. Elle vivait dans l'intimité de la Dauphine et des princesses. Au reste n'était-elle pas de famille souveraine? L'Almanach de Gotha prouvait qu'elle était née, en 1793, à Berlin, du prince Pierre de Courlande, âgé alors de 69 ans, et de sa troisième femme, Dorothée de Meden, qui n'en avait guère plus de trente. Jeune encore, très séduisante, cultivée, spirituelle, elle savait couvrir de façons aristocratiques un tempérament impétueux et d'une dignité parfaite l'humeur la plus enjouée, parfois la plus sarcastique. Elle devait être, au point de vue mondain, un précieux auxiliaire pour Talleyrand, non sans le gêner parfois au point de vue politique.

Comme ambassadeur, la position personnelle du prince était bonne. Ses sympathies pour l'Angleterre étaient connues et dataient de loin. En 1792, il avait de son mieux travaillé à éviter la rupture entre Paris et Londres. En 1797, aux conférences de Lille, en 1806, lors de la mission de lord Yarmouth à Paris, il s'était montré conciliant envers les intérêts britanniques, jusqu'à faire, non sans vraisemblance, suspecter son désintéressement. En 1814, il avait lié partie avec Wellington et Castlereagh, acceptant leur programme de paix en échange de l'appui donné aux Bourbons, et tous trois s'étaient retrouvés d'accord à Vienne lors de la rupture avec l'Autriche et la Prusse, pour signer le traité secret du 3 janvier 1815. Son nom garantissait le maintien des actes de Vienne et en particulier du traité constitutif du royaume des Pays-Bas. Pour la même raison qui soulevait contre lui, à Paris, les colères de la presse libérale, il devait à Londres être bien accueilli des conservateurs. De fait, son arrivée en Angleterre provoqua des manifestations de sympathie. Il fut tout de suite très entouré et son hôtel devint le rendez-vous de l'aristocratie et des chefs de parti. « Il avait tout le monde à ses pieds », écrira plus tard le *Morning Post*, et Mme de Dino pouvait mander à Paris: « Nos dîners ont du succès ici; ils font époque dans la gastronomie de Londres. »

Peu sûr au départ d'un aussi bon accueil, ou craignant d'avoir à donner des gages plus positifs, Talleyrand avait désiré pouvoir promettre aux Anglais l'abandon prochain de notre conquête algérienne. Louis-Philippe avait un si grand besoin d'être appuyé à Londres que peut-être il y aurait consenti, mais il rencontra l'opposition formelle de Molé. Le ministre trouvait Talleyrand bien trop *anglais* sur cet article et ne se priva pas de le faire entendre, sans d'ailleurs en paraître surpris. « C'est naturel de sa part, dit-il un jour à l'ambassadeur russe, d'autant qu'il n'y a que cela qui profite. » (1)

Talleyrand n'avait pas emporté d'instructions proprement dites. Son objet essentiel était pour le moment d'éviter la guerre en obtenant de l'Angleterre qu'elle s'opposât, comme nous, à une intervention étrangère en Belgique. Dès le milieu de septembre, quand la Prusse et la Russie avaient paru disposées à rétablir par la force la domination hollandaise à Bruxelles, Molé avait déclaré que la France n'accepterait pas d'intervention armée si près de ses frontières. Et le jour même où Talleyrand débarquait à Douvres, Louis-Philippe dit à l'ambassadeur d'Alexandre Ier, Pozzo di Borgo: « Si les Prussiens entrent en Belgique, c'est la guerre, car nous ne le permettrons pas. » (2) Mais à cette doctrine de « non intervention » il fallait l'appui de l'Angleterre. Dans son discours au roi Guillaume IV, en présentant ses lettres de créance, Talleyrand ne

(1) Vicomte de Guichen. *La Révolution de Juillet 1830 et l'Europe*, 187.

(2) Dépêche du ministre prussien Werther, 24 sept. 1830, Hillebrand, *Geschichte Frankreichs von der Thronbesteigung Louis-Philipp's bis zum Falle Napoleons III*, I, 45.

craignit pas de le préjuger : « L'Angleterre, comme la France, répudie au dehors le principe de l'intervention dans les affaires de ses voisins. » Et il insistait sur l'analogie des deux gouvernements, fondés l'un et l'autre sur la souveraineté nationale et sur les sentiments d' « estime et d'affection éclairée » qui remplaçaient entre les deux peuples la jalousie et les préjugés d'autrefois.

Pourtant, ce n'était là, lui-même en convient, que des *lieux communs*. Les Hollandais et les Belges se chargèrent d'obliger les diplomates à sortir du domaine des généralités.

Le jour même où Talleyrand était reçu en audience royale, le ministre des Pays-Bas remit une lettre de son souverain qui demandait à l'Angleterre, à la Prusse, à l'Autriche et à la Russie, l'appui immédiat de leurs armées pour « rétablir la tranquillité dans les provinces méridionales » de son royaume. La France était intentionnellement laissée à l'écart.

Les Belges, au contraire, s'adressaient à elle. Ils avaient constitué hâtivement à Bruxelles un gouvernement provisoire, qui ordonna bientôt des élections dans toute la Belgique, Luxembourg compris. Dès le 4 octobre, ils proclamèrent leur indépendance nationale et entrèrent en rapports avec les libéraux de Paris. Deux agents officieux, Alexandre Gendebien et Thieleman, vinrent au nom du gouvernement provisoire offrir la réunion à la France, demandée, disaient-ils, par la grande majorité des Belges. Ils tentèrent d'aborder Molé, et même le roi, et pour être plus sûrs d'un bon accueil, leur parlèrent de constituer en Belgique un royaume où régnerait, disaient-ils, un fils de Louis-Philippe, de préférence le duc de Nemours. Un peu plus tard, un autre agent belge, Sylvain Van de Weyer, vint à Londres demander appui, contre une possible intervention prussienne ou russe, ajoutant qu'en cas de refus « il faudrait se jeter dans les bras d'un voisin puissant » et recourir à l'unique « planche de salut », la réunion à la France (1).

(1) De Lannoy, p. 49-51. Th. Juste, *Le congrès national de Belgique*, I, 81.

Louis-Philippe et Molé savaient que la réunion ne serait jamais acceptée par l'Europe. La formation d'un royaume pour Nemours aurait pour le maintien de la paix les mêmes dangers, et l'opinion française y serait bien moins favorable: s'il fallait faire une guerre, le parti belliqueux entendait que ce ne fût pas pour l'intérêt de la dynastie.

Même si, par impossible, l'union franco-belge avait paru pouvoir se faire sans un conflit général, beaucoup d'intérêts puissants s'y seraient opposés, notamment ceux des industriels du Nord, peu soucieux de rencontrer, à l'intérieur des frontières élargies, la concurrence des usines belges (1). Louis-Philippe et Molé étaient donc sincères en écartant les propositions venues de Bruxelles. Dès le 8 octobre ils dirent à Stuart que la meilleure solution était de séparer administrativement la Belgique de la Hollande en maintenant l'union dynastique. Un prince de Nassau, Frédéric d'Orange, par exemple, pourrait régner à Bruxelles. Ainsi l'on respecterait tout ensemble les traités conclus, le droit monarchique et la souveraineté nationale. Pour parvenir à ce résultat, Molé proposait une conférence à Paris ou à Londres.

L'idée plut aux ministres anglais. Ils tenaient avant tout à empêcher le retour des Français à Anvers. Wellington entendait aussi que les forteresses de la barrière, élevées après 1815 pour arrêter une invasion française, demeurassent entre des mains sûres. Les marchands de la cité craignaient enfin de perdre le marché belge et se plaignaient avec amertume des injures qu'ils avaient souffertes, à Bruxelles et ailleurs, pendant l'insurrection (2). Tout cela conduisait, sinon à intervenir par la force, — le Parlement nouveau, whig en majorité, ne l'aurait pas permis, — du moins à laisser intervenir les autres puissances. Aberdeen y pensa tout d'abord, en parla au ministre de Prusse. Mais Frédéric-Guillaume ne voulait pas faire la guerre à la France pour le seul intérêt britannique, fût-ce avec l'appui de la

(1) Stuart à Aberdeen, 8 octobre 1830. F. O.
(2) Ward et Gooch, *Cambridge history of british foreign policy*, II, 126.

Russie, et il le dit tout net à l'Angleterre. Le mieux sembla donc de mettre à l'épreuve les intentions conciliantes de Louis-Philippe, et le ministère anglais accepta le projet de conférence. Il fallait seulement, selon lui, recueillir l'adhésion « des puissances du Nord », et ce fut assez laborieux.

La Prusse consentit tout de suite, mais l'Autriche, plus soucieuse de l'Italie que des Pays-Bas, protesta énergiquement contre la doctrine de non-intervention. Après quoi Metternich, se résignant à l'inévitable, n'eut plus en vue que de « sauver les apparences » de la volonté souveraine. Quant au tsar Alexandre, il vit dans l'ouverture d'une conférence un heureux moyen de compromettre la France aux yeux des Belges et d'entraîner Wellington, qu'il traitait de « poltron », à une intervention armée (1).

Le dernier à consentir fut Louis-Philippe. Il n'aurait pas voulu que la conférence siégeât à Londres ; Molé lui avait montré l'avantage, au point de vue du prestige, de l'installer à Paris. Pour lui-même, le ministre ne tenait pas à abandonner l'affaire à la direction impopulaire de Talleyrand, que du reste (ses mémoires en témoignent) il haïssait de tout son cœur. Mais Talleyrand avait sur l'esprit du roi des moyens d'action qui échappaient au contrôle de Molé. Il correspondait en secret soit par Mme de Dino, soit par lui-même, et sous le couvert de la princesse de Vaudémont, avec la sœur de Louis-Philippe, Mme Adélaïde, et avec le roi lui-même. Il fit tant que Molé, après trois semaines de lutte, consentit enfin, le 31 octobre, à lui donner des pouvoirs pour négocier à Londres avec les représentants des puissances.

II

Comme le remarque avec juste raison le duc de Broglie, la convocation de la conférence de Londres avait joué le même rôle

(1) Schiemann, *Geschichte Russlands unter Kaiser Nikolaus I.*, III, 27.

que, dans un Parlement, le renvoi à une commission d'une question délicate: c'était le moyen de mettre, pour un temps au moins, tout le monde d'accord (1). En réalité, on s'était accordé sur une équivoque. Revenant plus tard, en novembre 1832, sur ces origines de la négociation, Metternich écrira : « Son véritable but n'a jamais été défini... Elle s'est réunie dans le but d'arranger l'affaire. Mais laquelle?... Autant qu'il m'en souvient, le plénipotentiaire français était dans l'intérêt de la révolte; ceux d'Autriche, de Prusse et de Russie, dans celui du roi des Pays-Bas. Le plénipotentiaire anglais seul s'est tenu longtemps sur le vague ; il a voulu *voir l'affaire s'arranger* » (2). C'est bien l'impression que donne à la lecture le style embarrassé du premier protocole.

Réunis, disaient-ils, sur l'*invitation* du roi des Pays-Bas pour *délibérer* sur les *troubles* de ce pays, les plénipotentiaires *proposaient* un armistice provisoire, *sans rien préjuger* des questions de principe, dont ils n'auraient qu'à *faciliter* la solution.

Mais il fallait bien tracer une ligne de séparation entre les troupes belges et hollandaises.

En adoptant, comme elle le fit, « la ligne qui séparait, avant l'époque du traité du 30 mai 1814, les possessions du prince souverain des Provinces-Unies de celles qui ont été jointes à son territoire pour former le royaume des Pays-Bas », la conférence tranchait sans en avoir l'air la question principale : elle déclarait caduques, en ce qui concernait la Belgique, les dispositions de ce traité.

C'est de quoi le gouvernement de Louis-Philippe prit tout de suite avantage. Le général Sébastiani venait, dans le ministère remanié du 2 novembre 1830, de prendre le portefeuille des affaires étrangères. Il écrivit à Londres que désormais l'indépendance belge lui semblait « un fait accompli sur lequel on ne saurait raisonnablement tenter de revenir » (19 novembre). Nul

(1) Duc de Broglie. *Le dernier bienfait de la Monarchie*, p. 165.
(2) *Mémoires de Metternich*, p. 498, et Lannoy, 50-54.

doute que cette déclaration n'eût provoqué les protestations de Wellington et d'Aberdeen s'ils l'avaient connue. Plus tard, en janvier 1832, Aberdeen rejettera énergiquement à la Chambre des Lords la « responsabilité » de l'indépendance belge. Mais à l'heure où écrivait Sébastiani, le ministère conservateur, qui avait refusé de faire la réforme électorale, était mis en minorité aux Communes et remplacé par un cabinet whig, sous la présidence de lord Grey.

Rien ne semblait au premier abord plus propre à rapprocher la France de l'Angleterre que le départ du ministère tory. La plupart des nouveaux ministres étaient demeurés éloignés des affaires pendant toutes les guerres de l'Empire. Plusieurs d'entre eux avaient, même avant 1814, témoigné de la sympathie à la France. La classe sociale sur laquelle ils comptaient, par la réforme électorale, fonder leur pouvoir était comme en France la bourgeoisie commerçante et industrielle, attachée aux principes de la liberté politique et au maintien de la paix. Aussi la presse française, en apprenant l'avènement des whigs, témoigna d'une joie presque unanime. Certains crurent même l'heure venue d'une entente étroite, sinon d'une alliance. Il y avait loin de là à la réalité.

« L'avantage qu'il y aura pour nous au changement survenu, écrivait Talleyrand, c'est que ce que nous ferons de concert avec la nouvelle administration, fût-ce exactement ce que nous aurions fait avec l'autre, sera probablement vu avec plus de prédilection en France. » (1) Cette remarque était juste. Mais on aurait eu tort de croire que les ministres whigs, moins écoutés que Wellington des gouvernements absolutistes, seraient plus disposés que lui à s'accorder avec la France. Dès son premier discours au Parlement, lord Grey parla de maintenir la paix, mais « par tous les moyens compatibles avec l'honneur de la nation » et de rester fidèle au principe de non intervention, mais seulement « si possible. »

(1) Talleyrand à Sebastiani, 18 nov. 1830, Pallain, p. 77.

Les whigs semblaient déjà craindre qu'en France on n'espérât trop de leur libéralisme. Le nouveau chef du Foreign Office, lord Palmerston, était l'homme le plus capable de détromper les Français sur ce point.

Palmerston avait alors quarante-cinq ans. Député aux communes dès l'âge de vingt et un ans, grâce à la complaisance d'un « patron » de bourg-pourri, il avait, seul de ses collègues, eu part au pouvoir sous les ministères conservateurs. Après un passage de cinq ans à l'Amirauté, il était devenu secrétaire d'Etat de la guerre en 1811 et avait gardé cette fonction jusqu'en 1828, époque de la scission survenue, après la mort de Canning, entre ses amis politiques et le duc de Wellington. Cette longue expérience du gouvernement, à un âge où son activité était demeurée entière, lui donnait une autorité incontestée. Il parlait le français à la perfection, lisait aisément l'italien et l'allemand, rédigeait tout en causant, avec une rapidité surprenante, employant parfois la stér·graphie qu'il avait apprise dans sa jeunesse. Il travaillait prodigieusement, parfois fort avant dans la nuit, sans rien sacrifier pourtant de son goût pour les plaisirs mondains et autres (1), ni des occupations de *gentleman farmer* où il se plaisait dans son domaine de Broadlands et dans ses terres d'Irlande. Au Foreign Office, où il venait souvent travailler même le dimanche, s'étonnant de ne trouver personne à l'heure du service divin, on le détestait pour ses accès de mauvaise humeur, sa causticité impitoyable et ses manies (2). Mais il était un objet d'admiration pour sa rare maîtrise du langage diplomatique, pour sa netteté d'esprit surtout, pour sa promptitude à choisir une ligne de conduite, l'énergie, l'intrépidité avec lesquelles il s'y tenait et poursuivait sa route en dépit des obstacles, jusqu'au succès. Pourtant son intel-

(1) Le *Times* l'en raillait volontiers, et l'avait surnommé « Cupidon ».
(2) Il renvoya une fois à Madrid, une autre fois à Massaouah, des dépêches écrites d'une plume trop fine ou d'une encre trop pâle. Il rabrouait brutalement ses collaborateurs pour un t non barré ou une virgule omise. (Herstlet, *Recollections of the old foreign office*, 60 et suiv.).

ligence, quoique vive, n'était pas très ouverte et il resta toujours à peu près étranger aux grands courants d'idées et de sentiments qui entraînaient la société anglaise à son époque. Dégagé de toute préoccupation philosophique, sociale ou religieuse, il il n'a en vue que le prestige et la puissance de son pays. Pour les défendre, tous les moyens lui seront indifférents, même la révolution, — au dehors — même la guerre. Peu et mal informé des questions économiques, il emploiera pourtant toute sa passion et son habileté à la défense des intérêts des commerçants et des armateurs, éléments essentiels de la grandeur anglaise dans le monde et de la majorité parlementaire à Westminster.

Sur l'affaire belge et en général les rapports avec la France, l'opinion de Palmerston fut vite arrêtée.

De plusieurs voyages qu'il avait faits à Paris, de ses conversations avec des hommes politiques arrivés en 1830 au pouvoir, il avait rapporté une conviction qui ne le quitta jamais, c'est que la France vaincue en 1815 ne songeait qu'à reprendre par tous les moyens ses frontières naturelles perdues.

Il avait eu connaissance en 1829 des projets aventureux de Polignac et de son essai d'entente avec la Russie pour recouvrer la Belgique par voie d'échange (1). Il croyait Louis-Philippe, ses ministres et Talleyrand lui-même dominés, au fond, par les mêmes regrets et les mêmes espérances; il était décidé à employer tout son pouvoir pour mettre obstacle à ce qu'il croyait être le vœu secret de la France et de son gouvernement. A cet égard il devait être pour le moins aussi intransigeant que l'auraient pu être Wellington et Aberdeen. Mais il était plus disposé qu'eux à prendre son parti d'une « effraction limitée » des traités de Vienne ; il devait mettre aussi moins d'hésitation et de scrupule à se montrer publiquement l'ami des gouvernements libéraux,

(1) Ashley, *Life of lord Palmerston*, I, 190.

celui de la France compris. La condition était que cette amitié ne coûtât rien à l'Angleterre, ni en influence politique, ni en clientèle commerciale.

Palmerston avait pensé tout d'abord, comme son prédécesseur, que la formation d'un royaume de Belgique, où régnerait le prince d'Orange, était la combinaison la plus heureuse et la plus acceptable pour toutes les puissances. Mais le 18 novembre, on l'a vu, le Congrès national de Bruxelles proclamait à nouveau l'indépendance du peuple belge, puis prononçait, le 24 novembre, l'exclusion à perpétuité de la maison de Nassau de tout pouvoir en Belgique. Cette décision, que le général Sébastiani avait en vain tenté d'empêcher par l'envoi d'une mission spéciale, avait provoqué un vif mécontentement à Londres. Elle aurait probablement excité la colère de l'empereur Nicolas Ier et provoqué la rupture de la conférence si l'insurrection qui couvait en Pologne depuis quelque temps n'eût éclaté le 29 novembre. Elle sauva la Belgique de l'intervention russe et peut-être l'Europe de la guerre.

Les Belges avaient, le 17 novembre, accepté l'armistice. Le roi de Hollande, le 28, consentit aussi à suspendre les hostilités, sans toutefois donner une adhésion formelle, malgré les efforts de l'Angleterre. Il comptait toujours sur une intervention des puissances et en particulier de la Russie. Talleyrand jugea que le seul moyen de vaincre son obstination était de faire approuver par la conférence le principe de l'indépendance et qu'on y arriverait « mieux et plus facilement pendant les troubles en Pologne ». Il s'en ouvrit à Palmerston, qui se trouva d'accord avec lui et consentit, à la séance du 18 décembre, à prendre l'initiative de la proposition. Il fallut trois jours de lutte et toute l'influence que l'ambassadrice de Russie, princesse de Lieven, fort liée avec lord Grey, sut exercer sur son mari pour faire accepter des puissances la déclaration, par un protocole du 20 décembre, de l'*indépendance future* de la Belgique. Les termes adoptés étaient tels que la conférence semblait moins satisfaire le sentiment national belge que prendre une précaution contre la France.

Ce n'en était pas moins un succès pour elle, qui avait désormais au bord de ses frontières un voisin amical au lieu d'une sentinelle de la coalition.

Mais la Hollande — et même la Belgique — se soumettraient-elles à l'aréopage de Londres ? A Paris, on n'y croyait guère. En prévision d'un insuccès et du conflit qui suivrait sans doute, Louis-Philippe souhaitait un accord défensif avec l'Angleterre. Il en avait fait porter l'offre à Londres dès la fin de novembre par le comte de Flahaut, marié, comme on sait, à la fille de l'amiral Keith, pourvu des plus belles relations en Angleterre, et pour qui Talleyrand lui-même aurait dû, selon les lois de la nature, ressentir une affection paternelle (1).

Mais Palmerston déclina poliment ces ouvertures. Le Gouvernement de Juillet était encore trop mal affermi pour qu'on fût, même en Angleterre, soucieux de se lier étroitement avec lui.

Précisément, le soir où fut signé le protocole d'indépendance, la Chambre des Pairs, qui venait de soustraire à la mort les ministres de Charles X, avait failli être envahie et dispersée par l'émeute. Les troubles s'étaient prolongés plusieurs jours et se calmaient à peine, lorsque le général Lamarque, dans la séance du 29 décembre de la Chambre des députés, protesta violemment contre l'esprit qui avait dicté le protocole du 20 décembre et les termes employés pour justifier la séparation de la Belgique. Souscrire à ces formules, se soumettre de nouveau à l'esprit des traités de 1815, « acceptés sous la volée du canon de Waterloo », c'était, selon lui, pour la France « régénérée »

(1) Sur Flahaut, v. l'introduction de Ph. Guedella au livre de lord Kerry, *The Secret of the coup d'État*, p. 10, et suiv.

Mme de Flahaut avait beaucoup contribué à faire remplacer à Paris lord Stuart par lord Granville comme ambassadeur. Elle poussait son mari à la succession éventuelle de Talleyrand. Selon Rodolphe Apponyi (*Journal*, I, 39), elle avait promis à Sebastiani que le ministère Whig serait très favorable à la France. Sur cette mission de Flahaut, à qui les Mémoires de Talleyrand attribuent un projet de partage de la Belgique, v. notre article de la *Revue d'Histoire moderne*, 1900-1901, II, 573 et suiv., de Lannoy, 108-112 et Guichen, 239.

une insupportable humiliation. Et il proposait, aux applaudissements de l'assemblée, pour régler l'affaire belge, un moyen « plus
digne de la France », l'annexion de tout le pays, sauf Anvers,
qui deviendrait port libre, puisque l'Angleterre voulait seulement
nous écarter des bouches de l'Escaut, « fleuve rival de la Tamise ». A la tribune, répondant à ce discours de son ancien
compagnon d'armes, le général Sébastiani feignit de voir là
seulement des regrets bien naturels, que « nous partageons tous,
disait-il, mais qui ne pouvaient fonder des espérances, encore
moins un programme de politique » (1). En fait, cependant, il
adopta le programme de Lamarque ou du moins il se fit scrupule de n'en pas essayer la réalisation totale ou partielle. Le
30 décembre il écrit à Talleyrand qu'il faut obtenir pour la
France « une juste réparation du passé et le repos de son
avenir », c'est-à-dire la réunion ou la royauté de Nemours, en
faisant une ville libre d'Anvers et peut-être d'Ostende. Le
3 janvier, il revient à la charge, en s'appuyant sur les demandes
des Belges, les pétitions qui circulent dans tout le pays. Le
même jour, Mme Adélaïde écrit aussi à Talleyrand que la
réunion est « le désir bien prononcé de notre nation » (2). Et
le soir même le président du Conseil Laffitte, rompant à l'égard
de lord Stuart le silence gardé par Sébastiani, déclare à l'ambassadeur que la réunion ou « le protectorat » de la Belgique
est la seule solution acceptable pour la France (3). Le 10 janvier enfin, à l'audience de réception du nouvel ambassadeur,
lord Granville, qui a remplacé Stuart le 7, Sébastiani lui déclare
que la France est encore humiliée de sa défaite de 1815 et qu'il
n'y aura jamais de paix solide en Europe tant qu'elle sera
privée des parties de territoire qu'elle possédait avant la Révolution (4). Le 30 janvier, Flahaut, chargé de proposer cette

(1) *Moniteur* du 30 décembre 1830.
(2) *Mémoires de Talleyrand*, III, 441, IV, 482 ; Pallain, 123.
(3) Stuart à Palmerston, 5 janvier 1831, F. O.
(4) Granville à Palmerston, 7 et 10 janvier 1831, F. O.

combinaison à Talleyrand et à l'Angleterre, repartait pour Londres.

Talleyrand a parlé plus tard, dans sa correspondance et ses mémoires, avec beaucoup de dédain des illusions qu'il attribue à Sébastiani et des entreprises du ministre pour y donner corps. A la vérité, il essaya lui aussi d'entraîner la conférence et surtout le gouvernement britannique à satisfaire les vœux de l'opinion française. Il tenta d'abord d'obtenir de Palmerston la cession du Luxembourg, puis il entreprit de sonder le ministre de Prusse sur un échange possible de la Saxe contre les provinces rhénanes, où l'on reconnait le souvenir des projets de Polignac (1). L'insuccès fut complet et le laissa de fort mauvaise humeur. « J'ose dire, écrit Mme de Dino, que je n'ai jamais vu M. de Talleyrand plus irrité et moins patient qu'il ne l'est depuis dix jours. » (2) De guerre lasse, il en était venu à l'idée de faire de la Belgique une espèce de Suisse, « un Etat fédératif avec une neutralité reconnue ». Expédient, sans doute, mais qui n'enlèverait pas tout espoir aux annexionnistes: « en regardant dans l'avenir, si on est amené à quelque guerre, la Belgique serait plus près de se réunir à nous que dans tout autre système. » (3) Sans que Talleyrand s'en doutât, la solution était trouvée, car la pensée de neutraliser la Belgique n'était pas venue à lui seul.

III

L'un des plénipotentiaires russes, Matuszewicz, avait dès le milieu de novembre proposé cette solution comme propre « à préserver la Belgique de la France, et la Hollande de la Belgique ». Le ministre prussien Bülow semble s'être rallié de

(1) Palmerston à Granville, 7 janvier 1831, Ashley, *Life of lord Palmerston*, I, 231).

(2) A Madame Adélaïde, 17 janvier, *Nouv. Rev. rétrospective*, novembre 1901.

(3) A Sébastiani, 16 janvier 1831, A. E.; Pallain, 173.

bonne heure à la combinaison et Palmerston y vit un autre avantage: en neutralisant la Belgique, on la « condamnerait » à une activité purement commerciale et industrielle » qui la rendrait tous les jours plus rivale de la France (1).

De tels raisonnements ne pouvaient échapper à Talleyrand. Quand la déclaration de neutralité fut proposée à la conférence le 20 janvier, il commença par demander qu'on y comprît le Luxembourg, ce qui entraînerait l'évacuation de la forteresse par les troupes allemandes qui y tenaient garnison. Et comme sa demande était repoussée, il posa d'autres conditions, telles que le retour à la France de Philippeville et Marienbourg ou quelque autre satisfaction territoriale. Il combattit, à en croire Palmerston, « comme un dragon » et ne se rendit qu'à dix heures du soir, après deux longues séances, dont la seconde avait duré, sans intervalle, plus de huit heures. Il était, selon le ministre anglais, « sûrement ravi d'avoir obtenu cette neutralité » (2). Du moins est-ce l'attitude qu'il prit envers son gouvernement, développant « l'avantage immense » qu'il disait « être parvenu à obtenir », conseillant à Louis-Philippe de s'en tenir là *pour le moment.* « L'avenir, ajoutait-il, nous réserve probablement la réunion, et je crois que nous pouvons l'espérer sans la payer aussi cher que le paraîtrait à tout le monde un établissement anglais petit ou grand sur le continent. » (3)

Ces arguments n'étaient pas sans réplique. Ceux dont Palmerston se sert, dans sa dépêche du 21 janvier à Granville, pour expliquer l'acte de la conférence, ont bien plus de valeur démonstrative. « S'assurer tôt ou tard, et d'une façon ou de l'autre, la possession de la Belgique, dit-il, semble être en France l'objet des efforts incessants d'un parti dont la force et

(1) V. les rapports russes cités par Lannoy, 128-129, d'après le recueil de Martens, II, 451.

(2) Ashley, I, 232. Palmerston à Granville, 21 janvier 1831.

(3) Talleyrand à Mme Adélaïde, 24 janvier 1831. *Nouv. Rev. rétrosp.,* nov. 1901, p. 354. Lannoy, p. 133, fait remarquer avec raison que cette phrase a été supprimée dans le texte des *Mémoires de Talleyrand,* IV, 489.

l'activité embarrassent et dominent presque le gouvernement. »
La neutralité belge fournira à Louis-Philippe une réponse irré-
futable à ceux qui voudraient le pousser à la guerre pour l'acquisition de la Belgique. Elle fait disparaître « d'un trait de
plume toute la ligne des forteresses belges en tant qu'elles cons-
titueraient des points d'attaque contre le territoire français »; en
cas de guerre, elle ferme à l'Angleterre et aux puissances continentales celle des frontières françaises qui est la plus malaisée
à défendre et la plus rapprochée de la capitale. C'est pour la
France une preuve de confiance et une garantie de sécurité (1).

Quelques jours plus tard, le 27 janvier, la conférence tentait
de compléter son œuvre et d'assurer le règlement complet de
l'affaire belge, en posant, comme dit le protocole, « les bases de
l'avenir ». Le texte qu'elle arrêta contenait d'abord une sorte
de manifeste justificatif, expliquant le droit des cinq puissances
à donner au nouvel Etat « dans le système européen une place
inoffensive » et proclamant que le futur souverain de la Belgique devrait « satisfaire par sa position personnelle à la sûreté
des Etats voisins ». Suivait un document intitulé *Bases destinées
à établir l'indépendance et l'existence future de la Belgique*.
Les limites du nouveau royaume y étaient fixées ; elles n'englo-
baient ni le Limbourg, ni le Luxembourg, pourtant réclamés par
les Belges et représentés au Congrès de Bruxelles; on partageait les dettes des deux pays de telle manière, que la charge
proportionnellement la plus lourde incombait à la Belgique. Enfin
la place d'Anvers ne pourrait être fortifiée.

Le 1er février, Palmerston tenta d'aller jusqu'au bout du
travail diplomatique par lequel il entendait prendre toutes précautions contre une influence exclusive de la France en Belgique. Un nouveau protocole renouvelait presque dans les mêmes
termes, l'engagement réciproque que les puissances avaient pris
à Londres le 22 mars 1829 au sujet du trône de Grèce, c'est-
à-dire qu'en aucun cas le souverain du nouvel Etat ne pourrait

(1) Palmerston à Granville, 21 janvier 1831. F. O.

être choisi parmi les princes des familles qui règnent dans les cinq cours signataires. Talleyrand avait réservé l'approbation de son gouvernement, mais n'avait pu refuser sa signature ; restait à faire accepter ces mesures à Paris et à Bruxelles.

A Paris, on hésitait beaucoup. La neutralité ne déplaisait pas en principe. On crut, ou on feignit de croire, que Talleyrand l'avait proposée et obtenue, et Mme Adélaïde, au nom du roi, le félicita pour ce « brave succès », mais on ne lui dissimula pas que « le vœu d'une grande masse », sinon de la nation entière, était pour la réunion. Le 27 janvier, Sébastiani était très vivement attaqué à la Chambre par le député Mauguin, et dans sa réponse s'avouait partisan de la réunion : il ne se résignait à y renoncer que pour éviter une guerre générale (1). Là-dessus parvint à Paris la nouvelle que les Belges refusaient d'accepter les limites fixées à Londres. Ils se disaient résolus à recourir aux armes, et, pour s'assurer en France l'appui du parti patriote et des chefs de l'armée, à nommer pour leur roi un prince de la famille de Napoléon, ce même duc Auguste de Leuchtenberg, fils d'Eugène de Beauharnais, que Bresson avait déjà signalé comme un candidat possible. L'agent français annonçait même que son collègue britannique Ponsonby favorisait cette solution en haine de Louis-Philippe et par dépit de n'avoir pu faire élire le prince d'Orange (2). Le gouvernement français était placé ainsi dans la situation la plus difficile et même la plus dangereuse.

* *

Le choix du nouveau roi des Belges avait occupé Louis-Philippe dès la déclaration d'indépendance. D'abord favorable au prince d'Orange, il avait cessé de le soutenir quand les envoyés belges l'eurent déclaré impossible et que cette décla-

---

(1) Séance du 27 janvier 1831 (*Archives Parlementaires*, 2ᵉ série LXVI, 363).

(2) Bresson à Sébastiani, 22 et 24 janvier 1831, A. E. Belgique, v. 190.

ration fut confirmée par le rapport des agents français en Belgique. Dans un mémoire qu'il avait, au début de novembre, adressé à Talleyrand par l'intermédiaire du maréchal Maison (1), il semblait montrer une légère préférence pour le prince Charles de Naples, frère de la duchesse de Berry et neveu de la reine Marie-Amélie. Un peu plus tard, il parut avoir fixé son choix sur le prince Léopold de Saxe-Cobourg, veuf de la princesse Charlotte d'Angleterre. Les Belges les premiers avaient proposé cette candidature, mais les ministres anglais qui tenaient au prince d'Orange l'avaient écartée au début de décembre. Ils y étaient revenus un peu plus tard, et Palmerston, après une entrevue avec le prince, avait parlé à Talleyrand en sa faveur, insinuant que le mariage de Léopold avec une princesse française arrangerait tout (2). Mais quand à la fin du mois les commissaires belges vinrent à Paris faire les premières démarches, ils furent froidement accueillis. On trouvait en France le prince Léopold trop « anglais », on le savait peu populaire à Bruxelles et il ne plaisait pas comme gendre à la reine des Français. Louis-Philippe le dit nettement, au début de janvier, à lord Granville. Et il semble avoir cherché de nouveau à faire agréer le prince de Naples (3). Les Belges n'en voulaient pas, ne le trouvant propre à leur apporter que « du macaroni et des capucins ».

Quand ils surent la conférence de Londres décidée à leur refuser le Luxembourg et à neutraliser leur pays, ils ne pensèrent qu'aux moyens extrêmes; les uns voulaient élire le duc de Nemours et s'unir à la France, les autres, croyant à une guerre immédiate et à une révolution bonapartiste à Paris, reprirent l'idée d'élire un Napoléonide et mirent en avant Leuchtenberg. L'agent français Bresson écrivait de Bruxelles que c'était désormais la seule alternative; le Congrès se partageait également

(1) *Mémoires de Talleyrand*, III, 383 et suiv.
(2) Talleyrand à Mme Adélaïde, 14 décembre 1830, *Mémoires de Talleyrand*, III, 467. Pour les détails, voir de Lannoy, 154 et suiv.
(3) Granville à Palmerston, 4 janvier. F. O., Archives, vol. 116. De Lannoy, p. 167.

entre les deux princes, et son collègue anglais, en haine de
Nemours, soutenait Leutchenberg. Par crainte d'une surprise (1)
et méfiance envers les Anglais, Louis-Philippe et Sébastiani
prirent le parti de brusquer les choses. Le ministre écrivit à
Bruxelles que la France ne reconnaîtrait pas la neutralité ni
les limites adoptées à Londres, à moins que la Belgique ne les
acceptât. Bresson, venu à Paris pour quelques heures, eut l'autorisation tacite de promettre la reconnaissance de Nemours s'il
était élu. Il le fut en effet, le 3 février, par 97 voix contre 75 à
Leuchtenberg (2).

C'était un coup hardi qui avait réussi, mais pouvait avoir
un fâcheux lendemain. La nouvelle arriva à Paris pendant un
bal à l'ambassade d'Angleterre. Le duc d'Orléans qui y était
reçut les félicitations en disant que son frère refuserait la couronne. Apponyi, qui raconte la scène, ajoute : « Les royalistes
autant que les libéraux espéraient qu'il accepterait. » (3) De
fait, Louis-Philippe pensa peut-être un moment que l'opinion
belge et française lui ferait une douce violence. Mais il fallait
compter avec l'Angleterre. Aux premiers rapports sur les démarches de Bresson à Bruxelles, Palmerston avait réclamé de
Paris un désaveu formel au nom de la conférence.

Le 5 février on connut à Londres l'élection de Bruxelles.
Aussitôt le cabinet britannique se réunit et il fut décidé d'exiger
de la France une renonciation formelle et sans délai. Talleyrand,
mandé par Palmerston, dut écrire à Sébastiani: « Le refus net,
spontané, pourra seul retenir l'Angleterre dont l'alliance est sur
le point de nous échapper... C'est une question de paix ou de
guerre immédiate. » (4)

(1) « Le Roi a une peur affreuse que le prince de Leuchtenberg ne
soit proclamé roi. Il ne pense et ne parle que de cela. » (*Journal d'Apponyi*, I. 406).
(2) V. Th. Juste, *le Congrès national de Belgique*, 207 et suiv. Lannoy,
165 et suiv.
(3) *Journal*, I. 409.
(4) Talleyrand à Sébastiani, 6 février 1831. Pallain 205. L'idée de la
guerre était très impopulaire en Angleterre et les moyens manquaient, écrit

Le ministre le croyait aussi, peut-être à tort, et sa lettre de refus était déjà en route pour Londres. Quand elle arriva, le 7, la conférence en prit acte avec satisfaction, mais ne put refuser de prononcer en même temps l'exclusion de Leuchtenberg. C'était l'essentiel pour Louis-Philippe (1). Le 17, en recevant les envoyés belges venus pour remettre à Nemours le procès-verbal de son élection, le roi déclara qu'il n'accepterait pas, « pour ne pas compromettre la paix ».

Mais l'impression en France fut mauvaise. Sébastiani lui-même gardait la crainte d'avoir été joué par les Anglais et leurs alliés, et menaçait dans ce cas d'en tirer vengeance éclatante (2).

Les journaux libéraux protestèrent surtout quand on connut l'espèce de manifeste rédigé le 19 par Talleyrand au nom de la conférence; on y lisait l'éloge des traités de 1815 et l'affirmation qu'en rendant la Belgique indépendante les puissances avaient voulu « l'empêcher de porter atteinte à la sécurité générale et à l'équilibre européen », c'est-à-dire de se réunir à la France. « S'il a été signé à Londres quelque chose de semblable, écrivait le *Courrier français*, le ministère n'a plus rien à faire qu'à rappeler son ambassadeur et à user d'une liberté qu'on veut bien nous laisser au prix d'une guerre générale... Si on veut des bouleversements, soit ! Il suffit de donner le signal, et avant un an on verra qui sera debout ! » (3) A Bruxelles, le Congrès nomma régent l'un des chefs du parti français, Surlet de Chokier (4), qui aussitôt lançait un appel aux Luxembourgeois et faisait reprendre le blocus de Maestricht. A Francfort, la diète ordonnait des armements, et Palmerston accusait la France d'en entreprendre secrètement de formidables. « Nous ne fai-

---

Granville à Buckingham, le 7 décembre 1830. (E. Halévy, *Hist. du peuple anglais*, III, 19).
(1) *Journal d'Apponyi*, I, 410.
(2) Talleyrand à Sébastiani, 12, 13 février. Pallain, p. 226.
(3) N° du 28 février 1831.
(4) Rodolphe Apponyi lui trouvait « une négligence affectée et républicaine rappelant les Barras et les Robespierre ». *Journal*, I, 413.

sons, répondit Sébastiani, que répondre aux mesures de nos ennemis. » (1) A ce moment éclataient à Paris les émeutes de Saint-Germain-l'Auxerrois et de l'Archevêché. L'insurrection polonaise venait d'appeler la France au secours, tandis que dans l'Etat pontifical, à Modène, à Parme, toute la population se soulevait contre l'ordre établi par les traités de 1815. Louis-Philippe allait-il céder au courant, soutenir les révolutions, entreprendre de procurer le Luxembourg aux Belges, et pour cela faire la guerre à l'Autriche, à la Russie et à l'Angleterre?

La presse l'y poussait. Le *Constitutionnel* du 1er mars voyait déjà le peuple français « s'avançant au milieu des autres peuples, ses frères en droits, en devoirs, en courage » et lançant de sa voix frémissante le cri libérateur: « Aux armes! aux armes! » Le président du Conseil Laffitte, sans avoir préparé la guerre, ne semblait pas craindre d'y être amené; Sébastiani voulait envoyer en Romagne une armée française à travers le Piémont. Il le dit à Granville le 26 février (2). Mais Louis-Philippe savait, par l'exemple de Louis XVI, que s'associer aux passions guerrières de la nation ne sauverait pas son trône, même dans le cas d'une victoire qui lui semblait douteuse. En tout cas, pour faire la guerre, il lui faudrait donner le pouvoir aux hommes de la révolution, à Mauguin, à Lafayette, qu'il méprisait et dont son entourage familial et politique avait horreur. Obligé, comme en 1830, de choisir entre la révolution et l'Europe, il se mit une seconde fois du côté de l'Europe, obligea Laffitte à quitter le pouvoir et y appela Casimir-Perier.

IV

Le roi des Français et son nouveau ministre étaient d'accord pour se maintenir en accord formel avec les puissances et spécia-

---

(1) Palmerston à Granville, 18 février. F. O. Granville à Palmerston, 24 février, ibid.

(2) F. O. Dans le même temps, Soult disait publiquement : « Je veux aller à tous les diables, si dans quelques mois d'ici, nous n'avons pas une bonne petite guerre (Journal d'Apponyi, I, 429).

lement avec l'Angleterre. On le savait à Londres où le choix de Perier fut très bien accueilli (1). Lui-même, parlant à la Chambre des députés le 18 mars, définit sa politique: maintien de la paix, limitation du principe de non-intervention aux seuls cas où la France était directement intéressée. « Nous ne concédons à aucun peuple le droit de nous forcer à combattre pour sa cause, et le sang des Français n'appartient qu'à la France ». Pour mieux faire entendre aux Belges qu'il ne leur sacrifierait pas l'alliance anglaise, il envoya à Londres le 4 avril, par l'organe de Sébastiani, une adhésion complète au protocole de neutralité et aux « bases de séparation » des 20 et 27 janvier (2).

Louis-Philippe dit à lord Granville qu'il ferait tous ses efforts à Bruxelles pour faire céder le gouvernement du régent, il acceptait même de conseiller au Congrès l'élection du prince Léopold de Saxe-Cobourg comme souverain, bien qu'il dût être regardé en France comme un vice-roi anglais. Mais il voulait une compensation à ce sacrifice de sa popularité. Les forteresses de la barrière devaient être démolies et la France devait obtenir une rectification du territoire. Perier et Sébastiani parlaient du duché de Bouillon ; le roi souhaitait Philippeville et Marienbourg (3). Mais Palmerston, d'accord du reste avec Talleyrand, était demeuré intraitable. « Du moment où nous donnerions à la France un potager ou une vigne, nous perdrions en principe tout l'avantage de notre position... Il faut être inexorable sur ce point. » (4) Sur les forteresses on fut moins rigoureux. Un protocole secret du 17 avril admit le principe de la démolition. La signature du plénipotentiaire français n'y figurait pas, puisque les forteresses avaient été élevées sans le concours de la France, *en haine d'elle*, disait Talleyrand, *par crainte d'elle*, répondait Palmerston. Louis-Philippe ne reçut de ce

(1) Palmerston à Granville, 15 mars 1831. Bulwer, *The life of Palmerston*, II, 52.
(2) Sébastiani à Talleyrand, 4 avril 1831. (Pallain, 301).
(3) Granville à Palmerston, 25 mars, 1er avril 1831. F. O.
(4) A Granville, 25 mars 1931. Bulwer, II, 61.

protocole qu'une communication officieuse, sans le droit de le publier, ni même d'y faire, comme il l'eût souhaité, une allusion dans quelque discours officiel.

Par contre, il devait prendre part aux mesures coercitives contre les Belges. Ceux-ci avaient tenté vainement de gagner le prince Léopold de Cobourg, que beaucoup regardaient déjà comme leur futur roi, et de l'associer à leurs revendications. Mais le prince, que George IV avait surnommé le *marquis Peu-à-peu*, n'était pas homme à risquer une pareille aventure et refusa de s'engager à rien. Alors les agents belges avaient voulu chercher appui à Paris, offrant à Louis-Philippe d'élire le prince de Naples, aux républicains et aux bonapartistes de renverser Louis-Philippe à frais communs (1). Vainement, la conférence leur adressait, le 10 mai, un *ultimatum*. Vainement, Sébastiani et même Talleyrand, avec plus ou moins de sincérité, parlaient de renoncer à tous les protocoles et de partager le pays avec la Hollande et peut-être la Prusse (2). Le Congrès belge ne céda pas, même il augmenta ses exigences, réclama la Flandre hollandaise à l'instant où la conférence, par un protocole du 21 mai, tentait de lui procurer le Luxembourg par le moyen d'une acquisition amiable négociée avec la Hollande. Finalement, le 4 juin, l'assemblée de Bruxelles élut le prince Léopold, sans égard aux conditions que la conférence imposait à ce choix et que le prince lui-même y avait mises.

En prenant pour roi le candidat qu'ils croyaient le plus agréable à l'Angleterre, les Belges espéraient l'appui de Palmerston pour leurs revendications territoriales. A Paris, ils par-

---

(1) E. Discailles, *Vie de Ch. Rogier*, II, 107 et suiv. Sur toute cette phase de l'affaire belge, voir Lannoy, 190 et suiv., Hall, *England and the Orléans Monarchy*, 69 et suiv., et mon art. de la *Rev. d'Hist. moderne*, III, p. 256 et suiv.

(2) Sébastiani en parla officiellement à Granville et aux autres agents diplomatiques et Palmerston protesta avec indignation. Mais Sébastiani avait déjà, peut-être sur l'intervention de Perier, complètement changé d'avis et qualifiait lui-même le partage de « scandaleux ». Granville à Palmerston, 4 et 8 avril 1831 ; Palmerston à Granville, 12 avril. F. O.

laient d'arborer le drapeau tricolore si la France voulait les contraindre à céder aux décisions de la conférence. A Berlin et à Francfort, ils offraient d'entrer dans la Confédération germanique et se disaient nettement « antifrançais », non comme hostiles à la France, mais comme antiunionistes (1). Si ce double jeu avait été découvert, l'indépendance belge était bien compromise. Talleyrand, qui le soupçonnait, avait déjà perdu patience. « Après avoir épuisé tous les moyens de persuasion et de condescendance, je crois qu'il faudra peut-être en revenir à l'idée, qui est mon idée favorite, d'opérer une division de la Belgique... » écrit-il le 19 juin (2). La Prusse paraissait consentante, l'Autriche résignée (3).

Pourtant la nation belge fut sauvée du sort que lui préparaient les diplomates d'ancien régime. C'est l'union franco-anglaise personnifiée par l'accord de Palmerston et de Casimir-Perier qui la rendit possible et c'est en donnant à l'Etat Belge une consécration européenne que l'*Entente cordiale* trouva son nom et témoigna de son existence pour la première fois. « Nous sentons vivement, écrit Palmerston le 31 mai, combien *une bonne entente cordiale*, une étroite amitié entre l'Angleterre et la France doivent contribuer à assurer la paix du monde, à confirmer les libertés acquises et à avancer le bonheur des nations. » (4)

(1) V. les dépêches de Lebeau, Ministre des Affaires étrangères de la Régence, citées par Guichen, p. 373 et 378.
(2) A Sébastiani, Pallain, p. 417.
(3) Hillebrand, I. 234. *Mémoires de Metternich.* v. 139.
(4) Ashley. I. 253 : « We feel strongly how mtch a cordial good understanding and close friendship between England and France must contribute to secure the peace of the world and to confirm the liberties and promote the happiness of the nations ». M. E. Halévy (*Hist. du peuple anglais*, III, 67) cite d'autres textes, discours et lettres de Grey et de Palmerston, où il est question de « cordiale union », « bonne entente », « amicale entente », mais tous datés de 1832. Palmerston emploie déjà le 18 février 1831, dans une dépêche à Granville (F. O.) l'expression *perfect good understanding*. On se rappelle que les mots d'*entente cordiale* avaient servi de titre à un à-propos joué à Paris, en 1827, au Théâtre Anglais.

Quelles étaient, aux yeux du ministre anglais — et il semble bien ici traduire l'opinion de ses compatriotes — les conditions de cette « entente cordiale »? D'abord l'entière sincérité réciproque, qui doit écarter tout soupçon d'arrière-pensée. Ensuite et surtout, que la France soit « guérie de la maladie de la conquête », de tout esprit d'agression, en sorte que l'alliance des deux pays devienne « *a bond of peace and a covenant of justice* ». Jusque-là, Palmerston avait regardé toutes les offres d'accord de la France comme un moyen de séparer l'Angleterre de ses alliés de 1815, pour mieux reprendre la politique d'expansion. C'est ainsi qu'il avait compris les propositions d'alliance apportées par Flahaut, et qu'il les avait refusées. C'est pour cela qu'à la fin du ministère Laffitte il s'était éloigné de la France. Mais l'arrivée de Perier au pouvoir a rétabli la confiance; pourvu qu'il y demeure et que le roi l'appuie, l'entente sera maintenue.

A parler clair, cela voulait dire : « Nous resterons liés avec la France, aux conditions du 20 novembre 1815. » Plus crûment, Sébastiani avait dit à Granville : « Tant que nous supporterons notre humiliation, l'Angleterre sera notre amie. » (1) Le général aurait souhaité une revanche de cette humiliation. Son tort était de la vouloir sans en vouloir les moyens, et puisqu'il préférait la paix, de rester belliqueux en paroles, de réclamer les « limites naturelles », sans être résolu à les reconquérir. Perier avait pris son parti d'y renoncer et de chercher ailleurs des raisons de prestige. En Belgique, il travailla pour les Belges, content d'y être aidé par l'Angleterre, qui avait si longtemps travaillé pour les Hollandais.

Le 26 juin, après trois semaines de pourparlers difficiles entre le prince Léopold, la Conférence et le Congrès belge, on finissait par s'accorder sur un projet de traité, dit des dix-huit articles, qui, sous couleur d'achat et d'échanges de territoires, donnait à la Belgique le Luxembourg et le Limbourg, lui faisait

(1) 22 janvier 1831. Granville à Palmerston, F. O.

espérer Maëstricht et diminuait sa part des dettes communes.

Le 9 juillet, le Congrès de Bruxelles en acceptait le texte. Léopold, assuré d'être reconnu immédiatement par les puissances, partit le 16 juillet de Londres, salué au passage, à Douvres et à Calais, par les canons anglais et français. Il entra le 21 à Bruxelles et prêta serment devant le Congrès. Le royaume de Belgique commençait d'exister.

Louis-Philippe en éprouva une vive satisfaction qu'il voulut — on comprend pourquoi — faire partager à ses sujets. Dès le 14 juillet, il avait obtenu de la conférence l'autorisation de publier le protocole sur la démolition des forteresses, et dans le discours du trône, le 23, il eut soin de dire aux Chambres : « Les places élevées pour menacer la France, et non pour protéger la Belgique, seront démolies; une neutralité reconnue par l'Europe et l'amitié de la France assurent à nos voisins une indépendance dont nous avons été le premier appui. » C'était tout ce que l'Europe nous avait permis de retirer comme avantage dans « l'affaire belge » (1).

V

Encore cet avantage n'était-il pas acquis. Le 3 août, au soir, le roi des Pays-Bas dénonçait l'armistice. Le lendemain, l'armée néerlandaise envahissait la Belgique.

Les diplomates avaient tout prévu, sauf cela. Talleyrand soupçonna que Louis-Philippe avait ourdi ce « complot » de pousser la Hollande à la guerre, pour avoir un prétexte d'entrer en Belgique et d'y rester. Stockmar, secrétaire et confident de Léopold, soupçonna Palmerston (2). Tous deux se trompaient.

____

(1) On remarquera que Louis-Philippe ne fait pas allusion à l'avantage que la neutralité présentera *pour la France*. On n'y songera guère avant 1870. Palmerston trouva le discours « boastful and arrogant » (Ashley, I, 258, à Granville, 25 juillet). Les journaux belges avaient protesté aussi (Lannoy, p. 271).

(2) Hall, p. 77-81.

Un encouragement à la résistance aurait pu venir de Saint-Pétersbourg, non de Londres ni de Paris (1). Casimir Perier pensait si peu à une pareille « escapade » qu'ayant été mis en minorité à la Chambre sur une question accessoire, il venait de donner sa démission. Léopold, aux premières nouvelles de la frontière, avait écrit à lord Grey et à Louis-Philippe pour demander l'appui de la flotte britannique et de l'armée française. Le cabinet anglais délibéra. Casimir Perier agit. Il retira sa démission et le Maréchal Gérard reçut de lui l'ordre d'entrer immédiatement en Belgique avec une armée de 60.000 hommes, où les ducs d'Orléans et de Nemours, fils aînés de Louis-Philippe, avaient un commandement. Le 4 août, Sébastiani en informait les Ambassadeurs d'Angleterre, d'Autriche et de Russie et le Ministre de Prusse, en promettant de retirer les troupes aussitôt la sécurité de la Belgique assurée. Sur demande, il en prit même l'engagement par écrit (2). L'armée avançait cependant. Elle recueillit les débris des troupes belges, en fuite sans avoir combattu, et poussa jusqu'à la frontière hollandaise, le prince d'Orange ayant préféré se retirer avec ses troupes sans engager la lutte.

A Londres, on montra beaucoup d'émotion et d'inquiétude. « Je vois la France nous dominer tous, disait au Parlement un orateur tory; je crains qu'elle n'exerce sur les affaires de l'Europe une prépondérance qui, jusqu'à ce jour, a été réservée à la sagesse et au génie de l'Angleterre » (3). Granville avait dit à Louis-Philippe, qu'il ne fallait pas exciter la *jealousy* anglaise. « Je serai agréablement surpris, écrit-il le 5 août à Palmerston,

(1) C'est ce que Sébastiani dit un peu plus tard à Granville. De fait la Russie était intéressée à la rupture : Sous l'Empire, elle avait emprunté à Amsterdam 25 millions de florins. En 1815, l'Angleterre et la Hollande acceptèrent de partager le service de cette dette, mais la part de la Hollande retombait à la charge de la Russie, aux termes de la Convention, si la Belgique était séparée des Pays-Bas. (Hall, 109 et suiv.).

(2) Granville à Palmerston, 4 et 5 août 1831. F. O.

(3) Séance du 9 août 1831, à la Chambre des Lords. Discours de lord Londonderry.

si les Français ne demandent pas pour prix de leur retraite, la frontière de 1814 ou la démolition immédiate des forteresses. » Talleyrand consentit bien à signer un protocole (du 6 août) où la Conférence avait l'air « de régler l'entrée » des troupes françaises en Belgique et annonçait leur retraite aussitôt la volonté des puissances accomplie. Mais il conseillait hardiment à Louis-Philippe de profiter de l'occasion. Il fallait au moins obtenir du roi Guillaume la signature des 18 articles et de Léopold la démolition des forteresses. Ne pourrait-on même espérer mieux? « L'Angleterre devrait bien trouver... qu'il n'y a pas de Belgique possible, et que c'est par des idées de partage que l'Europe trouverait la garantie positive d'une paix générale. » Et Talleyrand d'engager aussitôt les pourparlers avec le ministre prussien Bülow, qui, au sortir de l'entretien, avertit Palmerston, lequel mit le roi Léopold au courant (1).

L'Angleterre ne voulait pas laisser à la France le temps de rien entreprendre de pareil. Les ministres « conjurèrent » Talleyrand de faire retirer l'armée de Gérard; Palmerston écrivit à Granville que c'était « une question de guerre ou de paix », et Grey, que « l'opinion anglaise, déjà excitée, s'enflammerait jusqu'à provoquer la guerre à la moindre apparence de mauvaise foi, de la part de la France » (2).

Mais Louis-Philippe et Perier ne cédèrent pas tout de suite, en arguant des craintes de Léopold contre un retour offensif des Hollandais; la retraite fut seulement partielle et ne s'acheva qu'après le 15 septembre, quand on crut, à Paris, avoir satisfaction sur la question des forteresses.

Talleyrand avait toujours pensé qu'il valait mieux, dans cette affaire délicate, ne plus s'adresser aux puissances. En Angleterre, la disparition effective, matérielle, de la fameuse

(1) *Mémoires de Talleyrand*, IV, 262; Ashley, I, 263; Stockmar, *Denkwürdigkeiten*, 184.

(2) 13 août, F. O. *France*, vol. 425; Ward et Gooch, *Cambridge History of British foreign policy*, II, 145; Ashley, I, 265 et 267.

« barrière » apparaissait à beaucoup comme une défaite, extrêmement sensible à l'orgueil des tories et spécialement de Wellington. Il fallait, selon Talleyrand, s'adresser au roi des
Belges : chef d'un Etat déclaré perpétuellement neutre, il pouvait et devait comme tel — et aussi par mesure d'économie —
ordonner de son chef la démolition. Mais il ignorait le protocole du 17 avril prévoyant le cas. On ne le lui notifia que le
29 juillet, quand il connaissait déjà par le discours de Louis-
Philippe, du 23, la décision prise avant son élection, par la
Conférence. Il parut très froissé et peu enclin à exécuter un
engagement qu'il n'avait pas pris lui-même. A vrai dire, la
question changeait par le fait de l'entrée des troupes de Gérard.
Talleyrand pensait qu'elles pouvaient, en se retirant, effectuer
la démolition elles-mêmes. Cela serait agréable à tous les Français, satisferait les exigences des plus susceptibles. Quant à
l'Angleterre et aux puissances, il ajoutait: « cela déplaira,
mais ne donnera que de l'humeur » (1).

Qui sait même, si l'on ne pourrait obtenir un avantage plus
positif, « une marque de reconnaissance », « quelques dédom-
magements » ? Le maréchal Gérard irait trouver directement
Léopold, enlèverait l'affaire « avec la force et la promptitude
que l'on met à une convention militaire ». Après cela, il faudrait
bien que, sans guerre, les puissances s'en accommodassent. » (2)

Sébastiani et Louis-Philippe y avaient déjà pensé: un agent
spécial, le général marquis de la Tour-Maubourg, était parti
pour Bruxelles, à l'insu de Talleyrand, afin de traiter l'affaire
directement avec Léopold. Mais sa mission fut tout de suite
connue, et Palmerston, qui craignait toujours un accident parlementaire, ne voulut pas laisser agir la France, de crainte de
donner des armes à l'opposition tory. « Démanteler les forte-

(1) A Mme Adélaïde, 10 août 1831 (Mémoires, IV, 219). Casimir-
Perier avait même pensé raser aussi les murailles de Maëstricht pour donner au roi des Pays-Bas « une petite leçon ». (Granville à Palmerston,
13 août. F. O.).
(2) A Madame Adélaïde, 17 août 1831 (Mémoires, IV, 272).

resses, pendant que les Français les ont en leur possession, serait un outrage aux cinq puissances ; et admettre la France, comme partie au traité pour leur démolition, c'est impossible. Rien ne me décidera jamais à mettre mon nom au bas d'un pareil traité, et je suis tout à fait sûr que le Cabinet ne le sanctionnerait jamais ». (1)

Perier et Sébastiani, du reste mal soutenus à Londres par Talleyrand, furieux de leurs « cachotteries », durent donc renoncer à leur espoir. Il fut convenu que le choix des forteresses à démolir serait fait par la Conférence de Londres. Léopold s'engagea seulement envers Louis-Philippe, par une convention secrète du 8 septembre, à proposer celles dont la destruction convenait le mieux aux Français : Menin, Ath, Mons, Tournai et Charleroi. Le 15, Talleyrand annonçait officiellement la retraite de l'armée française ; le 30, les derniers éléments avaient repassé la frontière. Par un protocole du 19, les puissances avaient donné à Louis-Philippe, en récompense de sa sagesse, un solennel témoignage de leur « satisfaction ». En même temps, un autre protocole, où la France n'avait pas de part, convenait de la destruction des forteresses sans les nommer: on attendait pour cela d'avoir réglé la question des frontières.

Sébastiani aurait voulu procurer aux Belges, outre le Limbourg et le Luxembourg, la Flandre hollandaise. A ces conditions il acceptait d'appuyer la candidature du prince d'Orange au trône de Grèce. Louis-Philippe aussi cherchait de ce côté ou ailleurs, un territoire à offrir aux Belges. Ç'eut été son cadeau de noces à Léopold, qui devait quelques mois après devenir son gendre (2). Mais les ministres anglais, déjà mortifiés qu'on les accusât, au Parlement et dans la presse, d'être menés par Talleyrand (3), voulurent montrer qu'ils n'étaient pas, non plus, dis-

(1) A Granville (particulière, 17 août 1831 (Ashley, 1. 267).
(2) Granville à Palmerston, 28 et 30 septembre, F. O.
(3) Une caricature représentait Talleyrand porté sur les épaules de Palmerston aveugle et le tenant en bride avec cette légende : *The lane leading*

posés à tout faire pour la Belgique. Tandis qu'à Paris Granville, assisté de ses collègues de Prusse, d'Autriche et de Russie, Werther, Apponyi et Pozzo di Borgo, obtenait du gouvernement de pleins pouvoirs pour Talleyrand, à Londres, la conférence « finissait » l'affaire belge en signant, le 14 octobre, le protocole dit des 24 articles.

Les Belges avaient refusé les limites du 20 janvier, les Hollandais, celles du 26 juin ou des 18 articles. Le projet de traité du 14 octobre, dans l'espoir de les concilier, partagea l'objet du litige. La portion orientale du Luxembourg, 3/5 environ du territoire, avec la capitale, restait possession du roi de Hollande et partie intégrante de la Confédération germanique; la Belgique recevait le reste. Le Limbourg était partagé aussi: L'Escaut demeurait libre jusqu'à Anvers, sous condition de péage à l'entrée au profit de la Hollande. La part des dettes incombant à la Belgique était augmentée.

Les Belges protestèrent encore, et Léopold parla d'abdiquer. Ce qui leur déplaisait le plus, de même qu'aux libéraux français, c'était le procédé du partage, cette prétention de distribuer des territoires avec leurs habitants, dans un congrès de diplomates. Comme à Vienne, en 1815, la Conférence de Londres invoquait non le droit des nations, mais les parchemins historiques, et troquait province contre province. Pourtant le Congrès belge n'osa pas rejeter le traité, qui fut voté seulement avec des réserves de forme, et le 15 novembre 1831, les signatures purent être échangées à Londres. (1)

Cela fait, on revint au règlement des forteresses. Les pourparlers des quatre puissances avec l'agent belge, poursuivis hors de la présence de Talleyrand, aboutirent le 14 décembre,

the blind. Palmerston y fut très sensible. A la Chambre des lords, lord Goderich, lord Holland et même Wellington durent défendre l'ambassadeur de France, contre de vives attaques de lord Londonderry (v. _Mémoires de Talleyrand_, IV, 313 et suiv.).

(1) Voir le texte dans de Clercq, _Les traités de la France_, IV, 141 et suiv.

et le résultat fut une surprise désagréable pour la France. Aux places de Charleroi et de Tournay, on avait, malgré l'accord franco-belge du 8 septembre, substitué Philippeville et Marienbourg. Ainsi les vainqueurs de 1815 démolissaient deux forteresses non pas bâties par eux, mais prises à la France après Waterloo; ils maintenaient la « barrière », en place sur la route de la Sambre, la principale entre la France et la Belgique. Le coup venait de Palmerston, soucieux, cette fois, non de faire pièce à la France, mais de ménager l'opposition et de respecter le prestige militaire de Wellington qu'il avait eu soin de consulter (1). Vainement Perier et Louis-Philippe rappelèrent à Léopold ses engagements écrits et menacèrent Londres de ne pas ratifier les 24 articles. Talleyrand, heureux de satisfaire sa rancune contre Sébastiani, ne mit aucun zèle à réparer les maladresses et l'indiscrétion dont il l'accusait (2), et obtint seulement d'ajouter à la convention une phrase vague, portant garantie collective des cinq puissances — la France comprise — que les places conservées seraient belges et non européennes. « Il faut se consoler, dut écrire Madame Adélaïde, de ce qui froisse un peu la petite vanité, la *gloriole* nationale, si vous voulez... » (3)

Sans s'arrêter cette fois au refus persistant de la Hollande, les puissances ratifièrent successivement le traité, de janvier à mai 1832. Le 9 août, le mariage de Léopold avec la princesse Louise d'Orléans, fille aînée de Louis-Philippe, consacra l'union dynastique, qui devait, croyait-on, consolider les rapports des deux peuples.

Toutefois, le règlement du conflit hollando-belge devait se faire attendre longtemps encore. Le roi Guillaume continua d'occuper Anvers; les troupes belges restèrent dans le Limbourg et le Luxembourg. Dans tout l'été de 1832, en l'absence de

(1) Hall, p. 96.
(2) Talleyrand à Louis-Philippe, 22 décembre 1831 (*Mémoires*, IV, 370).
(3) A Talleyrand, 29 janvier 1832 (*Mémoires*, IV, 411).

Talleyrand retourné en France, où il prenait les eaux, les ministres anglais et la Conférence cherchèrent en vain une solution à cet imbroglio diplomatique. « Mon cher Holland, écrivait lord Grey à son collègue, que faut-il faire avec ces damnés Hollandais et Belges? » (1) Les puissances absolutistes refusaient d'employer la force. En Angleterre, les gens d'affaires s'y opposaient aussi par crainte d'un arrêt du trafic maritime anglo-hollandais. L'opinion protestante répugnait à une action en faveur de la Belgique catholique. Le roi, très hostile à la France (2), refusait de lui donner l'occasion, par une expédition contre Anvers, de traverser à nouveau les provinces belges et peut-être d'y rester. Casimir Perier était mort en mai. Broglie, qui avait succédé en octobre à Sébastiani aux affaires étrangères, sous la présidence nominale de Soult, insistait beaucoup pour que l'on agît vigoureusement contre la Hollande. Talleyrand, alors à Paris, négocia l'affaire avec le Roi et lord Granville. Au cours d'un dîner à Neuilly, le 19 octobre, Louis-Philippe traça le plan de l'expédition, et Broglie dit à Granville que la France agirait seule si l'Angleterre ne l'assistait pas (3).

A Londres, Palmerston et ses collègues poussaient à une intervention collective. Le nouveau Parlement, élu au mois de juin, d'après la nouvelle loi électorale, apportait à Westminster les idées et les passions de la petite bourgeoisie protestante et libérale. Il réclamait une politique énergique contre l'Autriche, la Russie et la Prusse, accusées d'encourager l'entêtement du roi de Hollande. Mais Guillaume IV retardait de tous ses moyens la conclusion. L'accord franco-anglais ne put être conclu que le 22 octobre. Il prévoyait une action maritime commune pour le

(1) 3 septembre 1832 (Ward et Gooch, II, 152).

(2) Marin de goût et de tradition, il avait contre les Français une haine de vieux « matharin », a Jack Tar animosity (Greville, Journals, III, 33). En 1836, il interdira formellement à son ambassadeur à Paris d'assister à l'inauguration de l'Arc de Triomphe. (Note autographe sur une dépêche de Palmerston, 26 juin 1836. F. O.).

(3) Granville à Palmerston, 12, 15, 19 et 22 octobre 1832. F. O.

blocus des côtes hollandaises, l'embargo et la saisie des navires, et sur terre, l'envoi d'un corps français à travers la Belgique, pour assiéger Anvers. Toutes ces mesures furent exécutées un peu plus tard, après accord avec la Belgique; 60.000 Français marchèrent contre la Hollande sous le commandement de Gérard, pendant qu'opéraient les flottes combinées. La place d'Anvers tomba le 22 décembre et fut remise aux troupes belges, tandis que les Français se retiraient. Alors les puissances insistèrent à La Haye pour faire conclure au moins un arrangement provisoire, et le 21 mai 1833, le ministre de Hollande signait à Londres une convention d'armistice *sine die*, qui devait aboutir, en 1839 seulement, après de longues chicanes, à l'acceptation des 24 articles.

En France, on avait accueilli l'expédition d'Anvers avec joie. L'alliance anglaise était maintenant évidente, manifestée pour la première fois par une action militaire commune et concertée, non pas fortuite comme à Navarin. La satisfaction officielle fut exprimée sans réserve. Il semblait que la bonne entente des deux nations, qui avait conduit à résoudre le problème le plus difficile, dût triompher aisément de difficultés moindres : en Russie, en Italie, en Espagne, en Orient, les deux politiques s'étaient, aux yeux du public, accordées. On espérait maintenant une « union plus précise », formelle, publique, durable, en un mot, un traité d'alliance. Le bruit courut plusieurs fois dans les chancelleries qu'il allait se conclure (1). Ainsi, redevenue grande puissance et n'inspirant plus d'ombrage à son ancienne ennemie, la France développerait à nouveau sa marine, son influence au dehors, son commerce; les profits de la paix prévaudraient sur les rêves de guerre, sans rien coûter à l'honneur national. Beau programme, que Louis-Philippe, expansif à son ordinaire, exposait un jour à l'ambassadeur britannique (2).

En Angleterre on appréciait aussi les avantages de l'entente.

(1) Granville à Palmerston, 27 janvier 1932. F. O.
(2) Conversation de Louis-Philippe avec lord Granville, 30 septembre 1833. F. O.

Au prix d'un sacrifice limité, l'abandon de l'alliance de 1815 et l'ouverture d'une brèche dans la « barrière », on avait empêché la guerre de propagande, lié la France de 1830 aux « anciennes limites », que jusque là les Bourbons seuls avaient reconnues. Sans doute les tories firent un succès au matelot ivre, qui lors du siège d'Anvers, refusa de hisser le drapeau tricolore à côté de l'*Union Jack* (1). Mais les whigs, à présent tout puissants, mesuraient les profits de l'avenir: triomphante en Europe, grâce à l'union franco-anglaise, la politique libérale devait maintenant renverser partout l'absolutisme et la prohibition douanière, installer partout la vraie doctrine politique et commerciale, gagner des partisans qui seraient des acheteurs. Ce n'est pas par hasard qu'au jour même où était signé l'accord sur l'expédition d'Anvers, les pourparlers commençaient à Paris sur une réduction du tarif des douanes françaises (2). Là, devait être, une première fois, l'épreuve de l'entente franco-anglaise.

(1) Hall, 140, d'après Raikes et Greville.
(2) 12 octobre 1832, Granville à Palmerston, F. O.

CHAPITRE III

LA QUADRUPLE ALLIANCE
(1832-1834)

I. Conditions générales de l'entente franco-anglaise. Les obstacles politiques à l'alliance : affaires de Pologne; affaires d'Italie, expédition d'Ancône; affaires d'Espagne et de Portugal. Le duc de Broglie et l'entente. — II. Le rapprochement commercial. Accord sur le droit de tonnage (1832). Mission de Bowring et essai d'accord douanier (1833). — III. Projet d'alliance politique et commerciale. Chute de Broglie. L'alliance à quatre (1834). Retraite de Talleyrand.

Depuis les traités de Vienne jusqu'à la guerre de Crimée, jamais la France et l'Angleterre ne parurent plus près de signer une alliance véritable qu'au moment du siège d'Anvers. Les opérations militaires étaient menées de concert; au mouillage et en croisière, les navires des deux flottes étaient « amatelotés ». La presse gouvernementale des deux pays célébrait l'accord, annonçait l'alliance. Pourtant elle ne fut pas conclue alors. Elle ne devait pas l'être depuis, car la quadruple alliance de 1834 n'en est pas une; c'est un faux semblant; elle dissimule un désaccord que les initiés ne tarderont guère à connaître et qui sera public un an plus tard.

Depuis la révolution de juillet jusqu'en 1833 la France a cherché à entraîner l'Angleterre loin des puissances absolutistes, à l'écarter surtout de la Russie, à réviser plus ou moins directement les traités de Vienne. Et la politique anglaise, demeurée fidèle à l'esprit de 1815, s'y est refusée. En Belgique seulement elle a cédé aux nécessités, à la crainte d'une guerre révolutionnaire sans laisser à la France aucun avantage positif.

Après 1833, la Réforme électorale a mis au pouvoir, en Angleterre, les vrais libéraux de doctrine, et ceux-là consentiraient peut-être à l'alliance, pourvu qu'elle réalisât dans la paix les fins mêmes de la grande guerre : maintenir la France dans ses frontières, la protéger au besoin, un peu de haut, lui ôter toute raison d'inquiétude, mais aussi tout prétexte pour étendre son territoire, tout motif de renforcer son armée, sa marine, même de conclure d'autres alliances. Certains Anglais, qui ont des vues d'avenir et un sincère amour de la paix, souhaitent, entre leur pays et la France, un accord durable et en cherchent déjà les bases hors du terrain politique ou du domaine sentimental; ils voudraient établir entre les deux peuples une communauté d'intérêts et de profits, un rapprochement économique, un traité de commerce libéral, au moins un accord douanier provisoire; ils essaient obstinément de le réaliser, ils y poussent leur gouvernement et y convient le nôtre. Conception bien anglaise, à la fois idéaliste et utilitaire, associant le bien-être matériel aux avantages moraux de la liberté et de la paix.

Mais, en France, qui comprendrait cela? A peine quelques financiers ou économistes novateurs et un petit groupe de réformateurs sociaux, jugés dangereux ou ridicules. Le roi, péniblement vainqueur, en 1832 et 1834, des insurrections républicaines, a tourné le dos pour toujours au libéralisme. Au dehors, il va chercher auprès des vieilles monarchies, et spécialement en Autriche, un appui qu'il croit plus sûr pour son gouvernement et sa dynastie. Par prudence, il s'attache encore à l'alliance anglaise, il la recherche même, mais il l'abandonnera si elle doit à présent lui coûter quelque chose. Pour s'accorder de façon durable avec une Angleterre en route vers le libre échange, il lui faudrait lutter contre les passions anglophobes de la masse, nourries du récent souvenir des guerres napoléoniennes, et se faire un renom de mauvais patriote. Surtout il lui faudrait mécontenter les industriels protectionnistes, qui dominent la Chambre des députés et peuplent la Chambre des Pairs. Pour lutter contre eux, il devrait s'appuyer sur la classe des consommateurs, sur ce peuple des grandes villes où se recrutent les émeutiers qui le combattent, les assassins qui menacent sa vie. Son âge, ni son caractère ne lui conseillent une pareille audace. Son gouvernement n'aura là-dessus que des velléités, n'osera prendre que de timides demi-mesures.

Et ainsi dès l'époque de la « quadruple alliance » le problème des relations franco-anglaises est virtuellement résolu.

Au compromis d'ambitions territoriales et militaires que toute alliance politique suppose, il fallait pour rendre celle-là possible joindre un compromis d'intérêts mercantiles, au partage de gloire un partage de profits. Cet équilibre nécessaire, dont l'alliance écrite est seulement le signe visible, les gouvernements ni les peuples n'en ont à cette époque, et de chaque côté, ni recherché avec soin les conditions, ni préparé sincèrement les moyens. Et une fois de plus, dans l'histoire de la France et de l'Angleterre, l'occasion fut manquée d'un accord qui pouvait assurer pour longtemps la tranquillité et le bien-être de l'Europe.

I

Même si l'on met à part, comme on l'a fait ici pour la commodité du récit, l'histoire de l'indépendance belge, les obstacles *politiques* à l'alliance franco-anglaise étaient apparus dès avant 1832 sur les points mêmes où la défense du libéralisme semblait le plus propre à rendre l'accord facile : en Pologne, en Italie, en Espagne, en Portugal.

La révolution de Pologne avait provoqué en France une agitation profonde. Même parmi ceux qui ne souhaitaient nullement le retour à la propagande républicaine et aux « guerres de la liberté », les Polonais étaient populaires. Leur uniforme avait figuré dans l'armée française dès 1796, on l'avait revu en 1814 sur les champs de bataille de Champagne et de Brie. Beaucoup de Polonais habitaient Paris depuis 1815. Les chefs de l'armée polonaise insurgée contre Nicolas Ier étaient d'anciens soldats de Napoléon : Dombrowski, Chlopicki, Radziwill, d'autres encore avaient servi comme officiers généraux dans l'armée impériale. Deux des ministres de Louis-Philippe, les généraux Sébastiani et Pelet, avaient été leurs frères d'armes et ne pouvaient l'avoir oublié. Dès le début de la révolution de Varsovie, Lafayette réclama du gouvernement français un secours en argent pour les insurgés, puis ouvrit une souscription dans la presse. Au printemps de 1831, les manifestations d'opinion, à la Chambre, dans les théâtres, dans la rue, se multipliaient (1). Des sociétés privées envoyèrent des armes en Pologne; dès janvier 1831, l'ambassadeur anglais à Pétersbourg, lord Heytesbury, signalait la présence d'officiers français dans l'armée insurgée. De Paris, l'ambassadeur russe Pozzo di Borgo dénonçait l'action profonde exercée, même sur le gouvernement, par ce qu'il appelait le « charlatanisme sentimental » des Polonais et par l'activité de leurs agents, le comte Walewski entre autres (2).

Si peu désireux qu'il fût d'un conflit avec la Russie, Louis-Philippe finit par sentir la nécessité de paraître agir. Il n'avait, en réalité, nulle intention de se brouiller avec le tsar. Dès le mois de janvier, l'ambassadeur français Mortemart, rejoignant son poste à Pétersbourg, disait à un agent de Czartoryski, venu le saluer au passage : « Sachez bien que nous ne ferons pas la guerre pour la Pologne. » Et, arrivé à destination, il déclara au chancelier Nesselrode que Louis-Philippe souhaitait vivement se rapprocher de la Russie. Il lui montra les instructions qu'il avait reçues en ce sens et peut-être même essaya-t-il de le gagner à l'idée de laisser la Belgique s'unir à la France (mars

(1) Guichen, 304 et suiv., Schiemann, III, 159.
(2) Guichen, 306.

1831). En juin, il ira plus loin et dira: « Quelle compensation pourrons-nous espérer des sacrifices que nous ferions pour lui (le tsar Nicolas) ? Peut-être encore des paroles. Je pense qu'il nous faut sans plus tarder du positif. » (1)

A Paris on feignait d'intervenir pour calmer les impatiences. Le 15 mars, deux jours après l'arrivée au pouvoir de Casimir-Perier, Louis-Philippe exprimait à Pozzo le souhait de voir les Russes, une fois l'insurrection vaincue, conserver à la Pologne sa constitution. En avril, il faisait offrir à Nicolas les bons offices de la France, mais avec tant de réserves, que l'empereur le remerciait sans ironie de ses « preuves d'amitié ». En mai et juin, après la dissolution de la Chambre, il intervint encore, mais Sébastiani eut soin de dire à Pozzo que c'était seulement une précaution pour préparer sa réponse aux reproches que dans la nouvelle Chambre l'opposition ne manquerait pas de lui adresser.

A la vérité, ces démarches n'étaient pas faites dans l'intérêt de la Pologne seule. Louis-Philippe aurait désiré entraîner l'Angleterre à une action commune, soit pour préparer un rapprochement franco-russe, soit en cas d'insuccès pour n'être pas seul à supporter les conséquences d'une rupture. En mars 1831, on avait cru à Londres à la défaite complète des Polonais. Palmerston consentit alors à faire rappeler au tsar la garantie donnée en 1815 par les cinq puissances au royaume de Pologne et leur droit incontestable à en demander le maintien (2).

Mais la démarche fut mal accueillie de Nicolas. En juillet et août, la nouvelle Chambre française se réunit; elle se prononça pour la Pologne plus nettement encore que la précédente, au point d'ajouter à l'adresse un paragraphe spécial, que Perier dut se contenter de faire adoucir. Aussi Talleyrand reçut-il l'ordre de proposer à Palmerston une médiation conjointe auprès de Nicolas. Mais le ministre anglais refusa ; personne en Angleterre, disait-il, n'était favorable aux Polonais, ni au Parlement,

(1) A Sébastiani, 22 juin 1831, Schiemann, III, 161.
(2) Heytesbury à Palmerston, 23 et 30 avril 1831 (Hall, 87, 88).

ni dans la presse. Et, en effet, ce peuple de paysans trop pauvres pour devenir des clients ou des fournisseurs, trop « papistes » pour être sympathiques, n'intéressait pas plus la Cité que les clubs. Sur ces gens « froids » et peu susceptibles d'entraînement, au dire de Talleyrand, les raisons de sentiment n'avaient pas de prise. C'est seulement à la fin de novembre 1831, après la rentrée des nouvelles Communes, que Palmerston fit présenter à Pétersbourg une demande d'amnistie pour les insurgés et une protestation contre cette théorie des Russes que le traité de Vienne n'avait pas garanti la forme du gouvernement polonais (1). Déjà Varsovie était tombée (le 7 septembre), et en l'apprenant Palmerston avait écrit : « C'est donc la fin des pauvres Polonais ! J'en ai le cœur navré pour eux. Mais leur cas depuis quelque temps était devenu désespéré. » (2)

Privé de tout appui sérieux de la part de l'Angleterre, le gouvernement français, même s'il l'eût voulu, ne pouvait rien faire et les conseils de modération qu'il fit donner à Nesselrode furent dédaigneusement laissés sans réponse (3).

En réalité, Louis-Philippe ne voulait pas se brouiller avec la Russie pour essayer de sauver la Pologne, et Palmerston ne voulait pas sacrifier l'amitié du tsar pour tirer les ministres du roi des Français de leurs embarras parlementaires. A ses yeux, rompre avec la Russie, c'était se condamner à n'avoir plus que la France pour alliée, donc la rendre à nouveau exigeante et ambitieuse, c'était se donner en Orient une dangereuse rivale; c'était aussi se fermer un marché commercial d'avenir. Voilà pourquoi, même au plus fort de l'affaire belge, Palmerston avait toujours, en dépit des déclamations des journaux whigs et de la passion anti-russe du souverain, recherché l'accord avec

(1) Hall, 90, dépêche de Palmerston du 23 novembre 1831.
(2) Ashley, I, 273, 16 septembre 1831.
(3) Schiemann, III, 164, Note de Nicolas Ier sur la dépêche de Sebastiani du 20 septembre 1831.

Pétersbourg. Il avait, en particulier, su obtenir du Parlement que l'on continuât de payer pour la Russie, malgré la séparation de la Belgique, sa part des arrérages de l'emprunt russo-hollandais (1), et le tsar fut sensible à cette politesse financière. On le vit, lors de l'arrivée à Londres du comte Alexis Orlof, venu pour arranger l'affaire. Lord Grey et ses collègues avaient d'abord cru qu'Orlof était envoyé pour intriguer avec l'opposition et renverser le ministère. Mais il expliqua qu'en Russie on ne trouverait pas vingt personnes informées de la différence entre whigs et tories. On le fêta beaucoup, dans les salons et ailleurs, et il repartit pour chanter auprès du tsar les louanges de l'Angleterre libérale (2).

Ainsi ramené, argent comptant, à l'amitié anglaise, Nicolas avait abandonné la Hollande, ratifié les vingt-quatre articles presque sans réserve et consenti même à la « coercition » des Hollandais. S'il avait voulu y coopérer matériellement, Palmerston aurait pu, à sa grande satisfaction, se passer de l'armée française. Il envoya à Pétersbourg, à cette intention, lord Durham, gendre de lord Grey, l'un des principaux membres du ministère. Mais Durham, au demeurant bien radical d'opinions pour une mission pareille, s'empêtra dans une intrigue : Nesselrode et les Lieven, peut-être à l'instigation de l'ambassadeur français Mortemart, que hantait toujours le projet Polignac, imaginèrent de le convertir au projet de partager la Belgique entre la France et la Hollande, en laissant Anvers aux Anglais. C'est cette combinaison qui mit, comme on l'a vu, Talleyrand si fort en colère (1).

Durham revint donc sans avoir réussi, mais son voyage l'avait rendu très « russe ». Il ne tarissait pas d'éloges sur Nicolas.

---

(1) V. ci-dessus, p. 80, note 1.

(2) Sur la mission Orlof, voir Martens, *Traités de la Russie*, XII, 12 et suiv. Cf. Hall, 106-125 pour le côté anglais de l'affaire.

(3) V. ci-dessus, p. 67 *Chronique de la duchesse de Dino*, I, 56 et 71. Granville à Palmerston, 2 août 1832. F. O.

A Londres, son retour renforça le parti russophile. Le bruit d'une alliance prochaine entre la Russie et l'Angleterre courut même un moment dans les chancelleries et dans la presse (1).

Pour interrompre cette idylle, il fallut le succès, en juin 1832, du bill de réforme, qui mit Nicolas en fureur et le rejeta vers la Prusse et surtout l'Autriche. Louis-Philippe, malgré les apparences, regardait aussi de ce côté.

En dépit des tendances de l'opinion publique, des articles enflammés de la presse libérale et même des déclarations que les ministres nommés par lui pouvaient faire à la tribune des Chambres, le roi des Français n'avait jamais témoigné effectivement d'une hostilité réelle contre la monarchie autrichienne, même au lendemain de la révolution de 1830. Sans doute la prétendue mission secrète qu'il aurait, au cours même des journées de juillet, donnée auprès de Metternich à l'agent secret Klindworth, est un roman imaginé après coup par ce personnage peu scrupuleux (2). Mais ses représentants officiels recherchèrent dès le début du règne l'appui du chancelier autrichien. A Londres, Talleyrand soigna toujours ses relations avec Esterhazy et Wessenberg, et l'ambassadeur impérial à Paris, le comte Apponyi, fut toujours traité par Louis-Philippe en ami, voire même en confident. Le roi des Français sentait bien — et Metternich s'était bien gardé de le lui laisser oublier — qu'il dépendait de la cour de Vienne de lui susciter en France un concurrent très redoutable en la personne du fils de Napoléon. De même, en acceptant de se faire, contre l'Autriche, le défenseur des révolutionnaires italiens réfugiés en France, il aurait cru risquer d'ébranler son propre trône plus que celui de l'empereur François, regardé comme un des plus solides de l'Europe.

(1) Hall, 225, Guichen, 497, d'après la correspondance de Heytesbury et du chargé d'affaires français Bourgoing.

(2) V. mon article déjà cité sur *Talleyrand et l'indépendance de la Belgique*. Rev. d'hist. mod., T. III, p. 598. Il faut noter pourtant que Klindworth reçut, jusqu'en 1848, une pension sur les fonds secrets des affaires étrangères.

D'autres motifs pouvaient agir encore: crainte de mécontenter l'opinion catholique française, si l'insurrection éventuelle de l'Italie atteignait les Etats romains; scrupule de famille, la reine des Français, issue des Bourbons de Naples, ayant gardé les rapports les plus affectueux avec cette dynastie, la plus exécrée des révolutionnaires italiens et la plus menacée par leurs entreprises.

Aussi Louis-Philippe entendait-il avec inquiétude les appels à la liberté de l'Italie, lancés par la presse républicaine. Il fit surveiller étroitement par la police les réfugiés italiens, entre autres Maroncelli, l'ancien codétenu de Silvio Pellico, qui venu à Paris au début de 1831, était proposé par Armand Carrel et le *National* à l'admiration enthousiaste des Parisiens. Ses ministres, surtout au début du règne, n'osaient prescrire aux préfets ou aux agents diplomatiques de désavouer l'agitation patriotique des Italiens ennemis de l'Autriche. Laffitte, le 1er décembre 1830, énonça le principe de la non-intervention sous une forme très générale, ce qui fut pris pour une promesse d'appui par les partisans de l'indépendance italienne. Encouragés, semble-t-il, par des engagements formels de Lafayette et des bonapartistes français, ils se soulevèrent à Modène le 3 février 1831, et bientôt l'insurrection gagna Parme, Bologne, enfin le reste des Etats pontificaux, sauf la campagne romaine.

Aux premières nouvelles, Sébastiani, qui savait l'opinion anglaise favorable aux insurgés, parla à Granville d'empêcher l'intervention autrichienne en envoyant des troupes françaises soit au travers du Piémont, soit par mer (1). Mais, en parlant aux ambassadeurs de Russie et d'Autriche, il disait : « J'ai ma circonscription pour l'application de la non-intervention : c'est la Belgique, le Piémont, l'Espagne et les provinces rhénanes. — Le principe de la non-intervention, répondit Apponyi, est monstrueux. D'ailleurs, il n'est pas de notre invention. » Et Sébastiani d'ajouter: « Mon Dieu non, c'est un triste héritage

(1) Granville à Palmerston, 26 février 1831. F. O.

que m'a laissé le comte Molé, qui lui-même l'a reçu de M. Canning. » (1)

Un peu plus tard, quand Casimir-Perier eut pris le pouvoir, le gouvernement de Louis-Philippe alla plus loin encore. Ses ministres offrirent aux Autrichiens une occupation collective des Légations, pour empêcher la révolution de s'étendre, et acceptèrent volontiers l'offre de Metternich de faire concourir la flotte française aux opérations. Toute la mauvaise humeur de Perier contre l'Autriche vint de ce qu'il apprit, peu de jours après, le fait accompli : appelés, disaient-ils, par le pape Grégoire XVI, les Autrichiens avaient agi seuls. Même alors, Louis-Philippe ne voulut pas de rupture. Sébastiani fit bien une scène de violence à Apponyi avant de se rendre au Conseil, mais trois heures après, quand le diplomate autrichien reçut la note, rédigée en présence du roi, il leva les épaules : « *Parturiunt montes...* » dit-il (2). Au fond, le gouvernement français souhaitait, comme pour la Pologne, une répression rapide, qui lui permettrait de dire aux Chambres : « Il est trop tard. » Mais l'Autriche alla plus lentement que naguère la Russie. En juillet 1831, les troupes autrichiennes s'étaient retirées des Légations, et le pape, conseillé par les agents français et anglais, avait fait un semblant de réformes, quand la révolte reprit brusquement, suivie d'une nouvelle occupation (janvier-février 1832) par les troupes impériales, sans avis préalable aux cours de Londres et de Paris.

Il fallut cet « affront » pour décider Perier à une intervention très rapide, mais très limitée (deux bataillons et une batterie envoyés à Ancône). Aux diplomates étrangers comme aux Chambres, il parla sur un ton très haut de cette mesure nécessaire « pour maintenir l'honneur de la France », mais il s'excusait presque à Londres d'une entreprise que Talleyrand appelait « flibustière », et tout de suite il rechercha

(1) Dépêche d'Apponyi du 28 février 1831, dans Guichen, p. 327.
(2) Guichen, 316, dépêche d'Apponyi, 2 avril 1831.

l'appui des Anglais pour éviter un conflit avec l'Autriche (1).

Palmerston exerça sans peine une sorte de « médiation ». Il fut entendu que le pape appliquerait les réformes promises et que le corps français serait rappelé en même temps que les troupes autrichiennes (convention du 16 avril 1832). Quelques officiers, qui s'étant cru de bonne foi envoyés au secours des patriotes italiens, avaient fraternisé avec eux, furent punis ou rappelés, et le consul à Civita-Vecchia, Henri Beyle, qui avait partagé leur erreur, eut le chagrin de voir mettre au compte de la France les dépenses ordonnancées par lui pour le corps expéditionnaire.

Tout aurait fini dès 1832 par une réconciliation avec l'Autriche si Metternich, pour laisser le gouvernement de Louis-Philippe dans la situation un peu ridicule où il s'était mis, n'eût prolongé à plaisir l'occupation pendant plusieurs années, afin d'obliger la France à maintenir, sans utilité et à ses frais, dix-huit cents hommes à Ancône (2). Au bout du compte il n'avait pas le plus mauvais rôle et, désormais fixé sur les intentions réelles de Louis-Philippe en matière de propagande révolutionnaire, il se méfiait, pour ses intérêts en Italie, beaucoup moins de lui que de Palmerston (3). Non sans raison, car à Ancône ou ailleurs le roi des Français ne cherchait guère qu'à satisfaire l'orgueil national de ses sujets et à maintenir auprès d'eux sa popularité réelle ou supposée. Le ministre britannique, au contraire, veillait surtout, comme autrefois son maître Canning, à réserver pour l'Angleterre un terrain favorable au développement de ses doctrines politiques, au placement de ses capitaux et à la vente des produits de son industrie. A ces divers titres, le Portugal et l'Espagne intéressaient spécialement les hommes d'Etat britanniques, en raison même de la crise que les deux pays traversaient.

(1) Granville à Palmerston, 9 mars 1832. F. O.
(2) Sur les détails de cette affaire, v. Thureau-Dangin, I, 393 et suiv., et Hall, 65-70.
(3) Metternich, *Mémoires*, V, 268.

La politique de Palmerston dans la péninsule espagnole était directement inspirée des préceptes et des exemples de Canning. Celui-ci avait constamment appuyé à Lisbonne et à Madrid les partisans du libéralisme, héritiers des principes politiques et économiques du parti national de 1812, grands prôneurs de l'alliance anglaise et acheteurs de produits anglais. Là-dessus, même avant le triomphe politique des whigs, la position de Canning avait toujours été très solide. Sa force, selon un mot très juste de l'ambassadeur Lieven, se composait « de ce que la masse regarde comme l'intérêt général du pays et de ce que l'élite des spéculateurs leur fait considérer comme l'intérêt particulier. » (1)

En Espagne comme en Portugal, la question de prépondérance politique des libéraux ou des absolutistes se compliquait d'une querelle de succession. Le roi d'Espagne, Ferdinand VII, veuf pour la troisième fois en 1829, n'avait pas d'enfant et son trône devait revenir à son frère Don Carlos, tout dévoué à l'Eglise romaine et au parti absolutiste. Jusqu'en 1832, les droits de succession de don Carlos ne furent pas contestés. Le roi Charles IV avait bien, en 1789, fait adopter par les Cortès une *pragmatique* qui supprimait la loi salique mise en vigueur en 1714 par Philippe V, mais cet acte n'avait pas été notifié aux puissances signataires du traité d'Utrecht, et Ferdinand VII lui-même l'abrogea en septembre 1832. Auparavant, il s'était remarié une quatrième fois avec la princesse Marie-Christine de Naples. L'influence de la nouvelle reine fut assez grande pour faire rétablir, le 31 décembre 1832, la pragmatique de Charles IV et consacrer les droits au trône de la fille que Marie-Christine avait donnée à Ferdinand VII, l'infante Isabelle. En juin 1833, les Cortès prêtèrent serment à la jeune princesse comme héritière du trône, et lorsque Ferdinand mourut, le 29 septembre, Isabelle II fut proclamée reine, sous la régence de sa mère. Don Carlos et ses partisans refusèrent de la reconnaître et soulevèrent aussitôt la Navarre et les provinces basques.

(1) Cité par Schiemann, *Gesch. Russlands unter. K. Nikolaus I.*, I, 344.

En Portugal, la situation était tout à fait analogue. Le roi Jean VI, réfugié au Brésil en 1807, lors de l'invasion de son royaume par les Français, n'était revenu en Europe qu'en 1821, laissant comme régent à Rio-de-Janeiro son fils aîné Pedro, qui en 1822 se proclama empereur du Brésil. La séparation des deux pays ayant été prononcée, et reconnue par l'Angleterre en 1825, don Pedro, lorsque Jean VI mourut l'année suivante, transmit ses droits sur la couronne de Portugal à sa fille Donna Maria, âgée de sept ans, et confia la régence à l'oncle de celle-ci, don Miguel, qui résidait à Vienne.

Appuyé par un corps de débarquement anglais, Miguel installa son gouvernement et en 1828 se fit proclamer roi, au détriment de Maria, qui fut recueillie en Angleterre. Wellington, alors au pouvoir, avait consenti à soutenir l'usurpateur. Il avait même décidé la Banque Rothschild à lui consentir un emprunt. Mais les fonds furent retenus par le ministre britannique sir Frederick Lamb (1) et Miguel fut hors d'état d'assurer son pouvoir d'une façon incontestée. Dans l'île de Terceira, aux Açores, continua de fonctionner une régence fidèle à Maria, que la finance anglaise fournissait de ressources. Miguel essaya bien d'obtenir, par des subsides à la presse de Londres, une intervention de l'Angleterre en sa faveur (2). Une expédition fut même préparée, que Bourmont devait commander. Mais la chute de Wellington arrêta l'entreprise à la fin de l'année 1830.

En juillet 1831, Miguel ayant refusé de mettre en liberté des Français arrêtés à Lisbonne comme francs-maçons, Casimir-Perier fit saisir dans le Tage et amener en France plusieurs vaisseaux portugais et Palmerston, malgré les cris des conservateurs, laissa faire. Au même moment, don Pedro, que sa fille avait rejoint au Brésil, arrivait en Angleterre. Pourvu de crédits

____

(1) *English National Biography*, article Rothschild (N. M.).

(2) La correspondance de son agent secret, don Antonio Ribera Saraïva, saisie à Lisbonne, fut publiée en 1833 par le *Times* et provoqua un gros scandale politique (V. *Mémoires de Talleyrand*, V, 243).

par les banquiers whigs, il armait une expédition, commandée
par l'amiral anglais Sartorius, la rassemblait à Belle-Isle et en
février 1832, s'emparait d'Oporto, où Miguel le bloqua sans
pouvoir l'en déloger.

Vainement Louis-Philippe, qui craignait de voir Donna Maria
épouser le duc de Leutchenberg et souhaitait peut-être lui faire
accepter en mariage l'un de ses fils, proposa à l'Angleterre d'expulser don Miguel (août 1831) (1). Palmerston refusa, mais
il essaya de mettre en mouvement l'Espagne. La tâche de
décider Ferdinand VII à une intervention fut confiée à un
diplomate spécialement habile à galvaniser les gouvernements
faibles, sir Stratford Canning, le futur ambassadeur à Constantinople. Malgré tous ses efforts pour agir directement sur la
reine Christine et utiliser sa puissante influence, Canning ne put
réussir (2) et il fallut procéder autrement. Un chef de premier
ordre, le commodore sir Charles Napier, remplaça Sartorius à
la tête des forces de don Pedro. Le 5 juillet 1833, il détruisit
au Cap Saint-Vincent la flotte migueliste et don Pedro put
entrer à Lisbonne, où la reine Maria fut presque aussitôt
reconnue officiellement par l'Angleterre, qui lui promit protection ouverte contre une attaque éventuelle de l'Espagne.

A ce moment survinrent la mort de Ferdinand VII et l'insurrection carliste.

Sur les questions de succession ainsi engagées dans la péninsule, Louis-Philippe n'avait jamais fait mystère de ses préférences. En Portugal il avait toujours été favorable à Donna
Maria, pourvu qu'elle n'épousât pas un prince hostile à la
France ou à la dynastie d'Orléans, et notamment un membre
de la famille Bonaparte. Les sympathies avouées des légitimistes
français pour don Miguel n'étaient pas pour le faire changer
d'avis. Mais en Espagne il aurait de beaucoup préféré voir maintenir le principe de la succession masculine : depuis le Régent et
l'alliance de La Haye, les règles du traité d'Utrecht avaient

(1) Granville à Palmerston, 28 juillet 1831. F. O.
(2) Hall, 173 et suiv.

force de dogme dans la maison d'Orléans. En outre, il craignait une longue minorité, un mariage précoce sans doute de la reine Isabelle avec « on ne savait qui » et pouvant donner un jour à la France un voisin peu sympathique ou même dangereux. Enfin, connaissant les préférences de Metternich pour don Carlos, il était assez disposé à s'accorder avec lui là-dessus, dans un moment où il commençait de préparer le mariage de son fils aîné avec une princesse autrichienne (1).

Mais soutenir Carlos, chef du parti absolutiste, était impossible au roi constitutionnel des Français, et l'Angleterre s'était trop ouvertement déclarée en faveur d'Isabelle et de Marie-Christine pour qu'on pût risquer avec elle un conflit sur ce sujet. Du reste, toute la politique du ministère français tendait, à ce moment, à resserrer les liens avec l'Angleterre. Ici se marquait l'influence des idées et du caractère du ministre des affaires étrangères qui, depuis le 11 octobre 1832, avait succédé à Sébastiani dans le ministère présidé par Soult, le duc Albert de Broglie.

Bien que rallié sincèrement à ce qu'on appelait en France la politique de « résistance », le duc de Broglie avait pour le régime constitutionnel et la politique libérale un attachement de tradition autant que de principe. Son père était un ancien compagnon de Lafayette, si attaché aux principes de la Révolution française qu'à l'instant de monter sur l'échafaud il avait recommandé à son fils de leur rester fidèle. Le second mari de sa mère, d'Argenson, le célèbre marquis socialiste et conspirateur, avait eu de l'influence sur son esprit. Par surcroît il était devenu le gendre de Mme de Staël. Un voyage qu'il avait fait en avril 1831 à Londres, envoyé par Casimir-Perier pour conférer avec Talleyrand, l'avait éclairé sur la situation politique

(1) Granville à Palmerston, 21 sept. 1832 (conversation avec Louis-Philippe sur l'annonce — reconnue fausse depuis — de la mort de Ferdinand VII). F. O. Esterhazy à Metternich, 23 mai 1834 (*Mémoires de Metternich*, V, 106; Broglie à Brougham, 25 oct. 1833 (Thureau-Dangin, II, 380, n.).

en Angleterre. Il avait consulté lord Holland, lord Grey, l'historien Hallam, écouté et observé par lui-même et conclu que la chute des tories et la réforme électorale allaient transformer à jamais le gouvernement britannique. Il comprit que, le temps était passé de la vieille Angleterre où le pouvoir se disputait entre deux clubs, où la populace, le *mob*, était le *mob*, et où personne ne s'effarouchait pour si peu. Son attachement pour le peuple anglais n'en était nullement diminué, au contraire. « J'aimais l'Angleterre alors, a-t-il écrit plus tard, comme les ultramontains aiment Rome; c'était ma seconde patrie et je n'en faisais mystère à personne. » (1) Dès avant son entrée au ministère il avait eu de fréquents rapports avec lord Granville; le 4 octobre 1832 en particulier, dans une longue entrevue chez Talleyrand, il avait cherché et réussi à obtenir le consentement de l'ambassadeur britannique à l'expédition projetée des Français sur Anvers (2).

Le mérite spécial de Broglie en cette affaire et en général dans ses vues de politique extérieure est d'avoir compris que l'entente franco-anglaise ne pouvait être solide qu'à condition de reposer non seulement sur un accord politique, mais aussi sur des intérêts économiques permanents et en particulier sur un arrangement relatif au commerce maritime et au régime douanier des deux pays. Cette nécessité, déjà apparente à ses yeux avant la réforme du Parlement britannique, lui semblait évidente depuis que le nouveau régime des élections donnait dans la Chambre des Communes la préférence aux représentants de la classe commerciale. Talleyrand, si regrettable qu'il jugeât cette situation, l'avait constatée aussi. Broglie en prenait son parti d'autant mieux qu'il avait toujours incliné vers le libéralisme économique. Il devait plus tard adhérer à l'association pour la liberté des échanges, et Bastiat songea même un moment, en 1846, à lui en offrir la présidence (3).

(1) *Souvenirs du feu duc de Broglie*. IV, 270 et suiv.
(2) Granville à Palmerston, 4 oct. 1832. F. O.
(3) *Œuvres de Fréd. Bastiat*, I, 63.

Il savait le roi Louis-Philippe peu éloigné de penser de même. Sa politique devait donc tendre, d'une façon très suivie, à transformer l'entente franco-anglaise en alliance, en y intéressant l'Angleterre par des concessions commerciales. Cette manière de voir était parfaitement juste. Là-dessus le duc de Broglie est à peu près le seul homme d'Etat de la monarchie de juillet qui, ayant aperçu les conditions réelles d'un accord, ait eu la volonté et l'énergie d'en poursuivre la réalisation. Il n'eut toutefois pas le temps ni peut-être les moyens de réussir.

II

La révolution de 1830 avait, on s'en souvient, fait naître en Angleterre l'espoir d'un rapprochement commercial avec la France et d'une réforme au moins partielle du système douanier mis en vigueur sous la Restauration. Le chiffre des affaires entre les deux pays s'était, à la vérité, accru quelque peu pendant le règne de Charles X. Mais, autant qu'il est possible de se fier aux statistiques, du reste très peu concordantes, publiées à Paris et à Londres (1), c'était surtout la France qui avait bénéficié de l'augmentation. Par le tarif de 1824-1825, Huskisson avait supprimé l'interdiction d'entrée d'un certain nombre de produits, que la France fabriquait et avait dès lors commencé d'importer en Angleterre. Ainsi les soieries, auparavant prohibées, avaient été admises moyennant un droit de 30 % *ad valorem*. Aucune concession, du côté français, n'avait répondu à cela. Au contraire, le monopole de l'industrie dite *nationale* fut aggravé d'une manière continue, les tarifs relevés et augmentés de droits différentiels, les prohibitions multipliées. L'industrie britannique était dès lors assez puissante pour se dispenser de représailles. Elle se dédommageait soit par la contre-

(I) V. à ce sujet Levasseur, *Hist. du Commerce de la France*, II, 237 et suiv., et Charléty, *Hist. de France contemporaine*, de Lavisse, V, 177-178.

bande, tolérée en France pour certains articles indispensables, soit par l'installation en territoire français de manufactures qui travaillaient avec des machines, des capitaux et des ouvriers britanniques. Au reste, n'en étant pas encore à la période de surproduction, elle ne cherchait pas à forcer l'entrée du marché français, surtout depuis que Canning lui avait ouvert les champs nouveaux de l'Amérique espagnole.

Pourtant en 1826 une convention de navigation avait été conclue (le 26 janvier). Elle établissait pour le paiement, non des droits de douane, mais des taxes de tonnage et autres, l'égalité de traitement entre les vaisseaux des deux nations. Un bateau anglais et un bateau français, venus de Southampton au Havre, payaient les mêmes droits dans ce port. Mais la France ne s'était pas engagée à réduire les droits de tonnage dans ses ports au taux, moins élevé, de ceux perçus dans les ports anglais. Elle avait au contraire relevé les siens avant la conclusion de l'accord. La convention lui réservait la *faculté* de les réduire sans lui en imposer l'obligation, et en fait elle les avait maintenus tels quels depuis lors.

L'Angleterre, au contraire, n'avait cessé de diminuer les siens, qui tombèrent en moyenne, vers 1830, à 1 franc par tonneau environ contre 4 fr. 12 perçus dans les ports français. C'était, au préjudice de l'importateur anglais, une protection nouvelle aggravant celle du tarif des douanes sur les rares produits fabriqués dont l'importation en France était permise (1).

Les inconvénients pour la France elle-même du régime économique sous lequel elle vivait, avaient frappé certains esprits, même parmi les protectionnistes. Dès le 17 mai 1822, dans un rapport sur une proposition anglaise d'accord commercial, le ministre des finances avouait que les relèvements récents du tarif douanier, imposés à son administration par la coalition des maîtres de forges et des anciens émigrés propriétaires de forêts,

<hr>

(1) Rapport au Ministre sur le droit de tonnage, juillet 1833, A. E. négociations commerciales, *Grande-Bretagne*, n° 154. Note du Ministre du Commerce sur les conférences de novembre 1831. A N., F 12, 2513.

leur assuraient une protection de plus de 60 % au détriment des arts et métiers et de l'agriculture (1). En 1828, sous le ministère Martignac, une enquête fut entreprise auprès des Chambres de commerce en vue de la suppression de certaines prohibitions. Elle démontra l'irréductible opposition des industriels à toute politique libérale. Le comte d'Argout, chargé de résumer l'enquête, quoique pour son compte bien moins intransigeant, dut convenir dans son rapport qu'on ne pouvait rien changer au système en vigueur.

La révolution de juillet, qui avait paru d'abord devoir bouleverser tant de choses, ne modifia rien à cette situation. Au contraire, les gros industriels et les financiers qui les soutenaient s'installèrent sans partage au pouvoir.

Les rares opposants au protectionnisme que la Chambre des pairs contenait avant 1830 en furent chassés, et le régime censitaire maintenu empêcha la voix des consommateurs de se faire entendre. Les grands journaux d'alors, dominés par la classe maîtresse du pouvoir économique firent même le silence sur les réformes douanières de l'Angleterre, étouffant les voix qui, de part et d'autre de la Manche, s'élevaient en faveur du libéralisme (2). La Chambre des députés, élue en juillet 1830 sous le régime de la loi du double vote, était aussi protectionniste que les précédentes. La nouvelle Chambre des pairs s'ouvrit aux représentants de la grosse industrie, maîtres de forges, raffineurs et filateurs. Les banquiers, qui y entraient aussi, désiraient attirer en France les capitaux, mais non les marchandises de l'étranger. Leur patriotisme, fort jaloux, suspectait volontiers l'influence des idées anglaises et s'opposait à toute entente sur le terrain commercial.

(1) A. E., Nég. comm., Grande-Bretagne, N° 148.
(2) Bastiat, en 1834, s'aperçut, en comparant les résumés de la presse anglaise publiés dans les journaux français avec le texte original, qu'on supprimait, dans les discours de Robert Peel, les passages les plus démonstratifs et qu'on y ajoutait des injures à la France (Bastiat, Œuvres complètes, t. XV et suiv.).

Les choses changèrent un peu après les élections de 1831. Elles s'étaient faites le 5 juillet sous le régime nouveau qui admettait beaucoup de commerçants moyens parmi les électeurs et en avait fait élire quelques-uns. Peu de jours après, le nouveau ministre des finances du cabinet Perier, le baron Louis, anglophile déterminé, et qui en 1814 avait essayé timidement d'enrayer le mouvement protectionniste, donnait audience à John Bowring, directeur de la *Westminster Review*, et lui écrivait ensuite une lettre pour l'inviter à user de son influence en faveur d'un rapprochement commercial entre la France et l'Angleterre (1). Bowring communiqua cette lettre à Palmerston, déjà saisi, par plusieurs députés, de réclamations contre le taux élevé des droits de tonnage dans les ports français. Le ministre britannique était peu au fait des questions économiques et médiocrement zélé pour la doctrine libre-échangiste. Mais il souhaitait ménager la majorité libérale, assez incertaine encore et en lutte avec la Chambre des lords sur le bill de réforme. Il fit donc faire une démarche à Paris. Un Anglais nommé Irwing, ami personnel de Casimir Perier, fut chargé de lui proposer l'ouverture d'une conférence commerciale. En même temps lord Granville présentait une note officielle, visant la réduction des droits de tonnage français (2).

Casimir-Perier, personnellement favorable au régime protectionniste, qui favorisait d'ailleurs ses propres intérêts, n'accepta pas de négocier sur le tarif des douanes ou les prohibitions. Il fut seulement convenu que la question serait soumise à une enquête conduite en commun, pour l'Angleterre par Bowring et George Villiers (depuis lord Clarendon), pour la France par deux conseillers d'Etat, Fréville et Duchâtel.

Le vice-président du *Board of trade* britannique, Charles-

(1) « Les opinions de votre gouvernement en matière de commerce, disait-il, sont aussi les miennes ». La lettre, du 28 juillet, est imprimée par Bowring et Villiers, dans leur Rapport aux Communes (*Report on the commercial relations between France and Great Britain*, p. 2-3).

(2) Palmerston à Granville, 10 août et 21 octobre 1831. F. O.

Edward Poulett Thomson, député de Douvres à Westminster, était alors à Paris (novembre 1831). Il rédigea le programme de l'enquête, qui devait porter sur les tarifs respectifs, avec commun objectif la suppression progressive des prohibitions, et se prolongea pendant près d'un an (1). Sur la question spéciale du droit de tonnage, il eut personnellement, en présence de lord Granville, plusieurs conférences avec Sébastiani et le ministre du commerce d'Argout, assistés des directeurs de leurs services, Saint-Cricq, David et Deffandis.

Les Anglais demandaient la réduction du droit de tonnage français au taux uniforme de 93 centimes 3/4 par tonneau, rigoureusement égal, disaient-ils, à la moyenne des droits perçus dans les ports anglais sur tous les navires, nationaux ou non. Les Français soutinrent que la convention de 1826 ne les obligeait nullement à la réciprocité, mais seulement à l'égalité de traitement des deux pavillons dans nos ports. Perier, sans vouloir discuter le point de droit, accorda le taux de 1 fr. 50, et une ordonnance du 16 juin 1832 rendit la réduction effective (2).

C'était une concession importante. En France, elle profita surtout aux importateurs de matières encombrantes, les filateurs de coton notamment ; les consommateurs ne s'en aperçurent guère ; en Angleterre elle avantagea les armateurs plus que les industriels. Le bruit s'était rapidement propagé d'une négociation commerciale engagée. Le jour même de l'ouverture des conférences, la Chambre de Commerce de Bordeaux écrivait à d'Argout que cette nouvelle avait répandu dans la ville « la joie et l'espérance », qu'il fallait profiter du rapprochement politique des deux pays pour « faire cesser la guerre de douanes commencée sous l'Empire et poursuivie avec une si inconcevable ardeur pendant la Restauration », abandonner les erreurs de notre politique commerciale, « triste résultat des préventions nées d'un

(1) V. le rapport déjà cité de Bowring et Villiers, p. 5 et suiv. Les conférences de l'enquête commencèrent le 3 décembre 1831.
(2) Note du Baron Deffandis à Sébastiani, s. d. (1833). A. N. F. 12, 2513. Dépêches de Granville, 18 nov. 1831, 31 janvier 1832. F. O.

état hors de nature, que les lumières répandues par la science des économistes réprouvent » (1).

En Angleterre on accueillit bien l'ordonnance du 16 février 1832. Mais si, comme on peut le penser, Casimir-Perier avait espéré obtenir ainsi de Palmerston quelques complaisances dans l'affaire des forteresses belges (2), il dut être promptement détrompé. Peut-être pourtant peut-on attribuer en partie au succès de la mission de Poulett Thomson la facilité relative avec laquelle lord Granville d'abord, Palmerston ensuite, approuvèrent l'expédition d'Ancône, ordonnée au moment même où la conférence commerciale était close (3). Mais les commerçants anglais souhaitaient mieux. La réforme électorale de 1832, « triomphe de la boutique », selon le mot des démocrates chartistes, leur avait donné le pouvoir, ils entendaient en profiter pour gagner la France à leurs idées.

Justement le libéralisme économique venait de recueillir en France un avantage important par l'arrivée au pouvoir du duc de Broglie dans le ministère du 11 octobre 1832. Quatre jours à peine après la constitution du cabinet présidé par Soult, le nouveau ministre des affaires étrangères faisait à l'ambassadeur britannique une profession de foi libre-échangiste. Le roi lui-même, dans une conversation qu'il avait provoquée, condamnait formellement le maintien de la prohibition et des droits élevés sur les fers, contraire, disait-il, à l'intérêt même des métallurgistes français (4). Enfin, le 24 octobre, deux jours après avoir obtenu le consentement de l'Angleterre à l'expédition d'Anvers, il transformait en proposition officielle ses offres verbales de

(1) Lettre datée du 18 novembre 1831 et signée de Balguerie et Cie, Barton et Guestier, Nathaniel Johnston, Lestapis, J.-J. Boscaz, Foussat frères, Alex. Letanneur, Lopès-Dubec, Oehls et fils, Carl Mestrezat, Carol et Flouch frères, Portal, Damblat, Lapère et Lafon, Durin-Chaumel. A. N. F 12, 2513.

(2) Cf. ci-dessus p. 82-85.

(3) 7 février 1832. La dernière séance de la Commission est du 5, l'ordonnance du 16.

(4) Granville à Palmerston, 15 octobre 1832, F. O.

modifier le tarif des douanes dans le sens désiré par les Anglais (1).

La tâche n'était pas aussi facile que le duc de Broglie pouvait le croire. L'hostilité contre la politique « mercantile » de l'Angleterre était très vive dans le public français, et toute concession commerciale regardée comme une trahison. Au lendemain de l'ordonnance de février 1832 sur le droit de tonnage, le *National* avait porté l'accusation de forfaiture contre les ministres, coupables, disait-il, d'imposer au Trésor, sans compensation, une perte annuelle d'un demi-million (2). Dans le cabinet même, seuls Broglie et d'Argout représentaient la tendance économique libérale ; Humann, ministre des finances, Thiers, ministre de l'intérieur, étaient ouvertement protectionnistes; le maréchal Soult n'entendait rien aux questions douanières, mais ne cachait pas son anglophobie (3). Informés de Paris, les libre-échangistes anglais décidèrent d'agir. Le meilleur et le plus actif des lieutenants de Cobden, l'initiateur de l'enquête de 1831, Bowring, traversa le détroit et vint faire dans le Sud-Ouest de la France un voyage d'études d'où il revint persuadé que le libéralisme faisait des progrès importants. Granville se mit en rapport avec des députés, des journalistes, insista surtout avec persévérance auprès de Louis-Philippe pour la réunion d'une nouvelle conférence commerciale, qui préparerait les amendements au tarif douanier français, en échange des réductions de droits déjà consenties spontanément par l'Angleterre, sur les vins et les soieries en particulier. Bowring, de retour à Paris, prépara avec Saint-Cricq et Broglie un projet sur les douanes, annexé à la loi de finances de 1833, et qui fut déposé à la fin de décembre 1832 (4). La réduction des droits portait surtout sur les fils de coton, point essentiel pour les hommes de Manchester.

(1) F. O.
(2) *National* du 28 février 1832.
(3) Granville à Palmerston, 11 février 1832 (confidentiel). F. O.
(4) Tout ce qui précède d'après F. O., correspondance de Granville et de Palmerston, octobre 1832 ; juin 1833 ; voir notamment Granville, 15 et

A Londres, Palmerston et tous ses collègues firent auprès de l'ambassadeur de France des démarches répétées pour que les concessions demandées fussent obtenues. Le 20 janvier 1833, dans une longue lettre confidentielle au duc de Broglie, Talleyrand signalait les espérances suscitées en Angleterre par la lecture des pétitions libre-échangistes envoyées de Lyon, de Bordeaux et de Nantes à la Chambre des députés. « Aux élections dernières, disait-il, les whigs ont fait aux électeurs des grandes villes d'industrie la promesse de compléter par une alliance commerciale l'alliance politique avec la France. S'il ne peut tenir ses promesses, le ministère anglais ne se sent pas solide ». La question présente, concluait-il, « une haute portée politique ». Une lettre à Madame Adélaïde, la priant d'agir sur le Roi, accompagnait celle au Ministre (1). Au même moment Granville, par ordre de Palmerston, disait à Broglie que faute de concessions douanières « l'union politique entre les deux gouvernements serait affaiblie et le sentiment général du public en Angleterre profondément changé envers la France ». (2)

Sans doute à ce moment, un acte d'énergie de la part du gouvernement français, aurait pu avoir, pour l'avenir de l'alliance, les conséquences les plus étendues. L'industrie française elle-même aurait profité, comme il arriva lors du traité de 1860, du réveil imposé par la concurrence, elle aurait échappé à la timidité, à la routine, effets ordinaires du monopole. Mais il aurait fallu, pour forcer la main aux députés et aux pairs, pour éclairer l'opinion publique, une conviction désintéressée,

24 octobre 1832, 14 janvier 1833; Palmerston, 24 juin 1833. Bowring ne parle guère de sa mission dans ses « *Autobiographical recollections* » (1877).

(1) *Mémoires de Talleyrand*, V, 107-109. Bowring signale (*Autobiographical recollections*, 303), que Talleyrand admirait beaucoup Bentham, qu'il connaissait depuis la Constituante, et avec qui il relia connaissance à Londres.

(2) Granville à Palmerston, 14 janvier 1833, F. O. Bowring l'avait dit à Louis-Philippe dès 1830 et le lui répéta en 1834 (*Recollections*, 260).

une persévérance, un courage que les hommes du « juste milieu »
ne possédaient pas. (1)

La commission de la Chambre chargée d'examiner le projet
sur les douanes comptait un adversaire résolu de la réforme,
Charles Dupin, connu pour son dévouement aux intérêts de
l'industrie cotonnière. Il parvint à faire ajourner indéfiniment
la rédaction du rapport et la mise du projet à l'ordre du
jour. Broglie et Louis-Philippe promirent alors aux Anglais
de préparer une ordonnance qui appliquerait provisoirement, dans l'intersession, les réductions proposées au tarif. Une
loi du 17 décembre 1814 (art. 34), analogue à notre loi
actuelle dite du « cadenas » permettait d'agir ainsi. Mais les
ministres ne crurent pas pouvoir se passer de l'assentiment de
la Chambre, l'ordonnance devant avoir un effet financier. Le
dernier jour de la session, Saint-Cricq, qui l'avait promis à
Broglie, déposa un amendement conforme. Mais le duc n'avait
pas été prévenu — peut-être à dessein — du moment de la
discussion, non plus que les députés de la majorité. Humann,
au fond hostile au projet, s'abstint de le soutenir, et Saint-
Cricq s'arrangea pour n'être pas dans la salle à l'instant du
vote. L'amendement fut repoussé « avec acclamation » (2).

Granville était furieux. Un instant il douta de la sincérité
de Louis-Philippe et de Broglie — a tort certainement, au
moins pour ce dernier (3). Palmerston dit ouvertement qu'on

(1) Broglie disait à Granville que dans son opinion personnelle le principe du protectionnisme était faux, mais qu'il ne pouvait vaincre l'opinion
des « classes influentes en France et dans la Chambre des Députés ».
Tout ce qu'il souhaitait était que les deux gouvernements se missent en
travers des préjugés respectifs de l'opinion, pour éviter une guerre de
tarifs. Granville à Palmerston, 27 déc. 1833. F. O.

(2) Broglie à Talleyrand, 29 juin 1833. A. E. *Mémoires de Talleyrand*, V, 191.

(3) Bowring affirme (*Autobiogr. recollections*, 260), que Louis-Philippe
s'étant assuré que l'entrée des fers anglais ferait baisser le prix du charbon de bois, et diminuerait le revenu de ses forêts s'opposa au projet. Il
ajoute que Soult et Mme Adélaïde, intéressés dans plusieurs forges,
étaient très protectionnistes.

ne pouvait compter désormais sur la bonne foi du gouvernement français : « Nous n'aurons pas recours, ajoutait-il, à des mesures de représailles ; les erreurs que commet la France ne nous obligent pas à en commettre d'autres. La philosophie pratique du contrebandier y portera remède, demain comme hier. » Mais il prévoyait que l'opinion anglaise exigerait une satisfaction et il se déclarait d'avance hors d'état de la lui refuser (1). Broglie s'attendait à cela. « Je m'occupe de réparer le mal » écrivait-il à Talleyrand. Et passant outre au vote de la Chambre, il supprima par ordonnance (le 29 juin), la prohibition de sortie de la soie brute, dont l'Angleterre se plaignait beaucoup. « Je pense, disait-il, que le gouvernement anglais sera content... car en vérité, nous nous compromettons assez. (2) » Il n'en fut rien cependant, et les Anglais qui venaient en France à titre privé ne devaient pas être satisfaits davantage. Edward Bulwer, le futur auteur des « *Derniers jours de Pompéi* », débarquant à Calais, vit saisir ses malles par les douaniers, parce qu'elles contenaient quelques étoffes destinées à des amis de Paris. On ne les lui rendit que sur l'intervention du *Board of Trade*, et à charge de renvoyer à Londres les marchandises prohibées. (3)

La querelle n'alla pas plus loin pour le moment. Granville avait conseillé de ne pas s'en prendre trop vivement à Broglie « défenseur courageux » (*strenuous advocate*) de la vérité économique, mais de poursuivre la propagande. Tandis que les affaires d'Orient, le traité d'Unkiar-Stelessi en particulier (4). imposaient aux deux gouvernements de Paris et de Londres

(1) Palmerston à Granville. 25 juin 1833. F. O.
(2) A Talleyrand, 1er juillet 1833. *Mémoires de Talleyrand*, V, 194. Bowring raconte que Thiers n'avait pas tenu sa promesse d'insérer l'ordonnance au *Moniteur* le lendemain de la signature, et qu'il dut aller en riant le « prendre au collet » pour le décider à le faire. *Autobiogr. Recollections*, 194).
(3) La direction des douanes au ministre du commerce, 2 nov. 1833. A. N. F¹² 2513.
(4) Il est du 8 juillet 1833. V. le chap. suivant.

une action commune contre l'ambition russe, Bowring reprenait, à Bordeaux et dans le Sud-Ouest, ses correspondances
avec les groupes commerciaux. Des pétitions assez nombreuses
furent adressées aux Chambres, peut-être à son instigation, pour
demander la réduction des tarifs à l'importation. Louis-Philippe semble avoir connu d'avance et approuvé cette campagne.
En tout cas, il s'y associa personnellement. A la fin d'août
1831, il fit un voyage à Cherbourg, pour visiter les travaux
du port. Des navires anglais étaient venus le saluer. Il y eut
des manifestations de sympathie franco-anglaise, et le roi profita de toutes les occasions pour parler en faveur de la paix, de
l'entente avec l'Angleterre et surtout de la liberté commerciale, avec une insistance que certains ministres trouvaient
excessive. A son retour, il s'en fit un mérite auprès de Granville. « Je veux, lui disait-il un soir après dîner, sur la ter-
rasse de Saint-Cloud, effacer l'esprit de gloire militaire et de
conquête qui a duré si longtemps en France et le remplacer
par l'esprit d'entreprise commerciale et manufacturière (1). »
Ce zèle subit avait un secret. Renseigné maintenant sur le prix
que l'industrie anglaise attachait à s'ouvrir le marché français,
Louis-Philippe cherchait à obtenir, au prix de concessions
commerciales, la conclusion d'une alliance qui eût affermi pour
longtemps sa dynastie en France et en Europe. (2)

III

L'idée d'une alliance entre la France et l'Angleterre ne
venait peut-être pas du roi des Français, mais de Talleyrand
qui précisément à cette époque, était venu en congé à Paris, et
avait eu de fréquents entretiens avec Louis-Philippe. Il s'en

(1) Granville à Palmerston (confidentiel) 30 sept. 1833. F. O.
(2) Bowring dit formellement qu'il n'aurait pas été renversé s'il avait
montré sur ce point « more honesty and sagacity » (Recollect., 260).

attribue en tout cas tout le mérite, dans ses mémoires. La renaissance de la Sainte Alliance, conséquence du traité turco-russe d'Unkiar Skelessi et des conférences de Münchengrätz, le succès de Donna Maria en Portugal, la mort de Ferdinand VII d'Espagne, tous ces événements, survenus entre juillet et octobre 1833, l'avaient convaincu de l'utilité, pour la France et l'Angleterre, d'un accord politique permanent. Le traité, selon lui, devait être conçu dans des termes assez généraux pour ne pas lier d'une manière gênante les deux gouvernements, mais pour qu'on pût, au besoin, en tirer les conséquences que l'on voudrait, suivant les circonstances. Il en parla longuement à Granville, à Broglie et sans nul doute au Roi, dans des conversations dont les archives naturellement ne contiennent pas de traces. L'accord à peu près établi, et Talleyrand reparti pour Londres, le duc de Broglie lui adressa, le 16 décembre 1833, une longue dépêche-instruction, que les *Mémoires* reproduisent tout au long, et dont la forme et le fond sont également remarquables. (1)

« Il s'agit, dit le ministre, d'une alliance défensive. Il s'agit d'un traité par lequel les ennemis de l'un des deux pays deviendraient ceux de l'autre, en cas d'agression gratuite et non provoquée contre l'un ou l'autre. » En fait, elle existe déjà « qu'on l'écrive ou qu'on ne l'écrive pas ». L'objet est d'empêcher un accord des trois puissances continentales où la Russie s'agrandirait en Turquie, et l'Autriche en Italie, la Prusse dominant l'Allemagne par l'union douanière et « jetant les fondements d'une unité allemande qui portera ses fruits un peu plus tard ». Sans doute la formule même de l'accord n'engagera pas étroitement les deux gouvernements; mais à Vienne et à Pétersbourg on supposera l'existence d'articles secrets, et cela suffira pour intimider les puissances qui veulent des conquêtes, et pour éviter la guerre.

____

(1) *Mémoires de Talleyrand*, V, 279-291. La minute conforme est aux A. E.

Palmerston n'était pas résolument hostile à un accord écrit avec la France. Il voulait maintenir en permanence l'union des puissances libérales, Angleterre, France et Belgique qui, unies à l'Espagne et au Portugal *constitutionnalisés*, formeraient, rien que comme masse d'opinion, un corps puissant en Europe. (1) En Espagne particulièrement, il voulait installer l'influence franco-anglaise, à la place de celles des trois cours du Nord. (2) Mais l'avantage d'un pareil accord pour la France était trop certain pour qu'on ne lui demandât pas quelque chose en échange. La pudeur diplomatique empêchait Palmerston, aussi bien que Talleyrand ou Broglie, de le formuler précisément, au moins dans les pièces officielles. Mais les dates parlent d'elles-mêmes. Le 30 décembre 1833, Broglie envoie à Londres un projet d'alliance défensive en deux articles (3). Le même jour, Granville remet à Broglie un mémoire dont il avait discuté les termes avec lui; il y expose les avantages du nouveau tarif douanier anglais pour la France, et demande en échange la suppression de prohibitions nombreuses — et l'abaissement de droits trop élevés, nuisibles, affirme-t-il, aux intérêts des deux pays (4).

(1) A W. Temple, 8 octobre 1833, Ashley, I, 293.
(2) Au même, 3 déc. 1833. Id. I, 295.
(3) Le texte qui se trouve aux Archives de l'Ambassade française à Londres porte :
« *Article premier.* — Il y aura désormais alliance défensive entre S. M. le roi des Français et S. M. le Roi du Royaume-Uni de Grande-Bretagne et d'Irlande.
Art. 2. — Le présent traité sera ratifié, etc.
Art. séparé. — Si, ce qu'à Dieu ne plaise, les principes tutélaires qui font la base du présent traité d'alliance défensive venaient à être compromis et que la stabilité de l'équilibre politique de l'Europe se trouvât ainsi menacée, les deux H.P.C. se concerteraient sans délai sur les mesures que les circonstances rendraient nécessaires. »
Un texte un peu différent dans la forme est donné par les *Mémoires de Talleyrand* (V, 290) d'après les archives de Broglie. Il a été vu par Thureau-Dangin (II, 377). Je n'ai rien trouvé aux archives du Foreign Office.
(4) Granville à Palmerston, 27 déc. 1833. F. O. Note du 30 décembre à Broglie. A. E. Négoc. comm. *Angleterre*, 153.

Aux offres de Talleyrand, Palmerston répondit assez froidement tout d'abord. Les autres ministres, Grey et Holland surtout, témoignèrent de leur répugnance « à se gêner par des liens qui n'ont pas un but spécial et déterminé » (1). Mais une satisfaction accordée sur la question douanière pouvait changer ces dispositions. Palmerston s'attendait à une discussion orageuse aux Communes, et même aux Lords, sur les relations commerciales avec la France. Il ne cacha pas à Talleyrand qu'il espérait avoir une bonne réponse à donner (2).

Il semble que le caractère chevaleresque et un peu hautain du duc de Broglie ait été froissé par ce marchandage à peine déguisé. La réponse qu'il fit, au mois de février, au mémoire de Granville, est d'un ton très vif et trahit sa mauvaise humeur. « Ce serait compromettre l'union politique franco-anglaise que de lui donner l'apparence d'un marché onéreux, entraînant pour la France le sacrifice de toutes les garanties dont le travail a été entouré » (3). Lorsque Thiers et Humann déposèrent le projet de loi sur les douanes, Granville eut la surprise d'y lire un exposé des motifs qui était un vrai manifeste protectionniste. Le texte même ne contenait que des concessions insignifiantes : le thé n'était plus prohibé, ni les étoffes de coton, mais un droit très élevé les frappait encore. Vainement Granville espéra que la Commission des douanes proposerait une réduction sur les fers, puis se rabattit sur une promesse de Broglie de suspendre par ordonnance, pendant les vacances parlementaires, la prohibition des cotonnades. Rien ne fut obtenu.

Dès lors, Palmerston s'occupa de chercher ailleurs les éléments d'un succès parlementaire. Les affaires d'Espagne devaient bientôt lui en fournir l'occasion. Mais Broglie vit sa situation très ébranlée. Son libéralisme économique, ses sympa-

<hr>

(1) Talleyrand à Broglie, 3 janvier 1834. *Mémoires de Talleyrand*, V. 296.

(2) Talleyrand à Broglie, 21 février 1834. A. E. aff. commerc. *Angleterre*, 153.

(3) A. E., *ibid* ; minute datée : février 1834.

thies pour l'Angleterre froissaient en France trop d'intérêts et de préjugés pour ne pas prêter à la calomnie. Le roi supportait à peine sa fermeté ; ses collègues eux-mêmes, Thiers surtout, intriguaient contre lui. Les agents diplomatiques d'Autriche et de Prusse, Werther et Apponyi, furieux qu'il eût refusé de leur livrer les réfugiés politiques italiens et allemands, le trouvaient trop ami de l'Angleterre, et mettaient en doute son désintéressement (1). En avril 1834, il proposa aux Chambres de ratifier un engagement avec les Etats-Unis pour liquider une vieille querelle de dommages maritimes remontant au premier Empire. Dans les couloirs de la Chambre, on chuchotait que l'affaire était suspecte. Au vote, qui fut fait par extraordinaire au scrutin secret, il se produisit une de ces coalitions occultes qui sont le triomphe des tacticiens parlementaires, et le projet fut rejeté par huit voix de majorité. Broglie donna aussitôt sa démission (1ᵉʳ avril 1834). Le 4, il était remplacé par l'amiral de Rigny, tandis que par divers échanges de portefeuilles, le ministère du Commerce passait des mains de Thiers à celles de Tanneguy Duchâtel.

Un instant, il sembla que ce changement subit faciliterait le succès de l'alliance politique et du rapprochement commercial. Rigny, dès le premier jour, assurait à l'ambassadeur d'Angleterre que si le roi l'avait préféré à Molé, très soutenu par Thiers, c'est que Molé passait pour trop « russe » et pas assez « anglais ». Broglie, annonçant à Talleyrand la nomination de Duchâtel, disait : « Je compte beaucoup sur les excellents principes et les dispositions de ce jeune homme (Duchâtel avait 31 ans) pour resserrer l'alliance entre la France et l'Angleterre. » Enfin Duchâtel lui-même, recevant Granville, lui rappelait qu'après 1830 il avait écrit pour le *Globe* des articles libre-échangistes et que son opinion n'avait pas changé (2).

(1) Granville à Palmerston, 31 mars, 2, 4, 5 avril 1834. F. O. Cf. Thureau-Dangin, II, 249-50.

(2) Granville à Palmerston, 5 et 7 avril 1834. F. O. Broglie à Talleyrand, 6 avril. *Mémoires de Talleyrand*, V, 351.

Talleyrand, sans perdre une minute, remit donc sur le tapis le projet d'alliance. Il proposait à Rigny de renouveler les offres de Broglie et il fit lui-même des ouvertures à Palmerston. Vivement poussé par son interlocuteur, le ministre anglais finit par avouer qu'il avait depuis plusieurs mois négocié un accord défensif avec le Portugal et l'Espagne. Il offrait à la France d'y accéder si elle voulait. « Oui, dit Talleyrand, si vous signez notre alliance, dont cela serait une application. » Mais ce n'était pas le compte de Palmerston, à qui répugnait une alliance gratuite de cette sorte. Il fit, dit Talleyrand, des objections « futiles ». Alors l'ambassadeur, qui voulait éviter un refus, dont l'Angleterre se prévaudrait à Madrid, proposa ce qu'il appelle « un moyen terme ». On ferait une alliance à quatre, où les puissances entreraient simultanément et sur un pied d'égalité (1). L'alliance franco-anglaise allait ainsi se réaliser par un biais, et dans des conditions toutes nouvelles.

Ni Palmerston, ni Louis-Philippe, n'avaient eu, à aucun moment, l'intention d'intervenir en Espagne. Le roi des Français, au début de l'insurrection carliste, avait fait rassembler des troupes sur la frontière des Pyrénées, au grand émoi de la presse anglaise. Palmerston, inquiet aussi, malgré les assurances répétées de Talleyrand, crut donc devoir réitérer le conseil que la France s'abstînt d'intervenir, se bornant à assister de ses avis et de son argent la régente Marie-Christine et son ministre Zéa Bermudez. Le gouvernement français lui-même connaissait trop bien les difficultés et les dangers d'une guerre en Espagne pour songer à s'y engager. Soult, qui en avait l'expérience, était tout spécialement éloquent là-dessus (2).

En Portugal, au contraire, la présence de don Miguel inquiétait Louis-Philippe, et il aurait souhaité qu'on l'expulsât par la force. Don Carlos s'étant fait l'allié de Miguel, l'Espagne avait

______

(1) Talleyrand à Broglie, 7 et 13 avril 1834. A. E. *Mémoires de Talleyrand*, V, 356 et 366.

(2) Palmerston à Granville, 12 novembre 1833, F. O. Cf. Hall, 177-178.

un motif légitime d'intervention. Le duc de Broglie aurait admis et recommandait même l'action combinée au Portugal d'une flotte britannique et d'une armée espagnole. Mais Palmerston, craignant de s'engager dans une expédition coûteuse, et peut-être d'irriter outre mesure l'opposition conservatrice et l'entourage du roi Guillaume IV, préférait laisser l'Espagne agir seule. Zéa Bermudez, tant qu'il fut au pouvoir, s'y refusa obstinément. En janvier 1634, il fut renversé et remplacé par Martinez de la Rosa, beaucoup mieux d'accord avec le ministre britannique George Villiers, et qui se laissa persuader d'agir selon les vues de l'Angleterre.

Il envoya secrètement un plénipotentiaire à Londres; en mars et avril le projet de Convention fut discuté et arrêté entre les deux puissances. L'Angleterre devait fournir à don Pedro l'appui de ses forces navales, et l'Espagne enverrait une armée contre don Miguel (1). Palmerston avait conduit toute l'affaire à l'écart de Talleyrand; il cherchait même à endormir sa méfiance par des déclarations amicales, renouvelées à la tribune du Parlement le 17 mars (2). Il avait fallu l'insistance de l'ambassadeur français en faveur de son projet d'alliance, pour lui faire avouer ce qu'il préparait.

A Paris, on aurait considéré la signature de l'accord à trois comme un désastre. Déjà suspect de complaisances excessives envers l'Angleterre, le ministère serait renversé s'il semblait avoir toléré qu'on laissât traiter la France en puissance de second ordre. Une terrible insurrection, née simultanément à Lyon et à Paris, venait à peine d'être réprimée. Les élections, fixées au mois de juin, approchaient. Le gouvernement avait besoin d'un succès. Talleyrand fut donc invité à lui en procurer au moins l'apparence. Palmerston, qui connaissait la situation difficile de Louis-Philippe, en joua très adroitement pour lui donner, dans le traité à quatre, le rôle le moins glorieux possible. Après

(1) Hall, 178.
(2) *Mémoires de Talleyrand*, V, 340.

cinq jours de chicanes et d'arguties, il finit par tomber d'accord avec Talleyrand sur un texte qui prévoyait l'intervention anglo-espagnole en Portugal pour expulser Carlos et Miguel, la France devant agir également en cas de besoin (1).

L'alliance, signée le 22 avril 1834, fut aussitôt rendue publique et produisit grand effet. Les ministres français s'en servirent pendant la campagne électorale et lui durent en partie leur succès. Palmerston, de son côté, triompha sans modestie : « Je voudrais voir la tête de Metternich, écrivait-il. On dit que don Miguel a décidé de décamper... Si ce n'est pas vrai, cela ne tardera pas à l'être... Ce traité a été un succès capital, et il est *entièrement mon œuvre* (2). »

De fait, dès le 23 mai, Miguel et Carlos étaient réduits à capituler et à se retirer, l'un en Italie, l'autre à Londres. Mais Carlos n'y resta pas longtemps et au commencement de juillet, il reparaissait en Espagne. Il fallut bien alors que l'alliance fut complétée, pour devenir une réalité, et non plus seulement un épouvantail. Louis-Philippe ne voulait rien faire de positif, craignant, disait-il, de dégarnir la frontière du Rhin, à moins que l'Angleterre ne lui donnât la garantie d'une alliance militaire formelle (3). Mais Palmerston était bien loin de ces idées et il avait en Angleterre même d'autres soucis (4). En France, l'instabilité politique n'était pas moindre. On finit donc par conclure, le 18 août, une simple convention addi-

---

(1) Hall 179. *Mémoires de Talleyrand*, V, 371 et suiv.
Le texte de Palmerston portait l'engagement du roi des Français d'agir « lorsqu'il serait invité à le faire », et l'article était placé à dessein à la fin du traité. Talleyrand le fit changer de place et rédiger sous cette forme : « Dans le cas où la coopération de la France serait jugée nécessaire par les H. P. C., S. M. le Roi des Français s'engage à faire tout ce que lui et ses très augustes alliés détermineront d'un commun accord ».
(2) A. W. Temple, 21 avril et 12 mai 1834. Ashley, I, 298-300.
(3) *Mémoires de Talleyrand*, V, 456, Mme Adélaïde à Talleyrand, 25 juillet 1834.
(4) Du 11 au 15 juillet, le ministère Grey, mis en minorité sur la question d'Irlande fut démissionnaire. Reconstitué sous la direction de lord Melbourne, il devait être renvoyé par le roi, le 15 novembre.

tionnelle où la France s'interdisait de fournir aucun secours aux Carlistes, l'Angleterre promettant au contraire d'armer les constitutionnels. Comme Palmerston le fit remarquer assez crûment, c'était ouvrir un débouché à l'industrie anglaise et en fermer un à l'industrie française. Il dévoilait là une des intentions, peut-être la principale, de la politique britannique en Espagne. Dans la péninsule comme en France, la rivalité économique était au fond des querelles politiques et des conflits d'influences entre diplomates.

Après la Convention du 18 août, Talleyrand était parti en congé en France. Il était à peu près résolu à ne pas retourner à Londres. Déjà plusieurs indices lui avaient montré, malgré les politesses officielles, que son rôle était à peu près terminé. Le duc d'Orléans, le duc de Nemours, Dupin, Thiers étaient venus successivement prendre contact avec les hommes d'Etat anglais, comme si l'on suspectait la sincérité de l'ambassadeur ou sa clairvoyance. Son âge et son expérience, après lui avoir valu, en 1830, un prestige sans égal, n'inspiraient plus guère qu'un dédain à peine courtois. On prétendait, à tort sans doute, que Palmerston lui faisait faire antichambre. Mme de Dino, dont l'influence avec le temps s'affermissait sur l'esprit de son oncle, avait pris en haine le chef du Foreign Office, ses manières froides, ses plaisanteries acerbes et jusqu'au regard de ses yeux « jaunes » (1).

Enfin, et c'est là l'essentiel, Talleyrand avait cessé de croire à l'Angleterre et à l'alliance anglaise. Cette désillusion était pour lui sans remède. Jusque là, il s'était fait, selon le mot de Louis-Philippe, le *parrain* de cette alliance, dont le roi des Français se disait le père (2). Mais il la concevait en homme d'ancien régime qu'il était, comme une alliance politique entre gouvernements, où les peuples ne seraient pas invités, car ils gâteraient tout, sans profit pour personne. L'alliance lui parais-

______

(1) *Chronique de la duchesse de Dino*, I, 104, 105, 131, 132, 215.
(2) Broglie à Talleyrand, 5 avril 1834. *Mémoires de Talleyrand*, V, 346.

sait souhaitable et possible, pourvu que l'Angleterre demeurât gouvernée par des grands seigneurs, assez intelligents, assez sceptiques, assez riches pour se placer, en politique, en religion ou en affaires, au-dessus de ce qu'il appelait les préjugés, c'est-à-dire des principes et aussi des sentiments. L'Angleterre d'avant 1834 lui paraissait telle: gouvernée par les tories, ou même par des whigs de l'ancien type, tels que lord Grey, avec un Parlement et une presse où les gens du commun, avocats, clergymen et boutiquiers, ne pénètrent pas, où leurs intérêts sont sans influence et leurs passions sans écho.

Il n'allait jamais à Westminster, lisait peu les journaux, ne fréquentait que la haute société anglicane et conservatrice: aussi s'est-il longtemps mépris sur la valeur et les conséquences du bill de réforme de 1832. Sans doute y a-t-il vu d'abord une espèce de charte de 1830, une petite concession qui ne changerait presque rien au fond des choses. Il jugeait, au début, les hommes d'Etat whigs en tout semblables à nos doctrinaires de juillet, vite convertis à la résistance par l'exercice du pouvoir et la crainte du danger révolutionnaire.

Avec eux, et sur des doctrines communes, on pouvait conclure enfin une alliance permanente, qui sauverait la paix et les restes de l'ancienne société. Tout au plus, s'il fallait à l'Angleterre gagner les hommes nouveaux, manufacturiers et marchands, soucieux avant tout des profits immédiats, on y pourvoirait par un rapprochement commercial, comme en 1786, par le traité Eden où il avait lui-même eu quelque part, on avait complété le traité de Versailles.

Trois ans d'efforts avaient montré à Talleyrand son erreur. En écrivant sa lettre de démission, au mois de novembre 1834, il se félicitait d'avoir obtenu pour la *Révolution de Juillet droit de cité* en Europe, et de l'Angleterre une coopération qui n'avait rien coûté à notre indépendance ni à nos susceptibilités nationales. Mais il devait se reconnaître incapable de faire davantage. « Homme d'un autre temps, je me sens devenir étranger à celui-ci... Nous avons, depuis quatre années, tiré de l'Angleterre tout ce qu'elle pouvait nous donner d'*utile*. Puisse-t-elle ne nous rien transmettre de *nuisible!* L'Angleterre s'est étrangement modifiée et je ne pense pas qu'elle puisse s'arrêter dans la nouvelle route qu'elle parcourt. Je ne me sens pas appelé, je l'avoue, à la suivre (1). »

C'était l'oraison funèbre de l'alliance anglaise, prononcée en secret, à l'heure où les harangues officielles en proclamaient l'heureuse et durable existence.

Pendant les six années qui vont suivre, des efforts seront encore faits pour la ressusciter, au moins en apparence. Ils n'aboutiront qu'à produire, en 1840, une rupture éclatante, due moins peut-être à des querelles d'influence politique et à des intrigues de diplomatie, qu'à l'absence de lien moral et surtout d'intérêts communs entre les deux nations voisines.

(1) *Mémoires de Talleyrand*, V, 474 et suiv. Cette idée de la décadence anglaise était très répandue en France à cette époque. Ledru-Rollin en fera le sujet de ses deux volumes sur la *décadence de l'Angleterre*, parus en 1850.

CHAPITRE IV

LE CONFLIT ÉCONOMIQUE
(1835-1839)

I. Le conflit des traités de commerce en Espagne et en Portugal. Le conflit en Grèce. Le conflit colonial au Sénégal (Portendick) et en Algérie. — II. Le conflit des capitaux : emprunts publics, banques, chemins de fer. Le conflit douanier : tarif des textiles et négociations commerciales de 1839.

I

La retraite de Talleyrand se trouva coïncider, en France et en Angleterre, avec une période de troubles politiques et d'intrigues parlementaires qui éloignèrent, pour un assez long temps, l'attention publique des affaires extérieures. A Londres, le roi congédia le ministère Melbourne à la faveur d'un incident minime, appela Robert Peel et les conservateurs, qui firent de nouvelles élections. Mais les whigs revinrent en grande majorité aux Communes et au mois d'avril 1835, Melbourne reprit le pouvoir, avec Palmerston au Foreign Office. A Paris, pendant près d'une année, Louis-Philippe chercha les moyens d'éviter le retour au ministère du duc de Broglie, qu'il ne pouvait souffrir, et d'y faire entrer des personnages à la fois dociles et décoratifs, formés jadis par Napoléon à l'obéissance: Soult,

Gérard, Maret ou Mortier. Broglie devait enfin, le 12 mars 1835, prendre la présidence du Conseil et le ministère des Affaires étrangères. Mais quand Palmerston et lui se trouvèrent à nouveau en rapports, l'heure d'une alliance, ou même d'une collaboration cordiale entre les deux nations, semblait passée à l'un comme à l'autre.

Palmerston n'avait consenti à entrer dans le ministère Melbourne qu'à la condition d'y avoir le portefeuille des Affaires étrangères. Le premier ministre hésita longtemps à le lui donner, et ne s'y décida que par crainte de mécontenter à la fois le roi Guillaume IV et la majorité parlementaire (1). Palmerston savait que sa chute avait été saluée à Paris comme un bienfait, que son retour aux affaires serait accueilli sans joie, mais il n'était pas, quand il le voulait, dépourvu de moyens pour plaire. Au mois de février 1835, le maréchal Sébastiani avait remplacé Talleyrand comme ambassadeur à Londres, et ses rapports avec Wellington, chargé des Affaires étrangères dans le cabinet Peel, avaient été assez froids, bien que corrects. Palmerston combla le vieux maréchal de complaisances et de flatteries. Au bout de quinze jours, il l'avait conquis. « Mes rapports avec le gouvernement nouveau deviennent chaque jour plus intimes, écrivait l'ambassadeur, je le trouve tel que je l'attendais et que nous avons jamais pu le souhaiter. La bonne grâce de lord Palmerston et de ses collègues ajoute encore à la satisfaction que j'éprouve. » Lord Cowley, que Wellington avait nommé ambassadeur en France, fut rappelé et l'ancien titulaire du poste, lord Granville, y revint aussitôt. Il avait la confiance personnelle de Louis-Philippe et fut très bien accueilli quand il reparut aux Tuileries à la fin de mai. Mais ces bons rapports apparents ne firent que masquer le désaccord réel des deux politiques, elles-mêmes expression d'intérêts opposés.

<hr>

(1) Melbourne à Grey, 14 avril 1835. *Melbourne papers*, 268 et 278. On crut d'abord à Paris que le Foreign Office serait confié à lord Durham ou à lord Russell (Sébastiani à Broglie, 14 avril).

Les premières difficultés vinrent de l'Espagne et de la façon différente dont la France et l'Angleterre entendaient appliquer la quadruple alliance. Peu de temps avant de quitter le pouvoir, Wellington, à la demande du ministre espagnol Martinez de la Rosa, avait envoyé un agent spécial, lord Eliot, au quartier général de don Carlos. Sa mission ostensible était de négocier un échange de prisonniers carlistes contre les volontaires anglais de l'armée d'Isabelle, capturés par les troupes du prétendant. En réalité Eliot devait persuader Carlos que sa position était désespérée et qu'il ferait mieux d'abandonner la lutte. Broglie fut sollicité d'adjoindre à Eliot un agent français, mais ni lui ni le roi n'y consentirent. (1)

Un peu plus tard, la mission d'Eliot ayant complètement échoué, la régente d'Espagne demanda l'intervention directe de l'armée française. Louis-Philippe s'y était toujours opposé, et son refus était certain, mais il crut habile de poser aussi la question à l'Angleterre, en application de la quadruple alliance, afin de se prévaloir au besoin à Madrid de l'opposition britannique. Et de fait, Palmerston désapprouva tout projet d'intervention. Au fond, chacun des deux gouvernements soupçonnait l'autre de vouloir exercer en Espagne une influence politique exclusive et plus encore une sorte de monopole commercial. Martinez de la Rosa, jadis réfugié en France, lié avec Guizot et qui, dans la constitution espagnole de 1834, prétendit appliquer les principes des doctrinaires, passait pour l'homme de la France. L'ambassadeur d'Angleterre était, au contraire, soupçonné de pousser au pouvoir le financier Mendizabal, chef éventuel des *progresisstas* ou *exaltados*, dont les liens anciens et étroits avec le Foreign Office étaient peu connus mais réels (2). En juin 1835, Martinez de la Rosa fut renversé

---

(1) Détails dans Hall, 185-187.

(2) De 1836 à 1843 il correspondra régulièrement avec le Foreign Office par l'intermédiaire de la banque Fould et Oppenheim. Ces lettres sont au Record Office F. O. 148, volume 19. V. dans Ashley, I, 34, des traces de l'enthousiasme des whigs pour ce personnage.

et un peu plus tard, après le court intermède d'un ministère Toreno, la régente, sur les pressantes instances du ministre d'Angleterre, George Villiers, se décida à confier le pouvoir à Mendizabal.

Les Français aperçurent assez vite les motifs véritables de la politique anglaise en Espagne. A peine les *progressistas* avaient-ils pris le pouvoir, que les marchandises anglaises commencèrent à encombrer la péninsule en dépit des prohibitions énoncées, jusqu'au point de franchir même les lignes de l'armée carliste et de pénétrer en France, à travers les Pyrénées (1). Un trafic en sens inverse, de France en Espagne ne tarda pas à s'établir, et le gouvernement espagnol, fortement appuyé par Palmerston dans ses réclamations, se plaignit qu'en violation de l'alliance, don Carlos fût ravitaillé et soutenu par la France. Broglie accueillit assez mal ces démarches et parla de « mystification » (2). Mais Villiers se crut alors autorisé à prendre en mains les intérêts du commerce et de la banque britanniques en Espagne. Il avait donné à Mendizabal, pour secrétaire privé, un de ses subordonnés, Southern, qui mit au point avec le ministre espagnol un arrangement économique et financier. L'Angleterre donnerait sa garantie à un emprunt de 1 million 1/2 de livres sterling que la banque Rothschild acceptait de prendre à cette condition seulement. En échange, les prohibitions douanières seraient levées et les produits de l'industrie anglaise entreraient en Espagne au tarif le plus réduit. L'affaire avait été conduite dans le plus grand secret. Villiers, Southern et Mendizabal étaient seuls au courant. Mais il fallait bien aussi aviser la régente, et c'est ce qui fit échouer la combinaison, car l'ambassadeur de France fut averti, probablement par les soins de Christine. Broglie fit aussitôt protester à Madrid contre tout arrangement de cette espèce et Palmerston dut

(1) Rapport du général Harispe, Bayonne, 18 octobre 1835, communiqué par Broglie à Granville, A E.
(2) Palmerston à Granville, 1ᵉʳ octobre 1835. F. O. Cf. Hall, 193. Broglie à Bourqueney, chargé d'affaires à Londres, 19 octobre 1835 A. E.

désavouer Villiers. Entre Paris et Londres on feignit d'ignorer l'affaire mais la confiance n'y gagna rien.

Quand un peu plus tard, et cette fois ouvertement, Palmerston essaya de négocier un traité de réciprocité commerciale, Mendizabal n'accepta qu'en échange d'un appui financier plus important. En outre Molé, qui avait succédé à Broglie dans l'intervalle, fit ressortir que l'Angleterre était seule en état de profiter en Espagne d'une égalité douanière apparente, et refusa de donner son consentement. Ainsi l'entreprise fut abandonnée et les intérêts du commerce anglais dans la péninsule demeurèrent confiés, suivant le mot de Palmerston, à la philosophie pratique du contrebandier. (1). Peu importait dès lors l'accord politique apparent des deux gouvernements dans les affaires d'Espagne. Sous les drapeaux de la reine Isabelle, des volontaires français et anglais venaient combattre côte à côte dans les rangs de la légion étrangère. Des navires des deux nations surveillaient en commun les ports du golfe de Biscaye. Mais des conflits se produisaient assez fréquemment entre les « alliés ». Ainsi, en juin 1836, à Pasajes, en présence des autorités espagnoles, le prince de Joinville et l'amiral anglais se querellèrent à propos d'une place en rade, qu'un navire anglais disputait à une corvette française (2). Les Anglais prétendirent que nous empêchions leurs opérations maritimes pour faciliter notre commerce de contrebande. Ces sortes de difficultés pouvaient se résoudre dans le silence des chancelleries; elles n'auraient pas eu d'autre importance si l'accord entre les hommes d'Etat des deux pays eût été autre chose qu'un décor cachant l'hostilité permanente des hommes d'affaires.

En Portugal, la situation était à peu près la même. La reine Maria avait, malgré l'opposition de Louis-Philippe, épousé le duc Auguste de Leuchtenberg, celui-là même dont lord Pon-

____

(1) V. Hall, 195-196, qui insiste sur le caractère libéral de la politique anglaise.

(2) Palmerston à Granville, 6 juin 1836, F. O. Sébastiani à Thiers, 13 juin 1836, A. E.

sonby avait, en 1830, soutenu la candidature au trône de Belgique contre le duc de Nemours. Mais Leuchtenberg mourut peu de temps après et Palmerston soupçonna le ministre de France de vouloir lui donner, comme successeur, précisément le duc de Nemours ou bien le prince de Joinville. Il obligea le ministre de Maria, Saldanha, à prendre l'engagement écrit de n'accepter aucun des deux princes (1). Là encore il supposait à la France une arrière-pensée commerciale. Il reprochait à notre agent, Bois-le-Comte, d'entraver de toutes façons le commerce britannique, et en 1837 il l'accusa d'avoir préparé à Lisbonne un accord commercial dans le genre de celui que Villiers avait cru obtenir de Mendizabal. A Paris, on protesta hautement, mais sans convaincre le ministre anglais (2).

A l'autre bout de l'Europe, enfin, en Grèce, les agents diplomatiques de l'Angleterre et de la France, officiellement unis dans leurs démarches publiques, se trouvaient en réalité presque continuellement en querelles et en rivalité d'influence, et là encore le conflit politique ne faisait que traduire l'opposition des intérêts d'argent.

En février 1830, la conférence de Londres sur les affaires helléniques avait appelé au trône du nouvel État le candidat anglais, ce même Léopold de Saxe-Cobourg qui devait un peu plus tard aller régner en Belgique. Mais le prince avait refusé sous un prétexte quelconque, se jugeant sans doute appelé à de plus hautes destinées. Il était l'oncle de la princesse héritière d'Angleterre, Victoria, dont le règne alors semblait proche, et il espérait devenir régent, peut-être davantage. Les trois puissances « protectrices », après de longs atermoiements, s'étaient décidées d'abord à laisser un président élu, Capodistrias, gouverner la Grèce, puis le président étant mort assassiné, à envoyer régner à sa place le prince Othon de Bavière,

____

(1) V. Hall, 189. Le 6 avril 1836 Maria épousa le prince Ferdinand de Saxe-Cobourg, neveu du roi des Belges.

(2) Palmerston à Granville, 6 août et 10 octobre 1837. Aston à Palmerston, 4 et 11 septembre 1837 F. O.

fils du roi Louis I". Le traité de Londres du 7 mai 1832 le nomma souverain du nouvel « état monarchique indépendant », que la Grèce devrait former, et fixa sa majorité (il avait 18 ans) à la date du 1" juin 1835. On lui promettait, assez vaguement, une extension territoriale et, plus nettement, un emprunt de 60 millions de francs, garanti en commun par la France, la Russie et l'Angleterre (1). Le 21 juillet suivant, une convention conclue à Constantinople par les soins d'un agent spécialement envoyé d'Angleterre, Stratford Canning, porta la frontière nord de la Grèce aux golfes de Volo et d'Arta, moyennant 40 millions de piastres à payer à la Porte. A la fin de janvier 1833, le roi Othon, amené par une frégate anglaise, débarquait à Nauplie (2). C'était le temps où les victoires d'Ibrahim menaient l'armée égyptienne presque jusqu'aux portes de Constantinople. La fin de l'empire turc semblait proche et les philhellènes de tous les pays se réjouissaient. En France, le duc de Broglie disait à la tribune de la Chambre des Pairs: « La Grèce est au berceau. C'est une puissance maritime destinée à grandir rapidement, à partager avec l'Angleterre et nous l'empire de la Méditerranée, à tourner vers nous ses regards, à chercher son point d'appui dans notre amitié, à veiller pour nous sur les Echelles du Levant, à garder avec nous l'embouchure de l'Euxin et les clefs du Bosphore. » Belle perspective, mais bien lointaine. Et puis l'Angleterre voudrait-elle partager avec personne « l'empire de la Méditerranée » ? Au reste, les traités de Kutayeh et d'Unkiar-Skelessi sauvèrent la Turquie chancelante, et autour du « berceau » hellénique, qui ne grandit pas vite à la taille d'une nation adulte, les puissances marraines ne furent pas longtemps d'accord. L'Angleterre aurait souhaité que la Grèce devînt tout de suite une monarchie parlementaire. La Russie n'en voulait pas entendre parler. La France conseillait d'attendre mais encourageait, sans excès toutefois, les vues d'agrandissement

---

(1) Driault et Lhérilier, *Histoire diplomatique de la Grèce de 1821 à nos jours,* II, p. 85 et suiv.
(2) Driault, II, 102.

des patriotes. Des armateurs anglais organisaient pour le nouvel État une marine marchande à vapeur. La France prêta des troupes de police, des fonctionnaires pour les écoles et les finances. La Russie intriguait pour dominer la régence bavaroise ou la renverser si elle montrait quelque indépendance. Tant que dura la crainte de l'influence russe, elle maintint à Athènes comme à Constantinople l'union franco-anglaise, au moins sur les questions importantes. En 1836, au mois d'août, les escadres des deux nations, égales en effectif, vinrent ensemble à Phalère; le ministre de Russie s'était absenté pour ne pas les saluer. Mais la brouillerie ne tarda pas; elle vint, comme ailleurs, à propos d'argent.

L'emprunt de 60 millions n'avait pas été réalisé d'un coup : 20 millions avaient été émis d'abord pour les premiers besoins. Quand il fallut verser aux Turcs les 40 millions de piastres prévus par la convention des frontières, on émit une seconde tranche. Chacune des trois puissances garantissant pour un tiers, et la banque Rothschild, de Londres, se chargea de l'émission. Mais le gouvernement hellénique, qui avait de pauvres finances, ne disposait pas d'une drachme pour payer les intérêts ni l'amortissement prévu en 36 ans. La maison Rothschild avança le coupon de mars 1836. Palmerston s'intéressait aux porteurs des titres d'emprunts grecs, même des emprunts non garantis (et fort usuraires) consentis en 1824-25 par les banques de Londres. Il autorisa Rothschild à émettre quelques titres pour se couvrir. Il demandait à la France et à la Russie d'autoriser au moins en partie l'émission du reste de l'emprunt. La Russie refusait net; la France discutait sur le chiffre, invoquant un rapport de Bois-le-Comte, qui dénonçait le « gaspillage éhonté » des finances helléniques et aussi l'opposition des Chambres (1). Broglie aurait fait quelques concessions, Thiers beaucoup moins ; mais on ne put se mettre d'ac-

(1) Elles avaient adopté très difficilement la convention de 1832. V. Calmon, *Hist. parlementaire des finances de la monarchie de juillet*, II, 29 et suiv.

cord (1). Là-dessus, le jeune roi Othon, qui était allé faire un voyage en Allemagne, en revint au mois de février 1837, marié avec une princesse d'Oldenbourg, et flanqué d'un premier ministre bavarois, qui s'entendait bien avec le ministre de France Lagrené, mais fort mal avec son collègue britannique. Celui-ci, marin transformé en diplomate, était sir Edmund Lyons (2), qui avait, en 1833, amené, sur sa frégate, le roi Othon de Trieste à Nauplie. D'un caractère entier et dominateur, il traitait les Grecs en grands enfants et le roi Othon en pupille. Par l'intermédiaire d'une dame Willy, grande maîtresse de la maison de la reine, il correspondait avec les jeunes souverains et cherchait à leur imposer ses volontés. Leur intrigue, adroitement découverte par le ministre bavarois Rudhart, ruina le crédit de Mme Willy. Lyons répondit en renversant Rudhart, qui avait déplu au roi, et entreprit d'installer au gouvernement des Grecs partisans du régime constitutionnel. Bientôt le ministre d'Angleterre et même celui de France, malgré sa conduite plus circonspecte, furent engagés dans les luttes de clans politiques qui déchiraient la Grèce.

Le conflit s'aggrava en 1838, précisément à l'heure où les rapports franco-anglais devenaient difficiles partout. Palmerston avait fait voter à Westminster l'autorisation d'émettre pour un million de titres grecs, juste la somme réclamée par Rothschild pour ses avances. Mais le roi Othon voulait que la somme lui fût remise, et on découvrit que c'était pour rembourser d'Eichthal, banquier de la cour de Bavière, d'un prêt qu'il avait fait en 1835 au roi de Grèce (3). Ce même d'Eichthal était établi en France et s'était, depuis deux ans, associé à Rothschild, de Paris, dans l'entreprise du chemin de fer

----

(1) Dépêches de Sébastiani à Broglie et à Thiers, juin 1835-mai 1836. A. E. et Driault, II, 157 et suiv.

(2) Il redevint marin en 1849 et commanda les forces de mer britanniques au siège de Sébastopol. Il ressemblait étonnamment à Nelson et en était très fier. Son frère était contre-amiral au service égyptien.

(3) Driault, II, 174.

de Paris à Saint-Germain. L'affaire devenait presque un conflit de place à place, et même une querelle dans la famille Rothschild. Du coup, Palmerston refusa toute émission nouvelle, à moins qu'on ne rétablit à Athènes le gouvernement parlementaire et qu'une longue liste des griefs particuliers des commerçants anglais ne reçût entière satisfaction. Louis-Philippe, invité à soutenir ces demandes, fit la sourde oreille et le désaccord subsistait tout entier quand la guerre, au mois de juin 1839, éclata de nouveau en Orient.

Ces conflits d'intérêts commerciaux et financiers n'étaient pas limités à l'Europe. A mesure que sa production industrielle grandissait, l'Angleterre cherchait à développer ses exportations lointaines et s'irritait du moindre obstacle rencontré par les commerçants britanniques. A plusieurs reprises, le trafic, plus ou moins licite, de ses bateaux marchands fut suspendu ou supprimé par la marine militaire française, au cours d'opérations de guerre ou de police. Le blocus maritime était le moyen habituel pour faire respecter ou indemniser nos nationaux par des peuplades sauvages d'Afrique ou des gouvernements peu scrupuleux de l'Amérique latine. Chaque fois des protestations s'élevèrent à Londres parmi les intéressés, et Palmerston, harcelé de plaintes dans son cabinet ministériel et même à la tribune du Parlement, s'en prit, non sans aigreur, au gouvernement français. La plus irritante et la plus prolongée de ces querelles est peut-être la moins connue ; c'est ce qu'on appelle l'affaire de Portendick. Elle remontait à 1833 et devait durer jusqu'en 1845.

Portendick était un mouillage situé au nord de l'embouchure du Sénégal, où Anglais et Français faisaient avec les indigènes le commerce de la gomme. Le gouvernement du Sénégal conclut à la fin de 1833, avec les Maures Trarza, qui habitaient la côte, un traité de protectorat qui réservait ce trafic au commerce français. Comme les Anglais continuaient à y venir et qu'un de leurs navires avait vendu des armes à une tribu révoltée, la côte fut mise en état de blocus et plusieurs bateaux saisis comme portant de la contrebande. Les armateurs anglais portèrent leurs plaintes au Foreign Office. C'était le moment (début de 1835) où les tories avaient remplacé les whigs au pouvoir. Wellington, moins soucieux de plaire à des réclamants qui étaient ses adversaires politiques, soutint assez mollement leur cause et fit préparer une note très modérée pour le gouvernement français. Mais à ce moment, Palmerston revint aux affaires, et l'un de ses premiers soins fut de remplacer la note de Wellington par une autre, longue et acrimonieuse, qui exigeait la levée immédiate du blocus. A l'entendre, le traité de Versailles de 1783, qui fondait notre possession du Sénégal, y garantissait la liberté de commerce aux Anglais (1). L'argument ne valait rien, puisque le traité de 1783 avait été remplacé par celui de 1814, tout à fait muet sur cet article. Mais Palmerston tint bon et après cinq interventions successives, finit par obtenir la levée du blocus. Après quoi il se mit en devoir d'obtenir pour les marchands lésés une réparation pécuniaire. Leurs réclamations ne montaient qu'à un peu plus de 2 millions et le chef du Foreign Office avait mieux à faire que de poursuivre lui-même le recouvrement d'une créance pareille (2). Mais Palmerston y mit un acharnement véritable. Dans sa correspondance avec Granville, on rencontre presque chaque semaine une dépêche écrite de sa main pour presser le règlement de l'affaire de Portendick. Le différend finit par être soumis à une commission spéciale en 1840 et réglé par arbitrage du roi de Prusse en 1845. Il avait à plusieurs reprises, selon un mot d'Aberdeen, « mis en péril les relations amicales des deux pays » (3).

La presse de France et d'Angleterre était très occupée de ces querelles. Palmerston avait depuis longtemps l'habitude de

(1) Palmerston à Aston, 19 mai 1835. F. O.

(2) Il est possible que l'intérêt électoral y soit pour quelque chose. Fin 1834, Palmerston avait été battu dans le comté de South-Hampshire et il ne trouva qu'en 1835 une circonscription « tranquille », le bourg de Tiverton (Ashley, I, 318).

(3) Aberdeen à Cowley, 15 juillet 1842. F. O.

provoquer, quand il le jugeait utile, un « mouvement d'opinion » propre à soutenir ses démarches diplomatiques. Le *Morning Chronicle* était son organe habituel (1). Le gouvernement français répondait ordinairement dans le *Journal des Débats*, mais avec moins de suite et de vivacité. Malgré tout, des habitudes d'acrimonie commençaient à se prendre, de part et d'autre, et dès novembre 1834, Stéphane Flachat pouvait écrire dans la *Revue des Deux-Mondes:* « Nous étouffons au milieu d'une âcre et étroite polémique ». Les journaux anglais voyaient partout les « empiètements » (*encroachments*) de la France, et Palmerston soupçonnait nos agents de négocier des arrangements « exclusifs » jusqu'à Saint-Domingue (2). Bientôt même, le désaccord s'étendit à des intérêts plus directs et plus propres à éveiller, dans les deux pays, le sentiment national ; ce fut le cas en particulier pour l'Algérie.

Pendant les premières années de l'entente, on l'a vu, une sorte d'accord tacite s'était fait pour ne pas parler de cette question délicate. En juin 1833, le général Clauzel ayant posé à la tribune de la Chambre des députés une question au gouvernement sur l'intention qu'on lui prêtait d'évacuer la colonie, Granville avait prié Guizot, qui était chargé de répondre à Clauzel, de faire une déclaration évasive. De fait, Guizot proposa et obtint la nomination d'une commission d'enquête. Broglie, consulté à son tour, avait, à la suite d'un entretien avec Louis-Philippe, fait des déclarations plus nettes : « Le roi se regarde comme solidaire de la promesse faite par Charles X de ne rien faire de décisif sans consulter ses alliés. Mais la nation s'est prononcée sans doute possible... Je crois de mon devoir de vous donner mon sentiment personnel : même une guerre serait populaire en ce moment s'il fallait choisir entre

____

(1) Il y a aux archives du Foreign Office de nombreuses notes de sa main relatives à des communications à faire à ce journal. V. p. ex. F. O. 96, liasse 19.

(2) Palmerston à Aston, 24 novembre 1837; Aston à Palmerston, 27 novembre. F. O.

elle et le rappel des troupes d'Alger » (1). Palmerston n'avait pas insisté, pensant que les Français se dégoûteraient à la longue d'une entreprise qui coûtait beaucoup et ne rapportait rien. Wellington, après quelque hésitation, avait fait de même en 1834, quand les tories revinrent pour quelques mois au pouvoir (2). Mais en 1834 aussi la commission d'enquête de la Chambre française déposa un rapport favorable à la fondation d'une colonie. Pour la peupler, elle proposait d'appeler des immigrants d'Allemagne. Ensuite, on établirait le monopole de pavillon pour le cabotage et le commerce avec la France. « L'Algérie, disait le rapport, doit être un marché français. » Bien que le gouvernement eût fait quelques réserves sur ces projets, et accepté que le premier crédit de la colonisation fût réduit à 150.000 francs, l'Angleterre manifesta quelques alarmes (3). Palmerston rappela que l'Algérie demeurait, en droit, possession turque, et en 1836 on apprit à Paris que le Sultan, conseillé, disait-on, par l'ambassadeur d'Angleterre, allait envoyer une escadre à Tunis pour protéger la régence contre les Français. Thiers, alors ministre des Affaires étrangères, annonça aussitôt qu'il s'y opposerait par la force. La conversation en resta là, mais l'opinion de Palmerston demeura la même. En 1837, à propos d'une démarche de Molé contre une prétendue expédition anglo-espagnole à Ceuta, annoncée par les journaux, il écrivait crûment à Aston : « La France est une intruse à Alger, elle a pillé un allié; elle occupe militairement, mais sans aucun titre juridique ce qu'elle détient, et sur ce fondement d'injustice, elle établit la prétention de nous empêcher de secourir un allié attaqué dans ses possessions! C'est vraiment trop fort (4). »

(1) Granville à Palmerston, 21 et 24 juin 1833, F. O.
(2) Granville à Wellington, 12 décembre 1834, P. O.
(3) Le *Morning Chronicle* releva le propos de Mauguin que la Méditerranée « ne serait plus qu'un lac anglais » si l'Algérie était abandonnée.
(4) Palmerston à Aston, 25 septembre 1837, F. O.

II

A vrai dire, Palmerston réservait ces expressions de mauvaise humeur pour le secret des correspondances confidentielles, et les conflits d'intérêts qui divisaient la France et l'Angleterre dans les pays lointains ou même en Algérie, ne pouvaient suffire à provoquer une rupture. Il en fut ainsi du moins tant que les commerçants et les capitalistes anglais purent nourrir l'espoir de faire, en France même, des affaires profitables, ou en tout cas de n'y être pas lésés dans leurs intérêts. Mais précisément dans les années qui suivirent la quadruple alliance, cet espoir, né de l'accord lui-même et des déclarations officielles qui suivirent, devait être profondément déçu.

Dès l'époque de la Restauration, les banques anglaises avaient engagé leur clientèle à placer des fonds en France. C'était, comme on sait, la banque Baring qui avait fait au gouvernement de Louis XVIII les premières avances, et financé ensuite, en société avec Hope d'Amsterdam, les emprunts de 1816 et 1817. L'accord d'Aix-la-Chapelle sur l'évacuation de la France par les troupes d'occupation ne s'était fait qu'après de longues conférences entre Richelieu et les représentants des banques anglaises. Le capital français, à qui deux petites tranches d'emprunt avaient été réservées (1), n'avait pas montré beaucoup d'empressement, et les titres s'étaient assez mal classés, la moyenne des inscriptions demeurant relativement élevée. Les Anglais, au contraire, trouvaient avantage à acheter des fonds d'État français, émis avec une forte prime au taux de 5 % sans déduction d'impôts. La grande crise financière de 1825, où la Banque d'Angleterre, très menacée, dut faire appel au concours de Rothschild, déjà tout-puissant, amena

---

(1) Pour « le rachat de l'indépendance nationale » (24 millions de rente) et pour « la liquidation des étrangers » (16 millions). V. Flour de St-Genis, *La Banque de France à travers le siècle*, 51.

sans doute des ventes assez nombreuses de 5 % français. Mais le marché de Paris s'était assez élargi déjà pour pouvoir les absorber. La convention de 1825, l'émission en janvier 1830 de rentes 4 % avaient diminué l'attrait de ces placements. Mais les choses changèrent après la Révolution de juillet. L'Angleterre avait converti en 3 1/2 ses consolidés 4 %, et le 5 % français était retombé au-dessous du pair (1). Les capitaux anglais émigrèrent de nouveau vers Paris pour se porter sur les emprunts publics ou les actions de canaux. C'est ce mouvement de fonds qui avait permis à d'autres pays, le Portugal, l'Espagne, la Grèce, de trouver à Londres un important concours financier. (2) Mais le gouvernement de Louis-Philippe s'y montra beaucoup moins favorable que la Restauration. De cette époque datent les premiers efforts de nationalisme financier, dûs principalement au groupe de capitalistes qui dirigeaient les opérations de la Banque de France. Le second emprunt de 1831 fut mis en souscription publique ; celui de 1832, en concours restreint, fut émis par des banques françaises et en 1837 une émission spéciale 4 % fut même réservée aux déposants des caisses d'épargne. Après 1833, la moyenne des inscriptions tombe au-dessous de 1.000 francs, signe certain d'une extension du marché national des rentes. Sans qu'il soit possible d'en avoir la preuve précise, il semble bien qu'après 1835 les capitalistes anglais cessèrent de s'intéresser à nos fonds d'Etat (3).

Au contraire, ils étaient tout disposés à financer les entreprises productives ou supposées telles et en particulier les che-

(1) Le cours moyen de l'année 1831 est de 89 fr. 40.

(2) Em. de Laveleye, *Le marché monétaire et ses crises*, 125 et suiv. Courtois, *Manuel des fonds publics et des sociétés per actions* (1883).

(3) J'ai vainement essayé au ministère des finances et ailleurs de trouver une trace soit des inscriptions prises au nom des porteurs anglais, soit de transferts opérés à Londres au moment du paiement des coupons. Ces opérations semblent avoir été faites surtout par deux banques à clientèle anglaise : Ch. Lafitte et Blount (c'était la banque de l'ambassade) et Rothschild.

mins de fer. Dès 1833, au moment où fut créé, sur la demande de Thiers, un service des études des chemins de fer, le rapporteur du projet de loi, Bérigny, signalait l'intérêt que les Anglais y prenaient. Leur concours était acquis, disait-il, à l'établissement d'une voie de Paris à Dieppe qui, en correspondance avec leur ligne de Londres à la Manche, mettrait les deux capitales à dix-huit heures l'une de l'autre (1). Un accord fut négocié entre les entrepreneurs éventuels des deux réseaux, l'Angleterre devant fournir le personnel, le matériel et une partie importante du capital (2). Mais la commission était hostile au projet qui faisait participer l'Etat à l'entreprise; il ne fut pas voté. Quand, en juillet de la même année, la Société Emile Pereire, Rothschild, d'Eichthal et Davillier obtint la concession du chemin de fer de Paris à Saint-Germain, la clientèle anglaise de Rothschild s'y intéressa beaucoup plus que les capitalistes français (3), et la construction eut lieu sous la direction d'ingénieurs britanniques. Le même John Bowring, qui avait essayé de négocier l'arrangement commercial de 1833 avec la France, fonda en 1836 l'*International Railway Company* pour construire les deux lignes d'Anvers à Bruxelles et de Calais à Paris, et crut pouvoir réclamer de Thiers, qui le lui avait promis, paraît-il, l'appui du gouvernement français (4).

En faisant des offres de ce genre, les Anglais n'avaient pas seulement en vue les bénéfices à retirer de l'exploitation des lignes construites à leurs frais. Ils espéraient aussi fournir à la France le matériel des voies et de la traction, que l'industrie

<hr>

(1) A. Picard, *Les Chemins de fer français*, I, 19.

(2) Exposé des motifs du projet de loi, *Moniteur du 3 avril 1835*. Sur la discussion, v. Picard I, 28 et suiv.

(3) Le député Lamy, rapporteur du projet de loi, espérait que les Français comprendraient mieux les avantages du nouveau moyen de transport quand ils le verraient établi aux portes de Paris.

(4) Bowring à Thiers, 8 juillet 1836. A. E., *Négociations commerciales Angleterre*, 148. Dans le comité provisoire de la Société figurent lord Clanricarde, lord William Bentinck, lord Stuart de Rothesay et le banquier Goldsmid et une dizaine de députés aux Communes. L'ingénieur-conseil est George Stephenson.

française ne fabriquait pas encore, et la houille que brûleraient les machines. Ainsi s'expliquent les efforts renouvelés de l'ambassadeur Granville pour obtenir précisément à la même époque des réductions au tarif des douanes françaises sur ces articles. Les banquiers qui croyaient à l'avenir des chemins de fer le soutenaient dans ses efforts. En 1835, il obtint de Broglie et de Duchâtel l'ordonnance du 11 octobre, qui réduisait légèrement les droits d'entrée sur le charbon importé par voie de mer, sur la fonte et sur le fer à la houille. La concession faite n'était valable que pour la durée fort courte des vacances parlementaires. Mais Granville conseillait d'être patient et de profiter de l'avantage acquis. (1) Palmerston se méfiait davantage et les événements lui donnèrent raison. La loi des douanes de 1836, rédigée et votée après la retraite de Broglie, sous le ministère Thiers, ne donnait aucune satisfaction aux demandes de l'Angleterre. Thiers avait fait un exposé tout à fait protectionniste et Duchâtel lui-même avait cédé au courant: « Il n'y a rien à attendre des Chambres, concluait l'ambassadeur: engager une discussion serait inutile et ferait plus de mal que de bien » (2).

Bientôt même la construction des chemins de fer allait être présentée au public comme un instrument de nationalisme économique. En 1837 une subvention fut accordée à la Compagnie d'Alais à Beaucaire et à la Grand'Combe afin, disaient le rapporteur et le ministre des travaux publics, de « refouler les charbons anglais » des ports de la Méditerranée et des grandes villes du Midi, et de favoriser en même temps « l'essor de l'industrie mécanique », c'est-à-dire les forges françaises (3). Dans les longues discussions qui s'ouvrirent en 1837 et 1838 sur le projet de construction des grands réseaux, la majorité de la Chambre des députés se prononça contre tout appel aux capitaux et à l'industrie de l'Angleterre. En vain Berryer montra la

---

(1) Granville à Palmerston, 2, 12 et 16 octobre 1835. F. O.
(2) Le même au même, 29 avril 1836. *Ibid.*
(3) A. Picard, I, 45 et suiv.

nécessité d'y avoir recours pour porter remède à la timidité des capitalistes français et aux exigences des industriels. La commission extraparlementaire constituée par le ministre Martin (du Nord) ne consentit à laisser entrer les rails anglais qui si le cours de l'acier dépassait le taux déjà très élevé de 1837. Dans son rapport sur la concession projetée du chemin de fer de Paris à Orléans, le député Cordier demanda — précaution évidente contre l'intervention étrangère — que l'acte de concession mentionnât, outre le nom des adjudicataires, ceux de tous les administrateurs, souscripteurs et ingénieurs. (1). De tous les chemins de fer commencés avant 1840 aucun ne fut construit par appel direct au capital britannique. Le 15 juin 1840 seulement, les Chambres adoptèrent le projet autorisant la ligne de Paris à Rouen, présenté par Edward Blount, associé de Charles Laffitte. Le ministre Dufaure n'avait consenti à appuyer cette combinaison qu'à condition de réserver aux souscripteurs français les deux tiers des actions et huit places d'administrateurs sur douze (2). Encore la Compagnie dut-elle payer pour le matériel d'importation anglaise, dont il fallut bien se servir, le maximum des droits inscrits au tarif des douanes (3).

A la vérité, ces procédés du gouvernement français et surtout des Chambres n'entraînaient, pour l'industrie et le capital britanniques, qu'un manque à gagner et non une perte propre-

---

(1) Picard, 61 et suiv.

(2) Edward Blount raconte (*Memoirs*, p. 54) que Guizot accepta de payer au nom de la Compagnie les indemnités aux expropriés de son département. Les administrateurs anglais étaient Chaplin, président du Southampton Railway; Moss, de Liverpool; Laurence, maire de cette ville, et le propriétaire du *Morning Chronicle*, le député Easthope.

(3) D'après Stéphane Flachat (*Revue des Deux Mondes* du 1er novembre 1834) le fer anglais valait au Havre 160 fr. la tonne et payait 175 francs de droits d'entrée, ce qui le laissait encore à 5 fr. moins cher que le fer français (340 fr.). En 1837, le cours était de 345 fr. d'après Isaac Pereire (*La question des chemins de fer*, p. 105); les rails du chemin de fer de Lyon furent payés, en 1843, 380 fr. la tonne. « La fourniture, ajoute-t-il, était attribuée d'avance à quelques privilégiés ».

ment dite. Même si en Angleterre les pouvoirs publics avaient songé à intervenir pour modifier cette situation, les moyens de pression économique leur manquaient. La France n'avait plus besoin, ni pour ses emprunts publics, ni pour ses échanges intérieurs, ni pour ses exportations, du concours des banques britanniques. Au contraire, en 1838 et en 1839, un excès de spéculation sur les cotons américains devait amener une panique à la Bourse de Londres, et Baring, devenu à ce moment chancelier de l'Echiquier, dut, pour sauver la Banque d'Angleterre, faire appel à la Banque de France et aux banquiers de Paris, qui consentirent une avance de 2 millions sterling (1). Mais la crainte d'une rupture formelle de l'entente pouvait agir encore en faveur des intérêts britanniques, au moins sur le roi Louis-Philippe et ses ministres. Le gouvernement anglais n'hésita pas à employer cette arme quand les protectionnistes français, à partir de 1836, prirent l'offensive pour exclure du marché certains produits de l'industrie britannique qui, en dépit des tarifs élevés, avaient fini par s'y introduire.

L'enquête sur le régime des douanes, ouverte par Duchâtel en 1834, avait été faite sur une seule question importante : convient-il de substituer au régime de la prohibition celui des droits protecteurs ? Elle avait abouti à une manifestation en faveur du maintien des interdictions d'entrée. Seuls les industriels lyonnais, les commerçants de Bordeaux et du Havre qui vendaient à l'Angleterre avaient fait des réponses favorables à la réforme. Partout ailleurs on demandait l'abaissement des droits sur les matières premières, le maintien et même le renforcement du régime prohibitif (2). Le mouvement ne cessa pas après la clôture et la publication de l'enquête. Il était conduit par deux gros industriels, de Fitte et Féray (d'Essonnes), filateurs et tisseurs de lin, qui publièrent de nombreuses brochures,

(1) Andréadès, *Histoire de la Banque d'Angleterre*, II, 28 et suiv.
(2) Voir le résumé de l'enquête à la fin de l'article déjà cité de Stéphane Flachat et dans Levasseur *Histoire du commerce de la France*, II, 245 et suiv.

des articles dans presque tous les journaux et firent partout signer des pétitions en faveur du relèvement des droits sur les fils et tissus importés en France. D'après eux, le tarif de 1826 ne protégeait que les fils de lin proprement dits, les seuls fabriqués mécaniquement à cette époque, et laissait entrer les fils d'étoupe. Mais l'Angleterre, en perfectionnant ses machines, fabriquait à présent des fils d'étoupe d'excellente qualité qui entraient à tarif réduit et ruinaient la filature à la main française. D'autre part, en 1836, sur la demande de la Belgique, on avait réduit au tarif général les droits d'entrée sur certains tissus de lin, que l'industrie anglaise s'était mise ensuite à fabriquer aussi, et que la France ne pouvait produire au même prix. Ainsi, à en croire les intéressés, une ruine complète menaçait à la fois les cultivateurs de lin, les fileuses à main des départements du Nord et de l'Ouest et les tisserands de la France entière. Le tout au profit des Anglais. « L'Angleterre, disait la pétition que l'on fit circuler et qui se couvrit de signatures, l'Angleterre, si puissante par ses richesses et bien plus encore par son esprit d'association, marche à pas de géant vers le monopole universel. Aujourd'hui ce n'est point au loin qu'elle nous poursuit, c'est sur notre sol qu'elle vient d'établir, non comme autrefois les armes à la main pour nous asservir, mais en portant la ruine et la misère dans nos campagnes et parmi nos populations ouvrières. » (1)

Il y avait dans ces déclamations beaucoup d'excès, et assez peu de sincérité dans l'argumentation des filateurs, même dans les chiffres cités par eux à l'appui de leurs demandes (2). En réalité, l'industrie française s'était endormie à l'abri du tarif protecteur. Quelques filateurs et tisseurs plus avisés avaient imité l'Angleterre en faisant venir des machines anglaises par contrebande et en embauchant des ouvriers écossais. Il y avait même

(1) A. N., F 12, 2525.
(2) C'était du moins l'opinion des fonctionnaires, par exemple du Directeur des douanes de Dunkerque (lettre du 15 juin 1837). A. N. *Ibid.*

à Nantes, à Paris, des manufactures modernes fondées par des Anglais et des Français associés (1). Ceux-là ne demandaient qu'un dégrèvement à l'entrée des matières premières et se déclaraient en état de lutter contre les produits anglais (2). Mais ils étaient peu nombreux et détestés de leurs concurrents moins actifs et moins bien outillés. On ne les écouta pas.

Cette agitation était publique. Les Anglais en furent rapidement avertis et Granville fut chargé de demander aux ministres français ce qu'ils comptaient faire. Molé fit d'abord une réponse assez vague et protesta de ses bonnes intentions, puis se découvrit nettement. L'Angleterre, dit-il, avait acquis, du fait de ses ressources en charbon et du perfectionnement de son outillage, une avance considérable sur les autres pays : l'établissement de la liberté commerciale la rendrait partout maîtresse des marchés. Les nations moins favorisées avaient donc le droit et le devoir d'employer le moyen des tarifs de douanes pour égaliser leurs chances, comme dans une course de chevaux on égalise artificiellement le poids des jockeys. Cette comparaison sportive était à l'adresse de Palmerston, connu pour un habitué des hippodromes. De fait, elle le mit en colère : « C'est une doctrine que je ne m'attendais pas à voir soutenir par un gouvernement éclairé, dit-il à Sébastiani... Elle n'est bonne qu'à retarder ou empêcher le progrès de la civilisation... Si le commerce était libre partout, il y aurait de quoi faire dans le monde pour toutes les nations commerçantes. Les principes soutenus par la France rappellent ceux des décrets de Berlin et de Milan ; nous ne pouvons pas sacrifier nos intérêts nationaux par déférence pour les préjugés

(1) Voir les lettres de Hopwood de Boulogne, de Coninck de Nantes, Maberly et Pierrugues de Paris, Malo et Dickson de Dunkerque. A. N. F¹², 2491.

(2) Quelques-unes de ces lettres sont remarquables de clairvoyance : Chérot et de Coninck, de Nantes, invoquent « l'intérêt général, qui seul doit être consulté » contre une mesure qui retarderait la transformation de l'industrie. Vétillart, du Maas, écrit qu'au lieu de renforcer la protection, mieux vaudrait se servir de la force hydraulique inutilisée et exploiter les mines.

et la jalousie même d'un allié dont nous faisons cas... *Tout ce que la France fera directement ou indirectement pour empêcher l'extension de notre commerce avec les autres pays sera regardé comme une mesure hostile envers le gouvernement et la nation britanniques.* » (1) Poulett Thomson, devenu président du Board of Trade dans le cabinet Melbourne, annonça que dans ces conditions il maintiendrait, contrairement à ses intentions primitives, les droits élevés qui frappaient les eaux-de-vie françaises à l'entrée (2). Aussitôt les commerçants et les vignerons du Bordelais et des Charentes s'émurent. Deux distillateurs de Cognac, Auguste Martell et James Hennessy, tous deux députés, réclamèrent l'intervention du gouvernement en avril 1837. Molé écrivit à Londres et le chargé d'affaires Bourqueney fit une démarche au Board of Trade ; Poulett Thomson reconnut que le droit était prohibitif, « absurde » (3), et accepta de le réduire, mais contre une compensation. Il voulait une réduction des droits, notamment sur les fers (4). La France refusa absolument. Ministres et députés craignaient trop, on l'a vu, l'entrée des rails et des locomotives d'Angleterre.

Ce nouveau refus fut très mal accueilli à Londres. Dans leurs conversations avec Sébastiani, Melbourne et Palmerston répétaient que l'alliance anglaise mourrait bientôt à ce régime. « Elle n'est presque plus qu'un nom », disait un jour Palmerston. Il attribuait cette rupture imminente à la « jalousie » commerciale de la France, qui se manifestait partout, en Espagne, en Portugal, en Grèce, en France même. « M. Molé, disait-il, veut arrêter les progrès de notre prospérité; il est encore animé de la vieille hostilité du temps de l'Empire... Les tentatives vexatoires de la France contre notre commerce lèsent de nombreux intérêts. les plaintes se traduisent dans la presse et au Parlement ; elles ne

(1) Palmerston à Granville, 27 décembre 1836, F. O.
(2) Note de Granville, 19 février 1837, et projet de réponse du ministre, A. N. F 12, 2491.
(3) 615 fr. l'hectolitre qui valait 70 fr. d'après Martell et Hennessy.
(4) A. E. Négociations commerciales, *Angleterre*, 148.

permettent plus au gouvernement de maintenir l'alliance ; ces efforts pour nous tuer à coups d'épingle, comme disent les Français, ne réussiront qu'à la détruire. » (1)

La menace était claire. Elle intimida pendant quelque temps les protectionnistes. Alors, les exportateurs d'eaux-de-vie revinrent à la charge. Martell et Hennessy firent une pétition aux Chambres pour demander qu'on obtînt de l'Angleterre la réduction du droit sur les alcools français, en promettant de ne pas augmenter celui qui frappait les fils de lin anglais. Quelques filateurs se plaindront, disaient-ils, mais ils en seront quittes pour acheter des machines, et l'économie de main-d'œuvre paiera dix fois la dépense (2).

L'idée parut bonne au gouvernement. En avril 1838, le ministre du commerce annonça aux Chambres qu'il allait négocier sur cette base. Pour satisfaire les filateurs, la commission supérieure du commerce offrait d'abaisser les droits sur le lin brut et d'autoriser l'importation des machines à filer anglaises. Aussitôt ce fut un *tolle* parmi les industriels. Les fabricants de machines de Mulhouse menacèrent, si on admettait les machines anglaises, de transporter leurs usines au delà du Rhin (3). Les filateurs et tisseurs crièrent plus haut encore. La plupart d'entre eux faisaient faire le fil à la main dans les campagnes, par des femmes payées 25 centimes par jour. Ils annoncèrent une réduction des salaires à 20 et même 15 centimes. Quelques troubles se produisirent. Le préfet des Côtes-du-Nord écrivit qu'on mourait de faim dans son département et qu'il ne répondait plus de l'ordre. Les députés se lamentaient sur la misère des fileuses et des tisserands dans les villages. Sur une lettre, vraiment émouvante, de l'un d'entre eux, Goupil de Préfeln, le ministre Martin (du Nord) écrivit : « „Il est indispensable que les tarifs soient

<hr>

(1) Palmerston à Granville. 10 octobre 1837. F. O.
(2) A. E., Négociations commerciales, *Angleterre*, 153.
(3) Lettres de N. Schlumberger. et A. Kœchlin au ministre du Commerce. nov. et déc. 1838. A. N. F 12. 2.491.

modifiés. » (1) Les pétitions pleuvaient sur les bureaux des deux Chambres, et dans le ministère même plusieurs membres du cabinet croyaient le moment venu de céder à ce que l'un d'eux apelait une « clameur générale ».

Mais on clamait aussi en Angleterre. La nouvelle du prochain relèvement du tarif français s'était répandue à l'instant même où Palmerston venait d'obtenir à grand'peine la levée du blocus de Portendick. Le *Board of Trade* fut à son tour accablé de questions et de réclamations. Palmerston furieux prescrivit à Granville une démarche presque comminatoire, annonçant des représailles immédiates et une rupture complète de l'entente, si le *statu quo* économique était modifié (2). Le 19 février 1838 Granville vint redire à Molé les paroles de son chef : « Les alliances politiques ne peuvent durer à moins d'être fondées sur les intérêts nationaux; deux nations ne peuvent continuer à être politiquement unies si elles ne s'attachent étroitement par le lien des affaires commerciales. » Et jugeant sans doute l'intervention des diplomates insuffisante, Poulett Thomson dépêcha à Paris le correspondant à Londres du *National*, Thibaudeau, avec mission de convaincre Molé, le ministre du commerce Martin (du Nord) et ses confrères de la presse (3).

Molé, fort étranger aux affaires de douanes, ou feignant de l'être, promit d'empêcher des mesures dont, à son dire, il entendait parler pour la première fois. Mais dans les entrevues qui suivirent, il dut avouer que le mouvement protectionniste était presque invincible. Un jour même, dans l'antichambre du ministre, Granville rencontra une nombreuse délégation d'industriels

(1) A. N. F. 12, 2.525. Voir sur l'industrie de la filature du lin à cette époque, Ch. Ballot, *L'introduction du machinisme dans l'industrie française*, 283 et suiv.

(2) La lettre fut écrite si hâtivement et Palmerston connaissait si mal le sujet qu'il se trompa sur la nature des droits dont il demandait le maintien. Son collaborateur Backhouse s'en aperçut, et Palmerston, après avoir consulté le Board of Trade, refit la dépêche. F. O., *France*, 555, 11 février 1838.

(3) Granville à Palmerston, 17 février et 24 mars 1838. F. O.

qui, conduits par leurs députés, venaient réclamer une fois de plus l'augmentation du tarif (1).

Visiblement l'Angleterre tenait à obtenir satisfaction, car l'intérêt engagé était gros (2), et les industriels menacés représentaient ce que dans tous les Parlements on appelle à la tribune un *droit*, et dans les couloirs, une *force*. Louis-Philippe et ses ministre s'en rendirent compte rapidement (3). Une entrevue que le chargé d'affaires à Londres, Bourqueney, accompagné du consul général Durant de Saint-André, eut avec Poulett Thomson au commencement de mai 1838, montra que les Anglais ne voulaient pas acheter le simple maintien du tarif au prix de l'admission des eaux-de-vie françaises. Le président du Board of Trade, qui était très vif de caractère, s'était refusé avec emportement à « négocier sous la menace ». Mais il offrait de reprendre les pourparlers, rompus en 1834, pour un arrangement commercial étendu.

Après trois mois et demi de réflexion et sur une nouvelle démarche de l'ambassade d'Angleterre, Molé accepta le principe de la négociation. En décembre seulement il désigna les commissaires français: le baron de Fréville, pair de France, et les conseillers d'Etat Gréterin et David. Les commissaires anglais, Labouchère, vice-président du Board of Trade, et John Mac Gregor, nommés depuis deux mois déjà, s'embarquèrent aussitôt, et les conférences s'ouvrirent au début de janvier 1839 (4).

(1) Granville à Palmerston, 14 mai, F. O.

(2) D'après les statistiques des douanes françaises, l'importation des fils de lin anglais avait passé, entre 1828 et 1838, de 168 kilogs à 6 millions et celle des toiles de 1.009 kilogs à 550.000; les valeurs étaient pour 1837 de 10.979.000 fr. (fils) et 2.278.000 sur un total d'importations de 47 millions seulement. A. N., F 12, 2.525. Cf. Les tableaux publiés en 1908 par les *Annales du commerce extérieur* sous le titre : *Un siècle de commerce entre la France et le Royaume-Uni.*

(3) Palmerston l'avait indiqué nettement dans une lettre à Aston du 20 août 1838, en ajoutant que la majorité whig ne supporterait aucune concession politique à la France tant que cette question commerciale resterait en suspens. F. O. *Aston Papers*, 6.

(4) A. E. Négociations commerciales *Angleterre*, 153.

Mais le 22 du même mois le ministère Molé, réduit à une majorité de cinq voix, avait décidé de dissoudre la Chambre. Battu aux élections, il se retira le 8 mars et tout le sort de l'arrangement commercial fut remis en question. A cette époque, au reste, l'Entente cordiale, même au sens purement politique, n'existait plus que de nom. Encore en juillet 1838, Molé parlant à la Chambre, en avait affirmé la persistance et loué les avantages ; mais dès l'année précédente, les ministres anglais avaient cessé d'y faire allusion dans le discours du trône, rédigé pour l'ouverture du Parlement.

La rupture, rendue chaque jour plus inévitable par la rivalité maritime et coloniale et l'insuccès des négociations de commerce, n'éclatait cependant pas encore. C'est que la France, en rompant avec son alliée, craignait de demeurer isolée en Europe. Louis-Philippe cherchait depuis cinq ans, sans la trouver, une alliance de rechange. L'Angleterre, de son côté, craignait un rapprochement franco-russe. « Un grand danger pour l'Europe, écrit Palmerston en juin 1838, est la possibilité d'une combinaison entre la France et la Russie » (1). L'entente, stérile en profits matériels pour les Anglais, ne leur valait plus que l'avantage négatif d'écarter ce danger ; lui disparu, elle n'avait plus de raison d'être. Aussi fut-elle rompue en 1840, quand la crise orientale, achevant d'opposer Paris et Londres, réconcilia Londres et Saint-Pétersbourg.

(1) Palmerston à Granville, 8 juin 1838. Ashley I, 357.

CHAPITRE V

LA CRISE ORIENTALE[1]
(1838-1840)

I. L'Angleterre en Orient : les routes de l'Inde et le traité de Commerce de 1838. — II. La France et l'Egypte. Rapprochement anglo-russe. L'attaque turque. — III. La victoire égyptienne et la note collective du 27 août. Désaccord franco-anglais. La négociation commerciale et l'affaire d'Orient. — IV. Le ministère Thiers ; Guizot à Londres. Le projet de traité de commerce et l'essai de paix séparée à Constantinople. Le traité du 15 juillet 1840.

I

Dans l'histoire des rapports franco-anglais sous Louis-Philippe, la crise orientale est l'épisode le plus connu, sans doute parce qu'il est le plus dramatique. C'est peut-être le seul, en tout cas c'est le premier qui, de part et d'autre de la Manche, ait ému, avec quelque profondeur, l'opinion des deux pays. Il aura de longues et graves conséquences et fera beaucoup pour réveiller les jalousies et les rancunes d'autrefois comme

[1] Les pièces diplomatiques officielles britanniques ont été publiées dans la collection des livres bleus en 1848 (*Correspondence relating to the Affairs of the Levant*, 2 vol.), mais comme on en a retranché de nombreux passages, notamment dans les dépêches confidentielles sur les entretiens de Louis-Philippe avec Bulwer, ces documents seront cités dans ce chapitre et le suivant d'après les originaux du Foreign Office.

pour établir tout ensemble la gloire de Palmerston et l'impopularité de la dynastie d'Orléans. Conflit local à l'origine, né d'une rivalité commerciale au moins autant que politique, il devait s'élargir jusqu'à conduire les deux nations alliées au bord même d'une guerre générale. Ainsi a-t-il été, de presque tout le XIX⁰ siècle, la meilleure occasion d'observer ce qui était et demeure nécessaire aux deux pays pour conclure une entente véritable: chercher à se connaître plutôt qu'à se juger et à mettre leurs intérêts matériels plutôt en accord qu'en concurrence. Là est véritablement, plus que dans le détail des entretiens diplomatiques, le point important de cette histoire au moment où nous en sommes arrivés, comme dans toute la période qui s'étend entre les deux révolutions de 1830 et de 1848.

L'Empire ottoman était peut-être de tous les pays celui où l'accord politique de la France et de l'Angleterre avait été le plus complet en apparence dans les premiers temps qui suivirent 1830. La raison en était dans une crainte commune de l'influence et des empiètements de la Russie. Sans doute, comme on l'a vu, dès l'arrivée de Casimir-Perier au pouvoir, Louis-Philippe avait montré de la répugnance à suivre Palmerston dans ses procédés agressifs contre le tsar, notamment à propos de la Pologne. Mais la guerre engagée par le pacha d'Egypte contre le Sultan avait rendu toute son importance au danger d'une intervention militaire russe à Constantinople.

Ce fut afin de l'éviter d'abord, de la faire cesser ensuite, que Louis-Philippe donna son consentement au traité de Kutayeh, négocié entre Méhémet-Ali et Mahmoud par l'Angleterre et l'Autriche le 8 avril 1833. Cet arrangement, qui semblait avoir sauvé la Turquie, paraissait aux Anglais propre à fonder leur influence et à promouvoir leurs intérêts dans l'Empire ottoman. Ils furent détrompés quand leur ambassadeur eut connaissance, au mois d'août, du traité fameux de Unkiar-Skélessi signé le 8 juillet entre la Porte et la Russie et qui mettait Constantinople et les détroits à la presque complète discrétion du tsar.

L'Angleterre et la France, unies cette fois sans réserve, protestèrent en commun à Saint-Pétersbourg. Mais l'accord cessa dès que Nicolas ayant refusé de s'expliquer et même de répondre, Palmerston voulut entraîner plus loin le gouvernement français. Même quand au mois de septembre 1833, à Münchengrätz, la Russie et l'Autriche eurent rendu public leur accord pour protéger en commun l'intégrité de la Turquie, Palmerston ne put obtenir le concours de la France ni à la contre-déclaration qu'il proposait, ni à la démonstration navale qui conduisit l'escadre de l'amiral Rowley à l'entrée des Dardanelles, où elle resta deux mois.

Au même moment, le tsar refusait d'accueillir Stratford Canning, nommé par Palmerston à l'ambassade de Saint-Pétersbourg et rappelait de Londres le prince de Lieven, ce diplomate et sa femme ayant, au gré de Nicolas Iᵉʳ, des liens trop étroits avec les whigs et notamment avec lord Grey. Sans prendre parti dans cette querelle, Louis-Philippe se contenta d'accueillir froidement les avances que presqu'en même temps le chancelier Nesselrode faisait à l'ambassadeur français (1). Les Russes, dans leur fureur contre la politique de Palmerston, allaient jusqu'à conspirer avec ses adversaires. Pozzo di Borgo, en octobre et novembre 1833, avertissait Thomas Raikes que le retour de Wellington au pouvoir serait suivi, pour peu que l'Angleterre le voulût, d'une alliance politique et commerciale avec la Russie. On ne demanderait aux tories, en échange, que d'abandonner les Français, hostiles à tout traité de commerce et qui profitaient de l'alliance anglaise sans rien offrir en retour (2). Ces manœuvres n'avaient guère servi qu'à rapprocher Paris et Londres. Le duc de Broglie avait même, dans son projet d'alliance

______

(1) Sur toute cette politique v. Schiemann, III, 235 et suiv., 278 et suiv., 321 et suiv.

(2) Ils ajoutaient que si les whigs restaient au pouvoir, la Russie s'entendrait avec l'Autriche, la Prusse et la Hollande pour fermer le Sund et exclure le commerce anglais de tous les pays de la Baltique, au bénéfice du commerce américain (Raikes, I, 189-91.

permanente avec l'Angleterre, envisagé hardiment la « nécessité » d'une guerre en Orient contre la Russie, faite par les deux puissances en commun avec les Turcs (1). C'était, vingt ans d'avance, le dessein de la guerre de Crimée. Mais Louis-Philippe ne regardait pas si loin dans l'avenir et d'ailleurs Broglie fut, comme on l'a vu, renversé avant d'avoir engagé à fond la négociation avec l'Angleterre.

Quand au mois de décembre 1834 Robert Peel et les tories revinrent, pour quatre mois, au pouvoir, les Russes se hâtèrent de mettre l'occasion à profit pour ruiner l'entente franco-anglaise à leur avantage. Nicolas s'empressa de communiquer à Wellington le texte, non avoué par les Turcs, du traité d'Unkiar-Skelessi. Il espérait obtenir, en échange, le rappel de Ponsonby, représentant de l'Angleterre à Constantinople, russophobe déclaré, et qui poussait les Turcs à la guerre contre l'Egypte. Ne l'ayant pas obtenu, il se mit à faire de grands préparatifs maritimes, surtout après qu'en avril 1835 Melbourne et Palmerston furent revenus au pouvoir en Angleterre. Lorsque l'année suivante le nouvel ambassadeur britannique à Pétersbourg, lord Durham, s'inquiéta de savoir pourquoi le gouvernement russe faisait fortifier Cronstadt et rassemblait dans la Baltique une si grande flotte, Nicolas répondit brutalement : « C'est pour prévenir des questions pareilles » (2).

Les Anglais accueillirent avec sang-froid ces rodomontades. Melbourne, après avoir consulté secrètement Wellington sur l'éventualité d'une guerre turco-russe, pensait qu'il n'y avait pas de danger sérieux (3) et Palmerston commençait à craindre beaucoup moins la puissance russe. Durham, qui était arrivé à son poste dans l'automne de 1835, en passant par Constantinople et Sébastopol, avait observé soigneusement autour de lui et affirmait dans un long rapport daté de janvier 1836 que la Russie

(1) V. les documents publiés par Thureau-Dangin, II, 406 et suiv.
(2) 30 juin 1836, Schiemann, III, 284.
(3) Sanders, *lord Melbourne papers*, 340-42.

n'avait « ni le désir ni les moyens » de rien entreprendre d'ambitieux ou d'hostile à Constantinople pas plus qu'ailleurs (1) ».

Aussi, à partir de 1836, voit-on Palmerston, naguère si animé, voire si agressif contre le tsar, chercher avec soin les occasions de lui être agréable. Malgré une violente campagne de pamphlets anti-russes, ceux de Urquardt entre autres, et de nombreux articles des journaux, notamment du *Times*, il soutint toujours l'optimiste Durham contre les accusations d'aveuglement ou de complaisance que Ponsonby, de Constantinople, lançait volontiers contre lui. Au Parlement, il se porta garant que la Russie était aussi pacifique que l'Angleterre et que les bruits de guerre russo-anglaise étaient absurdes (2). Quand en 1837 les armateurs d'un bateau anglais, porteur de contrebande de guerre destinée aux insurgés du Caucase, réclamèrent une indemnité pour la saisie de la cargaison par les Russes, Palmerston refusa de les soutenir (3). Ainsi la diplomatie anglaise était parvenue à neutraliser à peu près le danger dont le traité d'Unkiar-Skelessi avait un moment paru l'indice. Du même coup la situation politique et commerciale des Anglais dans l'empire turc devenait meilleure, et l'on pouvait tenter de l'améliorer encore, en ménageant d'autant moins la France qu'on se rapprochait davantage de la Russie.

Les raisons de cette politique dataient de loin. Elles remontaient presque au temps de Pitt et de la guerre d'Amérique. Successeur en cela du « great commoner » et de Canning, Palmerston avait toujours en vue la route de l'Inde et il aimait mieux la laisser à l'empire turc qu'à un nouveau royaume arabe,

---

(1) Rodkey, I. 48, d'après les *Life and letters of the first Earl of Durham*, publiés par S. J. Reid, II, 36. L'agent bavarois Luxbourg exprimait déjà dès 1831 la même opinion (Guichen, *La Crise d'Orient de 1839 à 1841 et l'Europe*, 95, note 2) Palmerston, disait déjà en mars 1835, que la Russie était « great humbug (Ashley, I. 316) Durham écrit à Palmerston le 6 février 1836, que la Russie peut aisément devenir « amie et alliée » Hall, 225).

(2) Rodkey, 57, d'après Hansard, XXXIX, 1110.

(3) Schiemann, III, 291-292. Durham reçut la croix de Saint-André pour son rôle conciliant dans l'affaire.

actif et puissant, tel que Mehemet Ali souhaitait de l'établir (1).
Par route de l'Inde, au reste, il n'entendait pas seulement Suez
et la mer Rouge, mais aussi la Syrie, l'Euphrate et le Golfe
Persique. Dès 1823 il avait été question au Parlement britannique d'établir une ligne de navigation à vapeur entre l'Inde et
la Méditerranée, et le gouverneur général de l'Inde, Bentinck,
en charge de 1828 à 1835, avait fait étudier le projet avec
soin. Une commission spéciale de la Chambre des Communes
avait, en juillet 1834, conclu dans un sens favorable à la route
de Suez, qui devait être établie aux frais communs de l'Angleterre et de l'Inde (2). Quant à la route de Mésopotamie, elle
avait été signalée comme plus sûre et de meilleur rendement par
un explorateur britannique, le lieutenant-colonel Chesney, qui
l'avait parcourue en 1832. La commission parlementaire le
chargea d'une mission pour l'étudier complètement et il arriva
le 3 avril 1835 à l'embouchure de l'Oronte. Gêné d'abord par
le mauvais vouloir des Egyptiens, alors maîtres de la Syrie, puis
par des difficultés matérielles, il parvint à atteindre l'Euphrate,
lança sur le fleuve deux bateaux à vapeur qu'il avait transportés,
démontés, par la route de terre, atteignit le Golfe Persique en
juin 1836 et remonta ensuite le Tigre jusqu'à Bagdad. Le
tracé était fait de ce que les journaux anglais appelaient déjà
« la meilleure route vers l'Inde ». Lord Bentinck, revenu en
Angleterre, insistait vivement auprès de l'India Office pour
qu'une ligne régulière de vapeurs fût établie à travers la Mésopotamie (3).

A Constantinople, Ponsonby, naturellement favorable à
ces entreprises, se plaignait des obstacles que le pacha d'Egypte
opposait sans cesse au commerce britannique et dont la presse
de Londres parlait souvent avec aigreur. Dès le mois de
décembre 1835 il avait obtenu de la Porte un firman ordon-

(1) Palmerston écrit le 21 mars 1833 : « La Turquie est un aussi bon
occupant de la route de l'Inde, qu'un souverain actif de l'Arabie pourrait
l'être ». Ashley, I, 284.
(2) Rodkey, 39-40.
(3) Rodkey, 50.

nant à Mehemet Ali d'abolir le monopole commercial établi dans ses territoires, comme contraire aux engagements de la Turquie envers les puissances, c'est-à-dire envers l'Angleterre (1). Sur son intervention, le pacha dut renoncer aux entreprises de conquête de l'Arabie et de la basse Mésopotamie qu'il avait tenté d'exécuter en 1835 et 1836. D'autre part, la Chambre des Communes adopta en 1837 un projet de construction d'un chemin de fer entre Suez et la Méditerranée, qui ne fut abandonné que faute d'une contribution suffisante de la part du gouvernement indien. Le service régulier des vapeurs entre Plymouth et Alexandrie n'en fut pas moins établi. En 1839 la navigation sur la mer Rouge fut assurée à son tour, quand les Anglais eurent établi à Aden un dépôt de charbon, en représailles du pillage d'un navire échoué deux ans plus tôt sur la côte voisine (2). Progressivement, le commerce britannique s'accoutumait à prendre cette nouvelle voie. En 1838 on notait déjà à Alexandrie dix-huit entrées ou sorties régulières de navires chaque mois, et l'emploi exclusif de cette route pour les matières précieuses, bijoux, pierreries, châles de luxe, bronzes, etc. (3). Palmerston, soucieux d'être renseigné très exactement sur les possibilités commerciales en Egypte, Crète et Syrie, chargea d'une mission spéciale dans ces pays l'homme à ses yeux le plus qualifié pour en connaître, ce même John Bowring qui avait en 1834 tenté de conclure un accord économique avec la France (4). Bowring revint convaincu que la voie de Suez était destinée à devenir la plus importante entre l'Europe et l'Inde, pourvu qu'on trouvât le moyen de creuser un canal et qu'on s'assurât, de gré ou de force, la bienveillance du gouvernement égyptien. Pour son compte — et beaucoup d'Anglais libéraux partageaient cette manière de voir — il inclinait aux moyens de douceur, et, croyant possible de gagner à l'An-

(1) Rodkey. 52.
(2) Rodkey. 59-60.
(3) Rapport de Bowring, 1839, dans Rodkey, 61-62.
(4) Son rapport est dans les *Parliamentary papers*, 1840, T. XXI.
V. Rodkey, 61.

gleterre les bonnes grâces de Mehemet Ali, il lui conseilla de se déclarer indépendant de la Porte, comme Bentham l'y avait engagé déjà dix ans plus tôt (1). Mais la proposition fut mal accueillie à Londres, où l'on craignait des complications européennes.

Ponsonby, lui, était partisan de la manière forte. Il détestait Mehemet Ali et persistait à le regarder comme un sujet rebelle du Sultan de Constantinople, avec qui l'Angleterre ne devait avoir de rapports que par l'intermédiaire de son souverain. Utilisant son influence sur le grand-vizir et sur Mahmoud, il parvint à signer, le 16 août 1838, un traité général de navigation et de commerce avec la Turquie, dit traité de Balta-Liman, dont l'article 2 était significatif: « La Sublime Porte s'engage formellement à abolir tous monopoles de produits agricoles ou de tous autres articles quelconques, ainsi que toutes permissions des gouverneurs locaux, soit pour acheter un article, soit pour le transporter d'un lieu à un autre après achat; et toute tentative pour contraindre les sujets de S. M. B. à recevoir de semblables permissions des gouverneurs locaux sera considérée comme une infraction aux traités. La Sublime Porte punira immédiatement tous les vizirs et autres agents qui se seront rendus coupables de méfaits semblables (2). » L'article était évidemment dirigé contre l'Egypte, où Mehemet Ali avait établi le monopole agricole et commercial de l'Etat. Il pouvait être étendu à la Tunisie et à l'Algérie même, puisque la Turquie et l'Angleterre n'en avaient pas reconnu l'annexion par la France. Mahmoud l'avait signé avec empressement, et Palmerston ne montra pas moins de satisfaction. « Mille remerciements », écrivit-il à Bulwer, principal auxiliaire de Ponsonby dans la négociation, « surtout pour votre traité, qui, autant que je peux juger, est un chef-d'œuvre et sera ratifié avec enthousiasme. Nous ne le regretterons sûrement pas

(1) Ward et Gooch, *Cambridge history of British foreign policy.* II, 181, n° 2 ; Hasenclever, *Die Orientalische Frage*, 4 à 17
(2) Noradounghian, *Recueil d'actes internationaux de l'Empire ottoman*, II, 249. Cf. Rodkey, 67-68.

par sympathie pour l'inquiétude française qu'il ne soit mauvais pour Méhémet-Ali et ne le pousse à se déclarer indépendant pour échapper à ses obligations. » (1)

Palmerston touchait ici, et il le savait bien, le point sensible. Prendre parti ouvertement pour le Sultan contre Méhémet-Ali, c'était soulever en France contre l'Angleterre bien des passions et aussi bien des intérêts.

II

Les sympathies de la France pour Méhémet-Ali dataient de loin, presque du début de sa domination en Egypte. Il avait pris à son service un grand nombre de Français, officiers, ingénieurs, hauts fonctionnaires (2), quelques-uns ayant servi sous l'Empire, et disposés à voir dans ce « grand homme », cet « Achille », non pas seulement le « continuateur », comme dira Louis Blanc (3), mais presque le vengeur de Bonaparte. Ses victoires de 1833 furent saluées comme des victoires françaises, gagnées par des chefs français, avec des armes de fabrique française. Elles eurent en France leurs historiens, et « l'on fut égyptien comme l'on avait été philhellène » (4). La presse faisait chorus, parfois pour des raisons d'ordre très positif, et l'on prétendait à Vienne que le pacha avait su s'acquérir dans la Chambre des sympathies aussi vives qu'intéressées (5). Un député avait, en 1833, exprimé nettement, à la tribune, le vœu que Constantinople tombât aux mains de la « race arabe », plus civilisable, plus intelligente, plus active, que la « race tartare ». Quand Thiers, parlant de la ruine prochaine de l'empire turc, souhaitait la formation de « nouveaux Etats indépen-

<hr>

(1) 13 oct. 1838. Bulwer, *The life of Palmerston*, II, 285.
(2) Guichen, (3-4), en cite une trentaine.
(3) *Histoire de Dix Ans*. IV, 128.
(4) Lavisse, *Hist. de France contemporaine*, t. V (par Charléty), p. 94, où les ouvrages contemporains sur le pacha sont cités en note.
(5) Hasenclever, 13. Guizot. *Mémoires*. VI. 48 et suiv.

dants et commerçants dans la Méditerranée » (1), c'est évidemment à l'Egypte qu'il pensait.

Tant que Broglie conserva la direction de la diplomatie française, ses sympathies britanniques et son hostilité contre la Russie autant que sa naturelle méfiance envers les entrainements de l'opinion publique, le tinrent en garde contre une sympathie excessive à l'égard du pacha. A la tribune des Chambres il s'exprima toujours, en parlant de lui, avec une réserve calculée et avec beaucoup de zèle pour le maintien de l'Empire turc. Mais lorsque Thiers lui succéda, en février 1836, à la présidence du Conseil et au ministère des affaires étrangères, le ton changea rapidement, surtout après l'échec de ses tentatives de rapprochement avec l'Autriche et de ses efforts pour marier le duc d'Orléans avec la fille de l'archiduc Charles (2). Il fit pousser activement les préparatifs de l'expédition projetée contre Constantine, refusa de reconnaître la souveraineté ottomane sur la Tunisie et la Tripolitaine, et comme on annonçait une visite de la flotte ottomane à Tunis, il envoya une escadre pour y faire obstacle. Les Anglais crurent que tout cela se faisait d'accord avec Mehemet Ali, allié secret de la France. Leurs agents à Constantinople et à Alexandrie soupçonnèrent Thiers de vouloir contraindre le Sultan à rendre définitive et même héréditaire la possession de la Syrie consentie au pacha par le traité de Kutayeh. Le chargé d'affaires à Paris, Aston, crut même que la France préparait, avec la complicité des Egyptiens, une guerre offensive contre les Turcs (3).

Molé, qui prit le pouvoir en septembre 1836, fut plus prudent et plus docile aux conseils, pour ne pas dire plus, de Louis-

(1) *Arch. Parlementaires*, t. 64, p. 72 et 677.
(2) Sur cette négociation, aujourd'hui bien connue, voir Lanzac de Laborie, *Correspondences du siècle dernier* (d'après les papiers de Thiers et de Sainte-Aulaire), les *Mémoires de Sainte-Aulaire* (*Revue de Paris*, 1924-1925), et Ed. von Wertheimer, *Der Herzog von Orléans und Erzherzog Karls Tochter* (d'après les archives de Vienne), dans l'*Œsterreichische Rundschau*, mai-juin 1914.
(3) Hall, 226-228. En fait, les essais de règlement des rapports turco-égyptiens étaient dus à l'initiative de l'amiral Roussin désireux de faire

Philippe, qui avait toujours regardé comme dangereuse une politique trop active en Orient. Mais, pour le roi comme pour son ministre, il fallait compter avec les Chambres et avec la presse, très bien disposées pour ce qu'on appelait déjà « l'alliance » de l'Egypte. Les commerçants et industriels français tenaient beaucoup au maintien de relations étroites avec Méhémet-Ali. Il avait entrepris d'organiser en Egypte des manufactures d'armes et des ateliers pour filer et tisser le coton, et il faisait venir des ouvriers et des machines, un peu d'Angleterre, mais beaucoup de France (1). En 1836 déjà, on comptait à Alexandrie treize comptoirs français contre sept anglais. Pour nos fabriques, déjà en quête de débouchés, le pacha devenait un client d'importance, qu'on demandait au gouvernement de nous attacher davantage encore. L'amiral Roussin, pourtant peu suspect de sympathie personnelle pour Mehemet Ali, disait en 1839 au ministre de Prusse qu'il fallait bien le ménager, puisqu'il faisait vivre vingt-deux départements français (2). Là est sans doute, autant et plus que dans les moyens de corruption, auxquels Metternich faisait allusion quelques années plus tôt, le secret de l'enthousiasme des députés et des journalistes pour le pacha.

La signature du traité de commerce anglo-turc devait, par suite, provoquer en France une vive émotion. On espéra d'abord que Mehemet ne l'accepterait pas, et plutôt que de s'y soumettre, romprait tout lien de vassalité avec la Porte (3). Le *National* disait dès avant le traité: « La France devrait veiller sur l'Egypte et les régions voisines comme sur une succession que la Providence et les vœux de l'humanité peuvent un jour attribuer à son génie civilisateur. » (4) Mais on sut bientôt que

pièce à lord Ponsonby, son rival d'influence à Constantinople. (Dépêches de Sébastiani et de Bourqueney, A. E. *Angleterre*, 650).

(1) Rapport du consul anglais Campbell, 22 janvier 1838, dans Hall, 231. Rapports de Clot-Bey et du capitaine d'Hautpoul, dans Guichen, 5-6.

(2) Hasenclever, 13, n. 46.

(3) *Journal des Débats*, 17 sept. 1838. Rodkey, 68, n.

(4) *National* du 1er juillet 1838. Cf. la *Revue des Deux-Mondes* du 15 janvier 1838, qui signale les projets anglais sur l'isthme de Suez.

Mehemet Ali ne s'alarmait nullement de la conclusion du traité de Balta-Liman. « Les droits de douane, dit-il au consul anglais Campbell, me rapporteront plus que les monopoles. » (1) En outre, la réforme obtenue par Ponsonby portait un préjudice sérieux au Trésor ottoman, et les ministres turcs, conseillés par l'Autriche et la Russie, songeaient à ne pas l'appliquer (2). Molé se contenta donc d'assurer à la France les mêmes avantages que la convention de Balta-Liman valait à l'Angleterre, et que Mahmoud ne put en effet lui refuser. Le traité franco-turc fut conclu le 26 novembre 1838 (3).

Les Russes, qui suivaient de près toutes ces négociations, voyaient venir le conflit anglo-français sur la question d'Egypte. En février 1839, Nicolas I⁰ʳ dit à l'ambassadeur français Barante : « L'Egypte ? Les Anglais la veulent. Ils en ont besoin pour la nouvelle communication qu'ils cherchent à ouvrir avec les Indes ; ils s'établissent dans le Golfe Persique et la mer Rouge. Vous vous brouillerez avec eux pour l'Egypte. » Et Barante, plus clairvoyant encore, écrivait à Paris que le gouvernement russe tirerait profit de la querelle pour isoler la France, « la placer plus ou moins hors du cercle où pourraient se traiter les communs intérêts de l'Europe. » (4) Là-dessus Palmerston était déjà d'accord avec la Russie. « Mon opinion est faite, disait-il, et l'a été depuis longtemps : nous devons soutenir le Sultan cordialement et vigoureusement ; avec la France, si la France veut agir avec nous ; sans elle, si elle refuse. » (5) Sa seule crainte était d'un arrangement direct entre Paris et Saint-Pétersbourg. Pour l'éviter, il aurait voulu faire une convention à trois, avec la France et la Turquie ; on aurait garanti à celle-ci son territoire et l'appui des deux flottes ; le texte aurait été combiné de manière à parer à la fois au danger russe et au

(1) Hall, 234.
(2) Guichen, 10.
(3) Noradoughian, II, 256.
(4) Thureau-Dangin, IV, 10-11. La dépêche de Barante, du 13 février 1839, est au complet dans ses *Souvenirs*, IV, 184.
(5) A Granville, 5 juin 1838, Ashley, I, 351.

danger égyptien (1). Ensuite, on partirait de là pour faire un traité général, où toutes les grandes puissances seraient parties et qui réaliserait enfin l'objectif constant de l'Angleterre depuis 1833 : « noyer » le traité d'Unkiar-Skelessi (2), suivant le conseil donné naguère à Melbourne par Wellington.

Cette diplomatie était adroite et en somme irréprochable. Elle visait à garantir les intérêts britanniques et à éviter la guerre. A condition de n'être pas dupe et de sauvegarder ses propres avantages et son influence en Orient, la France pouvait s'y associer de bonne volonté, comme elle le fit, un peu par contrainte, trois ans plus tard. Mais Louis-Philippe et son ministre craignaient de paraître menés par l'Angleterre, comme l'opposition leur reprochait déjà de l'être. En outre, ils croyaient la Russie trop ambitieuse pour se résigner à un tel arrangement et le pacha d'Egypte trop puissant pour s'y soumettre (3).

Nicolas I⁰ʳ venait justement, depuis quelques mois, de reprendre avec activité sa politique de pénétration en Asie centrale. Son agent à Téhéran poussait le chah de Perse à conquérir l'Afghanistan, sur lequel le rajah de Pendjab, allié des Anglais et soutenu par les forces indiennes, avait des vues. Le conflit qui devait se reproduire si souvent entre les influences rivales commençait de naître. En Europe aussi, l'Angleterre et la Russie étaient en rivalité, notamment dans les principautés et en Serbie (4). Le tsar, revenu un moment à ses préventions contre les whigs et à ses ambitions de conquête, recommençait à faire des discours belliqueux et à passer des revues. Mais son chancelier Nesselrode, conciliant de nature et même un peu timoré, ne croyait pas la Russie assez forte pour courir de pareilles aventures. Il répondit aux protestations anglaises en désavouant son ministre en Perse; il rappela l'agent secret russe expédié naguère

---

(1) « *The wording might be so framed as to include the case either of Russia or of Mehemet-Ali* ». A Granville, 8 juin 1838. Ashley, I. 353.

(2) « *To merge it in some more general compact* ». Palmerston à Ponsonby, 13 sept. 1838. Ashley, I, 354.

(3) Molé à Louis-Philippe, 15 juillet 1838. *Revue rétrospective*, 100.

(4) Schiemann, III, 294-300. Hall, 235-7.

à Kaboul et qui, désespéré, se suicida peu de temps après. Au printemps de 1839 le tsarevitch Alexandre vint à Londres et y reçut un accueil empressé, auquel l'empereur son père se montra tout à fait sensible. Quand un peu plus tard Nicolas décida d'organiser, en commémoration de la campagne de 1812, de grandes manœuvres autour de Borodino, le nouvel ambassadeur anglais, lord Clanricarde, connu comme très russophile, y fut invité spécialement, seul de tous les diplomates étrangers (1). Le rapprochement anglo-russe était un fait acquis.

Rassuré sur l'attitude de la Russie et n'ayant plus à craindre un conflit que le commerce anglais regardait avec une certaine inquiétude, Palmerston comptait aussi que l'Autriche, où régnait depuis 1835 le timide et pacifique Ferdinand Ier, et qui venait de se lier à l'Angleterre par un traité de commerce (2), conseillerait la prudence au tsar. Il jugeait donc que le temps serait bientôt venu d'agir en Orient. Ponsonby estimait qu'on le pouvait sans retard et sans risque. La Turquie avait réorganisé ses forces militaires avec l'aide d'une mission prussienne, où figurait le futur maréchal de Moltke. Depuis 1836 voyageait en Anatolie, aux frais du Trésor britannique, un officier général d'origine polonaise, Chrzanowski, chargé de renseigner secrètement le Foreign Office sur l'armée turque; tous ses rapports étaient favorables (3). Sans doute, en cas de conflit, l'Angleterre, occupée alors à réprimer l'insurrection du Canada, n'aurait pu envoyer un corps expéditionnaire dans le Levant, mais Ponsonby prétendait qu'il n'en serait pas besoin et que les flottes unies de l'Angleterre et du Sultan forceraient le pacha d'Egypte à se soumettre. Il ne se souciait guère de la France, et la Grèce, à la merci des banques anglaises, ne bougerait pas.

Palmerston ne différait de vues avec Ponsonby que sur le moment de l'action. Dès 1834 il avait dit: « Notre politique en Orient est de rester tranquilles, mais de rester prêts. Le temps

(1) Schiemann, III, 377.
(2) Du 3 juillet 1838.
(3) Hall, 229-30.

peut permettre aux Turcs de réorganiser leurs ressources, et le chapitre des accidents est fertile en éventualités. (1) » Le moment était-il venu de laisser se produire ou de provoquer l' « accident »? Pas encore, pensait Palmerston. Il avait refusé de consentir à l'alliance offensive que Réchid Pacha vint lui offrir à Londres en septembre 1838 (2). Quand Metternich, puis Nesselrode, puis Molé l'invitèrent à donner aux Turcs des conseils de modération, il montra de l'empressement à les satisfaire. Cependant, il laissait Mahmoud continuer ses armements et acheter à Londres des cargaisons de poudre (3). Et lorsque Soult, qui remplaça Molé au ministère le 12 mai 1839, lui demanda, comme avait fait son prédécesseur, d'assurer à Mehemet Ali, dans l'intérêt de la paix, une situation moins précaire en Syrie et en Egypte, il évita de répondre avec précision.

C'est Ponsonby qui précipita les choses. Il n'y a aucun doute que l'attaque des Turcs contre les Egyptiens, qui eut lieu sur la frontière de l'Euphrate au milieu de juin 1839, n'ait été d'avance connue et encouragée par lui. Le jour où il en reçut la nouvelle des ministres turcs, il ne put se tenir de leur souhaiter bonne chance, et quand, un peu plus tard, Bourqueney se plaignit à Palmerston de son attitude, le ministre ne défendit guère Ponsonby que du bout des lèvres (4). Il pouvait nier avoir provoqué la guerre. Il était résolu à en tirer tous les avantages possibles pour son pays.

III

Dès les premières nouvelles de l'offensive turque, Louis-Philippe, qui avait toujours vu dans la guerre d'Orient « un épou-

<hr>

(1) A Temple, 21 avril 1834. Bulwer, II, 183.
(2) Rodkey, 77.
(3) Rodkey, 75-79.
(4) Livre Bleu, *Levant*, 1, 29. Guizot, *Mémoires*, IV, 505, Bourqueney à Soult, 9 juillet 1839.

vantable gouffre » (1), s'était empressé d'intervenir pour rétablir la paix. Il croyait avoir pour cela assez d'autorité auprès de Mehemet Ali. Soult en parla à lord Granville. Par son ordre, le capitaine Caillier, envoyé au quartier général d'Ibrahim, passa par Alexandrie et emporta une lettre du pacha pour son fils, portant ordre de ne pas sortir du territoire égyptien. Mehemet Ali savait probablement que la lettre arriverait trop tard. Quand Caillier la remit à Ibrahim, l'armée ottomane avait depuis trois jours subi à Nezib une écrasante défaite. Le 30 juin 1839 le sultan Mahmoud était mort du *delirium tremens* sans avoir connu son malheur. Ibrahim, à la vérité, consentit à ne pas poursuivre sa marche en avant. Mais un autre succès rendit la victoire des Egyptiens complète: le 4 juillet la flotte turque, escortée par un navire anglais qui croyait la conduire au triomphe, partait pour Alexandrie où son chef allait la livrer à Mehemet Ali. Les marins français, qui étaient dans la confidence, n'avaient pas pu ou pas voulu l'empêcher de passer (2). A Constantinople, le nouveau sultan Abd ul Medjid offrait déjà la paix aux Egyptiens.

A la première nouvelle de Nézib, Palmerston se trouva d'accord avec Metternich et même avec Nesselrode pour arrêter la marche d'Ibrahim et empêcher le Sultan de faire une paix prématurée. Soult, impressionné par l'attitude de l'Autriche et craignant une intervention russe, consentit à conseiller de nouveau la modération à Alexandrie comme à Constantinople. Palmerston s'en réjouissait. « Soult est un bijou », disait-il. Quand Metternich offrit de mettre le sultan sous la protection de l'Europe et de l'inviter à ne pas faire de traité direct, la France ne fit pas d'objection. L'amiral Roussin, sans instructions de Paris et encouragé par une lettre de l'ambassadeur

(1) A Thiers, 24 juin 1836 (B. N., papiers Thiers).
(2) Sur cette affaire, où le rôle de l'amiral Lalande et du prince de Joinville ont été très discutés, v. l'article de Stern, *Revue historique*, CVII, 325; Hall, 244-45; Thureau-Dangin, IV, 53-56, et Guichen, 98-99.

à Vienne, Sainte-Aulaire, signa donc la fameuse note collective du 27 juillet 1840. Les représentants de l'Angleterre, de la Russie, de la France, de l'Autriche et de la Prusse, informant « la Sublime Porte que l'accord des cinq grandes puissances sur la question d'Orient était assuré », l'engageaient « à s'abstenir de toute détermination définitive sans leur concours et à attendre l'effet de l'intérêt qu'elles lui portaient ». C'était une promesse formelle de la part de la France, de soutenir la Turquie contre l'Egypte.

Le premier mouvement de Ponsonby à Constantinople et de Palmerston à Londres fut une joyeuse surprise. A Paris, on approuva aussi l'initiative que Roussin avait prise. Soult ni Louis-Philippe ne croyaient que la Russie resterait longtemps d'accord avec les autres puissances. Mais se séparer d'elles et faire la guerre était impossible au tsar, qui n'en avait pas les moyens. Il ne pouvait donc que rester isolé ou demeurer associé aux autres. Dans l'un et l'autre cas son influence en Orient était perdue; le traité d'Unkiar-Skelessi, qui expirait en 1841, ne serait pas renouvelé, et l'empereur Nicolas, l'adversaire constant de Louis-Philippe, éprouverait une défaite diplomatique.

Mais l'opinion française supporterait-elle que le prix de ce succès, remporté sur la « Sainte Alliance », fût payé par Mehemet Ali, l' « allié » de la France? Déjà au mois de mai, quand le ministère avait, par précaution, demandé 10 millions aux Chambres pour faire des armements maritimes, presque tous les orateurs avaient parlé en faveur du pacha. Guizot voulait faire de l'Egypte « un Etat indépendant, comme la Grèce »; Lamartine partageait déjà l'empire turc. Tout le monde conseillait aux ministres, silencieux à leur banc, une politique de prestige (1). Quand on sut les victoires de Mehemet Ali et la livraison de la flotte turque, ce fut bien autre chose. On réclamait de toutes parts des actes, une politique hardie, un changement à « l'état de subalternité et d'abaissement » où le gou-

_____

(1) V. le résumé de la discussion dans Thureau-Dangin, IV, 49 et suiv.

vernement avait mis la France. Les amis de Thiers le pressaient de prendre le pouvoir et de relever le prestige national. Lui-même ne voulait rien brusquer, mais attendait son heure, et se plaignait de l'inertie du roi: « Il a pour principe qu'il ne faut rien faire. » On racontait que l'un des ministres, Passy, avait conseillé une nouvelle expédition d'Ancône: « On embarquerait une petite armée pour aller prendre Saint-Jean-d'Acre, Smyrne et Tenedos. » Louis-Philippe prit cela en plaisantant (1). Les philhellènes s'agitaient. Des notables crétois réclamaient l'union à la grande patrie hellénique, de leur île, asservie aux Egyptiens, et que l'Angleterre voulait rendre aux Turcs. Soult lui-même avait demandé au ministre du roi Othon, Colettis, si la France ne pouvait recruter en Grèce des marins pour son service (2). Tout le monde, au gouvernement, dans les Chambres, dans la presse, croyait à la puissance de Mehemet Ali; on affirmait qu'il dépendait de lui seul de prendre Constantinople et de mettre le feu à l'Orient. On pressait le ministère anglais d'ouvrir les yeux, de prévenir une catastrophe en fixant enfin la destinée du pacha, de lui consentir l'hérédité de l'Egypte, l'occupation prolongée de la Syrie. « La guerre est inévitable, disait Louis-Philippe, si l'on fait au vice-roi des conditions trop dures. » (3) Et sur l'issue de cette guerre, on n'avait pas le moindre doute. C'est apparemment pour gagner à ses vues la jeune reine d'Angleterre que le roi des Français projeta, en août 1839, d'aller lui rendre, à Brighton, une visite de quarante-huit heures. Le roi des Belges fut chargé d'annoncer sa venue pour le début de septembre; mais Victoria, sur le conseil de lord Melbourne, déclina l'offre, non sans embarras (4).

De fait, le dissentiment s'accentuait, entre Paris et Londres,

(1) Soult à Louis-Philippe, 3 août 1839 (Thureau-Dangin, IV, 62); Thiers à Victor Cousin, 11 août (D. Halévy, *Le Courrier de M. Thiers*, 120).

(2) Driault, II, 200.

(3) Thureau-Dangin, IV, 70, d'après les *Mémoires* de Sainte-Aulaire.

(4) *Letters of Queen Victoria*, I, 181-183. Louis-Philippe avait du reste abandonné le projet avant de connaître le refus.

sur les affaires d'Orient. Palmerston ne regardait nullement Mehemet Ali comme invincible. Son informateur militaire en Turquie, Chrzanowski, assurait que l'armée turque était encore bonne, qu'elle avait perdu la bataille de Nézib uniquement par l'incapacité de son chef, sourd aux conseils de la mission prussienne, et qu'avec un autre général que Hafiz Pacha une revanche était très possible. Quant à la flotte du sultan, l'Angleterre en exigeait la restitution. Palmerston ne voulait pas tolérer que Mehemet Ali tirât profit de la trahison du capitan-pacha. Il envoya l'amiral Stopford croiser devant Alexandrie et demanda que l'escadre de Lalande en fît autant, ce qui fut consenti en apparence par Louis-Philippe, mais non suivi d'effet. Ponsonby poussait aux mesures décisives, et Palmerston ne demandait pas mieux.

A ce moment, les Russes, aperçurent nettement la fissure dans l'alliance franco-anglaise, et en tirèrent avantage aussitôt. « Nous profitons, disait Nesselrode à notre ambassadeur, du moment où lord Palmerston est aimable pour nous. » (1) Le 15 septembre 1839 arrivait à Londres un agent russe, le baron de Brünnow, chargé spécialement de négocier l'accord avec l'Angleterre sur l'Orient, autant que possible sans la France (2). La base de l'arrangement était celle-ci: l'Angleterre réduirait Mehemet Ali à composition et l'exclurait de la Syrie; la Russie veillerait sur les Dardanelles et le Bosphore, au nom des puissances, et interviendrait au besoin en Asie Mineure contre les Egyptiens.

Soult, mis au courant des offres de Brünnow (Palmerston lui cacha que les Russes voulaient isoler la France), refusa d'y accéder. La flotte française, disait-il, ne pouvait concourir à

<hr>

(1) Baraute à Soult, 28 août 1839 (Baraute, VI, 311). V. sur tous ces pourparlers, Rodkey, 110 et suiv.

(2) Voir les instructions et les rapports de Brünnow dans Gorjaïnof, *Le Bosphore et les Dardanelles*, 62 et suiv. Brünnow était un Allemand de Courlande, employé depuis 1835 au conseil des Affaires étrangères de Saint-Pétersbourg, où cinq de ses collègues sur six étaient aussi d'origine germanique. (Schiemann, III, 368.)

l' « exécution » de notre « allié » Mehemet Ali; l'opinion ne supporterait pas davantage qu'on réinstallât l'influence russe à Constantinople, même en échange d'un renoncement formel du tsar au traité d'Unkiar-Skelessi. Ainsi on était au point mort. Dès le début d'octobre 1839, Palmerston pensait à conclure un accord à quatre, sans la France, dans le sens des offres de Brünnow. Il l'aurait signé tout de suite s'il n'avait dépendu que de lui. Il en fit la proposition à ses collègues, le 1er octobre 1839, à Windsor. Mais la majorité se prononça contre lui. On ne voulait pas rompre avec la France. Pour quels motifs? La sympathie des whigs envers la seule monarchie libérale du continent y était pour quelque chose. Plus encore la haine de la Russie autocratique, si tenace chez les radicaux anglais. Mais surtout il y avait dans le ministère un groupe nombreux qui cherchait depuis longtemps, fût-ce au prix de concessions politiques, à faire avec la France un accord commercial. Nous avons trouvé déjà trace de ces efforts en 1838. Ils s'étaient, comme on sait, renouvelés en 1839 et jamais ils n'avaient paru plus près de réussir.

La chute du ministère Molé, après les élections de février 1839, avait rompu les pourparlers commerciaux engagés avec l'Angleterre. Le ministère Soult, formé en mars, ne les avait pas repris tout d'abord. Mais l'agitation organisée par les filateurs français pour obtenir une nouvelle protection douanière n'avait pas cessé, et la nouvelle Chambre fut saisie, au mois de juin, d'un grand nombre de pétitions en ce sens. Le ministre du Commerce Cunin-Gridaine, désireux d'échapper à un débat gênant, fit alors une démarche auprès de son collègue des affaires étrangères pour provoquer la reprise des négociations commencées au début de l'année. Son but n'était pas de céder aux réclamations des filateurs, mais d'entamer une révision générale du tarif, avantageuse aux deux pays. « Ce qui serait très convenable, écrit-il, serait de régler le tarif en ne prenant conseil que de ce qui serait juste et utile et sans tenir compte des prétentions des industriels français, qui voudraient des droits prohibitifs ou fortement protecteurs, et d'avouer hautement qu'on ne veut point arrêter le commerce d'échange, parce que l'Angleterre a, de son côté, ouvert de nouvelles voies à l'exportation de nos soieries et de nos produits agricoles. » (1) Soult offrit donc aux Anglais la reprise des pourparlers, en promettant de résister aux exigences des filateurs; mais il demandait, comme Molé naguère, une « compensation légitime » (2), c'est-à-dire des concessions sur le tarif britannique. C'était, une fois de plus, le raisonnement du loup à la cigogne. Les Anglais l'accueillirent fort mal. Le président du *Board of Trade*, Poulett Thomson, aux premiers mots de notre chargé d'affaires Bourqueney, déclara qu'avec une pareille façon de faire on allait rejeter l'Angleterre dans le système des représailles. « Si je propose votre système à la Chambre des Communes, elle se soulèvera tout entière », dit-il. Et Bourqueney ajoute : « Nous nous sommes quittés un peu aigris et nullement convaincus. » (3) Pendant quelques jours on bouda de part et d'autre. Cunin-Gridaine tenait les menaces du *Board of Trade* pour « ridicules ». Il n'y a qu'à attendre, disait-il; « les Anglais verront d'eux-mêmes que nous voulons seulement sauver notre industrie et non pas diminuer d'un kilogramme leurs importations. » Il allait jusqu'à regretter les démarches « répétées, presque obséquieuses », que la France avait faites à Londres.

Ce fut, en effet, l'Angleterre qui revint à la charge. Quand Palmerston eût essayé en vain d'amener ses collègues à abandonner la France dans le règlement des affaires d'Orient, il sentit le besoin, soit de gagner la sympathie des ministres libre-

---

(1) Cunin-Gridaine à Soult, juin 1839. A. E. *Négoc. commerciales*, *Angleterre*, 153. Louis-Philippe disait l'année suivante à Granville qu'il devait ménager les intérêts des cultivateurs et commerçants du midi de la France, « les moins attachés au gouvernement actuel ». (Granville à Palmerston, 9 mars 1840, F. O.)

(2) Soult à Bourqueney, 27 juin 1839. A. N., F 12, 2491. Le 29, à la Chambre, Cunin-Gridaine refusa de consentir au relèvement du tarif, avant la reprise des conférences franco-anglaises. (*Moniteur* du 30 juin.)

(3) Bourqueney à Soult, 24 juillet 1839. A. E. *Négoc. commerciales Angleterre*, 153. Palmerston à Bourqueney, 9 août. *Ibid.*

échangistes en faisant réussir l'arrangement commercial, soit de trouver, dans l'intransigeance supposée des Français, un argument nouveau pour ne pas les ménager. Le 22 octobre, Granville remettait à Soult une note très conciliante en vue de reprendre les pourparlers. Cunin-Gridaine s'y prêta de bonne grâce. Il se réserva seulement le droit de rendre aux Chambres la liberté de relever les tarifs dès la réouverture de la session (1). Bulwer, chargé d'affaires à Paris, fut désigné comme commissaire anglais, avec deux collègues, Mac Gregor et George Richardson Porter, chef du service de statistique du *Board of Trade* (2). Ils se mirent, au milieu de décembre, en rapports avec les commissaires français, le baron de Fréville, pair de France, Gréterin, directeur des douanes au ministère des finances, et Magnier de Maisonneuve, directeur du commerce extérieur au ministère du commerce. Le département des affaires étrangères n'était pas représenté.

Il serait sans intérêt de suivre dans le détail ces pourparlers sur le tarif des douanes, qui durèrent plusieurs mois et ne devaient pas aboutir. Il est, par contre, curieux de remarquer que la négociation commerciale, demeurée inconnue du public, en France comme en Angleterre, et sans lien apparent avec la conversation politique, a cependant suivi les mêmes alternatives et très vraisemblablement influé sur le résultat. On comprend aisément que les partisans du maintien de l'Entente cordiale, en Angleterre comme en France, aient songé à faciliter, par un accord d'intérêts, la solution du différend oriental. On s'explique aussi que les mêmes intérêts opposés à la conclusion du traité de commerce aient travaillé, surtout en France, à susciter, dans le domaine politique, un conflit avec l'Angleterre. On est

(1) Rapport de Maisonneuve, mars 1841, A. E. *Négoc. commerciales Angleterre*, 153. Note de Granville, 22 oct. 1839; réponse de Cunin-Gridaine, 30 octobre. *Ibid.*

(2) Porter (1792-1850) était un ancien fabricant de sucre. Il était connu pour ses nombreux ouvrages favorables au libre échange et devait plus tard traduire en anglais les *Sophismes économiques* de Bastiat. Il avait épousé la sœur de David Ricardo. (*Engl. national Biography.*)

même amené à se demander si le zèle apporté un peu plus tard, sous le ministère Thiers, à résoudre sans l'Angleterre, par accord direct turco-égyptien, le problème oriental, n'était pas soutenu par des motifs du même genre, et si l'industrie française n'a pas jugé que laisser entamer le protectionisme, c'était payer trop cher le maintien de l'accord européen (1).

Pendant plus de six mois, de décembre 1839 à juillet 1840, l'affaire orientale parut traîner. Dans le ministère Soult, la conduite des affaires étrangères échappait en réalité au titulaire du portefeuille. Le maréchal avouait son incompétence dans les questions méditerranéennes. Il les abandonnait au directeur des affaires politiques Desages, qui avait fait un long séjour à Constantinople et avait sur son esprit une grande influence. Mais Desages, fonctionnaire sans autorité effective et du reste de caractère assez timoré, était en outre dominé par la personnalité du roi, qui avait mis, en fait, la main sur les affaires étrangères. Louis-Philippe était résolu — et le demeura toujours — à éviter un conflit. Mais il ne voulait pas être engagé dans une politique ouvertement hostile à Mehemet Ali. C'était son seul principe, mais il s'y tenait obstinément. Il le dit, à plusieurs reprises, à l'ambassadeur d'Angleterre, Granville, et surtout Bulwer, qui le remplaça comme chargé d'affaires pendant une bonne partie de l'année 1840, connaissaient parfaitement cette situation et en avaient informé Palmerston. Bulwer signalait, en particulier, la présence dans le cabinet de plusieurs « partisans énergiques » de Mehemet Ali, soutenus par un grand nombre de journaux favorables au pacha, « les uns par vanité nationale et souvenirs traditionnels, les autres à cause d'obligations plus solides et personnelles ».

Dès le mois d'août 1839, Palmerston était averti que la poli-

____

(1) Il n'y a guère de doute non plus que les spéculateurs n'aient utilisé, pour leurs opérations sur le marché commercial, les incidents de la négociation douanière, comme ils firent sur le marché des valeurs au moment de la crise politique. Cela pourrait même peut-être expliquer certains à-coups brusques dans les pourparlers commerciaux.

que française serait toute « d'irrésolution sous le masque de la prudence » et que les protestations amicales du maréchal Soult étaient sans valeur pratique (1). Cependant, par égard pour l'opposition de ses collègues, il chercha, d'accord avec l'Autriche et la Russie, une formule d'accord oriental que la France pourrait accepter. Peut-être (quoique sa correspondance ne l'indique pas) espérait-il faciliter ainsi l'accord commercial. Il avait demandé aux Russes d'offrir à Méhémet Ali quelque chose de plus que la souveraineté héréditaire de l'Egypte et d'accepter pour eux-mêmes le concours des flottes alliées, si la leur entrait dans la mer de Marmara. A la fin de décembre 1839, Brünnow, qui était parti soumettre ces propositions à Nicolas, revint avec une réponse favorable. Le 5 janvier, Palmerston disait à Sébastiani : « Nous espérons sincèrement que la coopération française ne nous sera pas refusée. » (2) Mais la réponse tarda longtemps, et les conditions en furent changées quand, le 28 février 1840, le ministère français fut renversé sur une question de politique intérieure, tandis qu'à Londres un nouvel ambassadeur, Guizot, venait prendre la place de Sébastiani.

IV

Thiers ne s'était jamais posé en adversaire de l'entente cordiale. Tout récemment encore, dans un article des *Débats* (3), il avait reconnu qu'entre la France et l'Angleterre il y avait eu « des malentendus des deux côtés ». A la Chambre, le 13 jan-

(1) Bulwer à Palmerston, 30 août 1839. F. O. (passage supprimé dans la *Levant Correspondence*).
(2) Sébastiani à Soult, 5 janvier 1840. A. E. Il y avait en Angleterre des ennemis déclarés de l'entente avec la France. Clanricarde, ancien ambassadeur en Russie, fit part à son successeur Bloomfield de propos désagréables pour la Russie, tenus par Soult. « Montrez la lettre à Nesselrode, écrit-il, cela rendra l'Empereur furieux et mettra les Français et lui à part, et dans nos mains » (17 décembre 1839. F. O., *Bloomfield papers*, 29).
(3) Numéro du 14 janvier 1840.

vier, il parlait avec éloquence de « cette belle et noble alliance anglaise », préférable, pour la dignité de la France, à « telle autre qu'on nous conseille ». L'expérience de 1836 l'avait sans doute guéri de ses tendresses pour Metternich. Il avait passionnément désiré revenir au pouvoir. Le souvenir des circonstances où, quatre ans auparavant, Louis-Philippe l'avait congédié, ne l'avait pas quitté depuis. Revenu au pouvoir peut-être un peu plus tôt qu'il ne s'y attendait, il y rentrait avec la volonté de gouverner. « Le moment venu, écrivait-il en août 1839, j'aurai confiance dans mes forces. Je croirai le moment venu, quand je recevrai des évènements assez d'autorité pour agir librement. » (1) Agir, c'était, à son avis, « montrer un peu plus de caractère et d'esprit dans le pouvoir », « relever un peu la politique du pays ». A la Chambre, dans la presse, et, nous l'avons vu, dans le cabinet Soult même, on trouvait la France « obséquieuse » envers les Anglais. Thiers était bien résolu à ne pas encourir ce reproche.

Guizot voyait autrement les choses. (2) Il arrivait avec des idées toutes faites sur l'Angleterre, qu'il n'avait jamais visitée, mais dont il connaissait bien l'histoire, au moins l'histoire politique. Il se croyait assuré d'un bon accueil : « J'étais populaire à Londres », écrit-il dans ses mémoires. (3) A la vérité, son prédécesseur avait emporté beaucoup de regrets et on ne le lui laissa pas ignorer. Pas très bien informé sur la société anglaise, il comptait prendre pour guide la princesse de Liéven, à qui l'unissait (au moins) une amitié très vive et qui le rejoignit en Angleterre vers le milieu de juin 1840. A Londres, il se lia très vite avec le parti francophile, surtout avec lord Holland et les Ellice, pas très influents dans le gouvernement, au moins

---

(1) D. Halévy, *Le Courrier de M. Thiers*, 121. Raikes (*Journal*, II, 204), rapporte qu'on fit, à l'arrivée de Thiers au pouvoir, ce mauvais calembour : « le roi a voulu un tiers d'aune (Thiers-Dosne) et il a trouvé un mètre ».

(2) Sur les conditions de sa nomination, peu désirée par Louis-Philippe, v. ses *Mémoires*, IV, 373.

(3) *Mémoires*, V, 85.

pas autant qu'il le croyait, et qui le trompèrent souvent de bonne
foi. (1) Clairvoyant, du reste, et bon observateur, il se rendit
compte, assez vite, de ce qui avait déjà frappé le duc de Broglie : l'Angleterre avait changé depuis la Réforme, de nouveaux
intérêts, de nouvelles passions, les intérêts et les passions d'une
autre classe dirigeaient maintenant la politique britannique. Il
vit bien, nettement, l'influence des milieux religieux, du mora-
lisme puritain, l'importance attachée, par exemple, à la propagande antiesclavagiste. Dès la première entrevue avec Palmerston, il comprit que le sort de l'entente cordiale était lié au sort
des négociations commerciales, au succès des affaires de banque
et de chemins de fer. Il l'écrivit à Thiers, peut-être sans assez
d'insistance. (2) Mais, eût-il parlé plus fort, le nouveau président du Conseil n'était guère disposé à l'entendre.

Thiers avait trouvé l'affaire d'Orient « mal engagée et difficile ». Il n'avait pas, sur la puissance de Méhémet-Ali, les illusions si répandues alors, et auxquelles Guizot lui-même n'échappait pas. Du moins, s'il les avait, il ne les garda pas longtemps,
après avoir pris connaissance des dépêches d'Orient. L'amiral
Roussin, sur ce chapitre, ne s'était jamais trompé. Le Consul
général à Alexandrie, Cochelet, voyait aussi assez clair. Thiers
ne pouvait rien opposer à leur témoignage. Il crut impossible ou
dangereux d'en tenir compte dans ses relations avec l'Angleterre.
Toute son argumentation contre Palmerston portait là-dessus. La
France, répétait-il, ne pouvait se rallier, pour le différend oriental, à une solution que le pacha n'accepterait pas, parce qu'il
faudrait la lui imposer par la force, et qu'on ne le pourrait
sans une longue guerre dont lui, Thiers, ne voulait pas. « Je
suis, disait-il, pour les moyens maritimes ». Il y tenait d'autant
plus qu'il les croyait insuffisants pour faire céder Méhémet-Ali.
Si l'Angleterre passait outre, il lui faudrait, n'ayant pas elle-

<hr>

(1) Sur ces relations, v. E. Daudet, *Une vie d'ambassadrice au siècle
dernier*, 275 et suiv.

(2) V. lettre du 2 mars 1840 à Thiers (B. N., *papiers Thiers*) et *Mémoires*, V, 31.

même de moyens militaires efficaces, recourir aux troupes russes. Cela, Thiers était persuadé que l'opinion britannique ne le permettrait pas, si même Palmerston osait en courir le risque.

Sa combinaison préférée était de procurer, par négociation directe entre Alexandrie et Constantinople, un traité séparé turco-égyptien. Cette solution rendrait inutile toute autre intervention ; elle réduirait à néant le protectorat russe sur la Turquie, elle tournerait tout entière à l'avantage du gouvernement français en Egypte et en Turquie. Dès le mois de janvier 1840, parlant à la Chambre des députés, en réponse aux discours anglophobes des ducs de Noailles et de Valmy, de Mauguin, même de Lamartine, il avait montré sa préférence : « Je demande, disait-il, si les difficultés qui existaient entre le Sultan et le Vice-Roi étaient comparables à celles qui divisent aujourd'hui les puissances, et s'il n'y aurait pas eu un bénéfice à laisser aller la question toute seule, au lieu de lui substituer une question européenne que je ne sais comment on pourra arranger. » Et pour répondre à l'objection, facile à prévoir, que l'Angleterre s'opposait à cette politique, Thiers, alors dans l'opposition, ajoutait : « Je ne crois pas qu'il soit si difficile de s'entendre avec elle, nos différends ne peuvent jamais être que le résultat d'un malentendu. » (1)

Ce programme, Thiers le suivit avec persévérance. Il n'y mit pas, malheureusement, la sincérité et la franchise qui auraient sans doute, mieux que tout autre procédé, déjoué les intentions de Palmerston et de Ponsonby, et conservé à la France les très vives sympathies dont elle jouissait en Angleterre. Il eut le tort aussi de ne pas mettre l'ambassadeur de France à Londres dans la confidence entière de ses intentions.

Sa politique fut de montrer à l'Angleterre, sur des points secondaires à ses yeux, une bonne volonté incontestable, de lui faire des concessions, au moins provisoires, touchant à ses intérêts, d'en obtenir d'elle propres à réveiller en France ce qu'il

____

(1) Guichen, 242. Cf. Thureau-Dangin, IV, 90.

avait appelé, dans son discours du 13 janvier « l'enthousiasme de 1830 », et d'ajourner, autant qu'il faudrait, la solution du différend oriental par l'Europe, en travaillant à le résoudre lui-même, par un compromis turco-égyptien. Ce dernier résultat obtenu, il comptait le faire accepter en Angleterre, à la faveur de ses récentes complaisances, et en France comme un succès national et patriotique.

Sa première avance aux Anglais fut le règlement de ce que l'on a appelé « l'affaire des soufres ». Le roi Ferdinand des Deux-Siciles avait établi dans ses Etats le monopole de l'exploitation des mines de soufre. Il en avait concédé l'exercice à une compagnie marseillaise. Les Anglais, qui avaient un commerce assez important avec les mines de Sicile, continuèrent à l'exercer en contrebande, et leurs bateaux furent saisis. Les armateurs se plaignirent au ministre britannique, sir William Temple, frère de Palmerston. En mars 1840, le roi Ferdinand fut invité par le gouvernement anglais, d'une manière impérative, à supprimer le monopole et à faire payer des indemnités aux armateurs. Sur son refus, sir William Temple appela l'escadre de Stopford, qui arrêta en mer et envoya dans le port de Malte, en représailles, tous les bateaux napolitains qu'elle put saisir. Thiers offrit alors à Palmerston la médiation française pour arranger le différend. Elle fut acceptée et aboutit à une solution satisfaisante pour l'Angleterre (1). Mais Palmerston n'avait mis ni empressement, ni bonne grâce à accueillir l'intervention de Thiers, et c'est à peine s'il l'en remercia (2). Pourtant, elle lui rendait service, en permettant à Stopford de ramener ses navires dans le Levant, où ils devaient être fort utiles.

La négociation commerciale pouvait fournir aux vues du ministre français des occasions meilleures. Les plus zélés défenseurs de Palmerston dans la presse britannique, les plus prompts

----

(1) Ashley, I, 404-5. Hall, 264. Les pièces de la correspondance française sont aux A. E., *Angleterre*, vol. 654 et 655. Cf. Guizot, *Mémoires*, V, 89 et suiv.

(2) Palmerston à Bulwer, 2 et 30 juin, 9 juillet 1840. F. O.

à suspecter l'ambition politique de la France, le *Morning Chronicle* spécialement, retrouvaient tout leur enthousiasme pour l'entente cordiale dès qu'il était question de rendre plus aisées les communications commerciales des deux pays. Thiers n'avait jamais été partisan du traité de commerce, ni même d'une révision du tarif douanier dans le sens libéral. Mais il savait — et Guizot le lui confirma à plusieurs reprises, — tout le prix que les Anglais y attachaient. Il se garda donc d'interrompre les conférences. Au contraire, il accepta le principe à quoi les commerçants britanniques tenaient le plus, celui de la suppression des prohibitions, malgré les protestations du commissaire français Maisonneuve (1). A plusieurs reprises il discuta personnellement avec Bulwer les articles du projet de traité qu'avait présenté la commission anglaise. Six « grandes prohibitions » étaient supprimées du tarif français, sur la coutellerie, la quincaillerie et les plaqués, la poterie fine, la verrerie, les tissus de laine, le cuivre laminé, la bière. La protection seule subsistait, sous forme de droits *ad valorem* très élevés. On avait refusé, même sous cette réserve, d'admettre les fers bruts et les cotonnades. Aussi les Anglais maintenaient-ils les droits anciens sur les soieries françaises, mais non pas sur les vins ordinaires, très sensiblement dégrevés, ni sur les articles de luxe, tels que les bijoux, les bronzes, les fleurs artificielles, la parfumerie, les glacés et un grand nombre d'autres objets. Au début de juillet 1840, l'accord semblait fait. Thiers, naguère si hostile à de pareilles conventions, n'avait montré aucune intransigeance. Au témoignage d'un des commissaires français, « on avait négocié avec le parti-pris d'arriver à un arrangement », et en secret, « pour éviter tout ce qui pouvait alarmer les intérêts » (2).

En Angleterre, le progrès des négociations commerciales était plus connu, et fort bien accueilli. Palmerston demandait

(1) Notes de Bulwer et Porter aux commissaires français, 4 janvier, juin et juillet (sans quantième) 1840). A. E. Négoc. commerciales, *Angleterre* 153. Rapport de Maisonneuve, mars 1841, *ibid.*
(2) Rapport de Maisonneuve, *ibid.*

le 23 juin que la convention fût paraphée d'urgence, avant la clôture de la session parlementaire, quitte à ne la rendre exécutoire qu'en 1841 (1). Les journaux y faisaient allusion en termes favorables. Ils relevaient en même temps avec plaisir d'autres signes d'une entente économique croissante. Le *Morning Chronicle* du 3 juillet, rendant compte des débats de la Chambre des Pairs sur le régime des chemins de fer, signalait « l'heureuse collaboration » des capitaux anglais à la construction de la ligne de Rouen. « C'est, disait-il, un heureux présage pour la continuation de cette alliance, qui promet à deux grandes nations, s'assistant l'une l'autre, de marcher à la tête de l'Europe civilisée ». Easthope, directeur du *Chronicle*, présidant à Southampton le banquet offert aux directeurs du chemin de fer London and South Western, y portait un toast à Guizot, qui répondit : « Nos deux pays sont unis maintenant par la plus intime amitié. Plus ils se rapprocheront, mieux ils se connaîtront, et plus leur union deviendra intime et fructueuse. » Lieux communs oratoires sans doute, mais qui empruntaient quelque force aux circonstances (2).

Thiers craignit-il d'être trop engagé, ou trop vite ? Le 4 juillet, la négociation commerciale faillit être rompue. Une délégation des fabricants de poterie avait arraché au ministre du Commerce la promesse de maintenir la prohibition sur cet article, et les Anglais, à qui on avait promis de la supprimer, se fâchèrent. Après trois jours de discussion, on était de nouveau d'accord (3).

C'est peut-être pour se garantir contre des protestations semblables de l'industrie, en ressuscitant « l'enthousiasme de 1830 » que Thiers avait, dès le mois de mai, ménagé au gouvernement un succès d'opinion en réclamant de Palmerston son consente-

<hr>

(1) Guizot à Thiers, 23 juin 1840. (B. N., *papiers Thiers*.)
(2) *Morning Chronicle*, 3 et 11 juillet 1840; *Sun*, 14 juillet. Le discours de Guizot est dans ses *Mémoires*, V, pièces justificatives, n° 5.
(3) A. E., nég. commerciales, *Angleterre*, 153; notes des 4 et 5 juillet 1840.

ment au retour des cendres de Napoléon. Après quelques difficultés, il soumit l'affaire au Conseil, obtint l'agrément des ministres et de la reine, et se donna l'avantage de répondre aimablement, avec une pointe d'humour : « Le gouvernement de S.M. désire effacer toute trace de ces animosités nationales, qui pendant la vie de l'Empereur, armèrent l'une contre l'autre la nation française et la nation anglaise. Il a confiance que si de pareils sentiments existent encore quelque part, ils seront ensevelis dans le tombeau où vont être déposés les restes de Napoléon (1). »

Thiers n'en demeurait pas moins éloigné de tout accord avec Palmerston sur la question d'Orient. Dès la fin d'avril, il écrit à Guizot : « Je reste tranquille et j'attends. La pente est vers nous. » Et comme Guizot avait fait pressentir un accord à quatre, qui isolerait la France, « il se pourrait, répondit-il, que lord Palmerston se trouvât lui-même isolé dans son obstination » (2). Vainement l'Autriche, soucieuse de maintenir l'accord des cinq puissances, et inquiète d'un arrangement séparé anglo-russe, insistait pour trouver une conciliation. Son agent à Londres proposait à Guizot de faire une concession à Méhémet-Ali, si la France promettait de l'obliger à l'accepter. Thiers refusa de s'engager. Il voulait gagner du temps, envoyait en Egypte les propositions reçues de Londres, sans les recommander fortement à l'acceptation du pacha. « Nous avons, écrit-il à notre agent Cochelet, tout empêché par notre seule inertie, par nos critiques peu ménagées. Nous avons enfin fait naître l'idée que ce plan était impraticable, comme les autres (3). » Pendant ce

(1) Guizot à Thiers, 8, 9 et 16 mai 1840. B. N., *papiers Thiers.* Guizot, *Mémoires,* V, 112. Palmerston écrit à Bulwer : « C'est bien une demande française... Mais nous aurions été fous de ne pas l'accorder, et nous nous sommes fait un mérite de le faire vite de bonne grâce ». (Bulwer, III, 39.)

(2) 28 avril (*Papiers Thiers*).

(3) Halévy, *Le Courrier de M. Thiers,* 142. Pour les détails de ces pourparlers, voir Rodkey, 145-147; Hall, 267 et suiv.; Guichen, 270 et suivantes.

temps, il travaillait à Constantinople et à Alexandrie. Un de ses amis politiques, Jacques Coste, ancien directeur du *Temps*, était alors dans la capitale ottomane. Sur le désir du président du Conseil, et dans des termes qu'il disait transcrits « en quelque sorte sous sa dictée », il écrivit à maintes reprises au beau-frère du sultan, Fethi Ahmed pacha, qu'il avait connu ambassadeur à Paris. Ses lettres dénonçaient, assez âprement, la collusion anglo-russe, l'ambition et le machiavélisme de l'Angleterre, qui ne visait qu'à prendre l'Egypte pour elle-même, et plaidait pour un accord direct entre le pacha et le sultan. Sa combinaison était de donner l'Egypte héréditaire à Méhémet-Ali, la Syrie à Ibrahim et Adana à l'un de ses frères. Leurs querelles inévitables feraient le jeu de la Turquie (1). Ces conseils ne furent d'abord pas écoutés. Le grand vizir Kosrew pacha y faisait obstacle. Mais il fut renversé le 19 mai 1840, par une intrigue de cour peut-être préparée à Alexandrie. Aussitôt Méhémet-Ali décida de proposer la paix au sultan, en offrant de rendre la flotte ottomane.

L'accord direct turco-égyptien semblait cette fois imminent. Thiers en reçut l'avis le 30 juin, par une dépêche de Cochelet. Il lui écrivit aussitôt de se hâter, de presser vivement Méhémet-Ali de conclure, pour éviter « une décision européenne ». La lettre partit, emportée par un agent spécial, Eugène Périer. Et Thiers prévint Guizot, pour l'inviter à gagner encore du temps et à tenir la nouvelle secrète : « Les Anglais ne pourront rien faire, et nous sommes sûrs qu'ils arriveront trop tard à Constantinople. » En attendant, il devait « différer de s'expliquer » (2).

Guizot était très inquiet. Il savait que les ministres francophiles et les diplomates autrichien et prussien travaillaient Pal-

---

(1) Fethi communiqua ces lettres à Ponsonby, qui les transmit à Londres en copies. Elles sont au Record Office (F. O., *Turkey*, 394 et 395). Elles paraissent authentiques. Guichen, qui les a vues aussi, ne les suspecte pas (p. 288-89). Hall les analyse plus brièvement (p. 270-71).

(2) A Guizot, 30 juin 1840 (*Papiers Thiers*).

merston, pour l'amener à laisser la Syrie à Méhémet, en plus de l'Egypte. Si la France faisait attendre son assentiment, l'arrangement à quatre se ferait sans elle. Il croyait pourtant avoir quelques jours encore. La convention à quatre était prête, croyait-il, mais on la communiquerait à la France avant signature (1). Ce dernier renseignement venait de Mme de Liéven, origine suspecte, mais non pas aux yeux de Guizot (2).

Peut-être Thiers aurait-il réussi dans son entreprise si le secret en avait été bien gardé. Mais Louis-Philippe eut l'imprudence — ou la précaution — dans un entretien avec Apponyi, l'ambassadeur d'Autriche, de laisser paraître l'existence de pourparlers directs à Alexandrie. La nouvelle, transmise par Apponyi à son collègue de Londres, fut communiquée à Palmerston. En même temps, il recevait de Constantinople le compte rendu des démarches de Coste, et surtout — ce qui paraît l'avoir décidé — la nouvelle, quelque peu exagérée, qu'une insurrection avait éclaté en Syrie contre la domination égyptienne. C'était juste le moment où, à Paris, la négociation commerciale semblait rompue, par le fait du gouvernement français.

Palmerston avait toujours regardé Louis-Philippe, le gouvernement français, les Français eux-mêmes, en tant que nation, comme de mauvaise foi (3). Il les croyait capables de parler fort, mais non de soutenir leurs menaces jusqu'à la guerre. Il le dit aux ambassadeurs de Russie, de Prusse et d'Autriche, en arrêtant avec eux, les 21 et 28 juin, le texte des accords qu'il préparait. Il le répéta au Conseil des ministres, le 4 juillet.

(1) Guizot à Thiers, 24 juin (*Papiers Thiers*).

(2) Thiers savait, par une lettre confidentielle de Bresson, du 14 juin, que Mme de Liéven informait au jour le jour son frère le comte de Benckendorff, ministre de la police de Nicolas Ier, de tous les actes de Guizot. Thiers ne semble pas avoir averti l'ambassadeur. (La lettre de Bresson est dans les *Papiers Thiers* et reproduite par D. Halévy, p. 139-40.)

(3) Ashley, I, 367-68. « There is no trusting them, and they are always acting a double part... Louis-Philippe is the prime mover of the foreign relations of France, and... if he had been a very straightforward, scrupulous and higt-minded man, he would not have been sitting on the french throne ».

La majorité ne le suivit pas, et lord Holland en particulier parla très nettement contre une rupture de l'entente.

Des influences actives s'exerçaient pour conclure et consolider l'accord d'intérêts dont Guizot devait parler publiquement au banquet de Southampton le 11 juillet. Dès le 3, le *Morning Chronicle* signalait avec plaisir le vote de la loi autorisant une compagnie franco-anglaise à construire le chemin de fer de Paris à Rouen. Guizot avait travaillé cordialement au succès de l'entreprise, et le directeur du *Chronicle*, personnellement intéressé dans l'affaire, l'en louait hautement. Il avait fait, pour obtenir une rédaction du cahier des charges qui lui convînt, une démarche directe à l'ambassade, et, ayant obtenu satisfaction, s'en montrait reconnaissant. Le 20 juillet encore, il devait publier dans son journal un long article pour encourager ses compatriotes à visiter la France et célébrer l'avantage des communications nouvellement ouvertes. Quelques jours auparavant, un groupe de capitalistes anglais, sir John Campbell et les frères Goldsmith entre autres, accompagnés d'un armateur du Havre, étaient aussi venus trouver Guizot, pour négocier les conditions de leur participation à la future compagnie générale transatlantique. Ils offraient un capital de 8 millions, et demandaient quelques garanties, notamment pour le contrat des transports postaux et l'importation en franchise des machines motrices. Guizot recommandait de satisfaire à ces demandes. « Nous avons, écrivait-il à Thiers, grand intérêt à faire de nouveaux pas dans cette voie d'alliance entre les capitaux des deux pays (1). » Lui-même avait donné l'exemple. On sait par Blount, le directeur anglais de la Compagnie du chemin de fer de Paris à Rouen, qu'il avait accepté de servir d'intermédiaire pour remettre, aux propriétaires de son département, dont les terres seraient traversées par la voie à construire, les indemnités d'expropriation (2). Dans le même moment, la négociation commerciale de Paris,

____

(1) Guizot à Thiers, 14 juillet 1840. B. N., *Papiers Thiers.*
(2) Blount, *Memoirs.* p. 57. Guizot aurait eu en dépôt 400.000 liv. sterl. pour ces paiements.

un moment suspendue, reprenait, sur les pressantes instances de Bulwer et des commissaires britanniques (1).

Tous ces liens d'intérêts, qui se nouaient chaque jour davantage, tendaient à entraver la marche de Palmerston et à gêner sa manœuvre diplomatique. Il se résolut alors à l'emploi des grands moyens. Le 5 juillet, il adressait à Melbourne l'offre de sa démission, ne voulant pas renoncer à son projet d'accord à quatre en raison du refus de la France d'y entrer. Ce serait, disait-il, « dégrader l'Angleterre », la laisser « tenir en lisières » par les Français, faire preuve de « servitude », abandonner les intérêts « politiques et commerciaux de la Grande-Bretagne, laisser enfin l'Empire turc se partager en deux sphères de protectorat, l'une française, l'autre russe, d'où seraient exclus pareillement l'influence politique et le commerce britannique » (2). L'effet attendu se produisit : Melbourne et ses collègues craignirent une dissolution du ministère ; les opposants se turent, et les indécis se rallièrent au plus décidé, qui était Palmerston. Holland et Clarendon se bornèrent, par acquit de conscience, à une protestation écrite. Le 13 juillet, Palmerston annonçait à son frère que l'accord était fait. Le 15, la convention à quatre était signée (3).

Guizot avait senti venir la « crise ». Le 11, il signalait à

(1) 5e note de Porter et Mac Gregor, juillet 1840. (A. E., nég. comm. Angleterre, 153.) Rapport du 19 déc. 1839 intitulé *Résumé analytique des négociations commerciales suivies entre la France et l'Angleterre.* (A. E., Mém. et doc. Angleterre, 94.)

(2) V. la lettre dans Ashley, I, 370, 5 juillet 1840.

(3) Détails dans Thureau-Dangin (d'après Guizot), IV, 220 et suiv., Rodkey, 157 et suiv., Hall, 275-77. D'après les témoignages de Bülow, cités par Treitschke (*Deutsche Geschichte*, V, 76), Melbourne, hésitant entre Palmerston et Holland, aurait, le 3 juillet, consulté le ministre de Russie, et Bülow aurait dit : « Avez-vous des forces suffisantes dans la Méditerranée ? — Oui. — Alors, soyez prompt et hardi, *be quick and bold !* » et il conseillait de signer le traité à quatre, et de l'exécuter immédiatement, sans attendre la ratification, pour « surprendre la France ». Schiemann fait remarquer que ce témoignage de Bülow n'est pas confirmé d'autre part. (Schiemann, III, 398, n.)

Thiers la menace de démission de Palmerston, mais croyait encore pouvoir gagner du temps : « Réussissez à Constantinople », ajoutait-il; et le 14 encore: « Le pacha ne saurait trop se hâter. » Le 17 il était appelé au Foreign Office, et Palmerston lui lisait un long memorandum contenant, non le texte du traité, mais les motifs qui l'avaient fait conclure, et témoignant du « vif regret » des puissances de se trouver « momentanément » séparées de la France (1).

(1) Guizot à Thiers, 11, 14, 19 juillet 1840 (*Papiers Thiers*).

CHAPITRE VI

GUERRE IMMINENTE
(1840-1841)

I

Palmerston a résumé lui-même, dans une lettre à son frère, le contenu du traité du 15 juillet 1840 : « Nous voulons forcer Méhémet à évacuer toute la Syrie, sauf un petit morceau au sud d'une ligne tirée du lac de Tibériade à la Méditerranée, juste au-dessus de la forteresse d'Acre. Nous lui donnerons dix jours pour accepter l'offre ci-après : L'Egypte héréditaire et le bout de Syrie à vie. S'il n'accepte pas dans dix jours, nous offrons l'Egypte héréditaire sans la moindre part de Syrie ; dix jours plus tard, il n'aura plus l'hérédité en Egypte, et s'il résiste, il supportera la suite des événements (1). » La Turquie, signataire du traité avec l'Angleterre, la Russie, la Prusse et l'Autriche, devait adresser l'ultimatum sans attendre les ratifications,

(1) A W. Temple, 13 juillet 1840. Ashley, I, 374.

et l'ordre était envoyé, dès le 13 juillet, à l'amiral Stopford de se préparer à attaquer les Egyptiens et de soutenir l'insurrection de Syrie.

Quant aux intentions du ministre britannique, elles ne peuvent faire de doute, et lui-même les a formulées : il avait voulu « donner une leçon utile à la France, lui faire comprendre pratiquement que sa parole et ses vœux ne sont pas la loi de l'Europe. Thiers avait besoin de cet avertissement et la France de cette leçon » (1). En prenant une pareille attitude, il courait hardiment le risque, non seulement d'une rupture, mais peut-être d'une guerre. A la vérité, il n'y croyait pas, et se vantait même d'avoir choisi le meilleur moyen de l'éviter. En cédant, il aurait, prétend-il, fait de la France le dictateur de l'Europe, et poussé si haut son insolence qu'à la première querelle il aurait fallu recourir aux armes (2). C'est, en somme, un coup de dés, sur lequel ce grand joueur comptait pour restaurer le prestige britannique, atteint au bénéfice de la France, pour ramener les vaincus de 1815 au sentiment de leur faiblesse réelle et à l'obligation d'en convenir aux yeux de l'Europe. Il joue, et il est sûr de gagner, là comme aux courses. On dirait qu'il y met une sorte de passion sportive. Sa lettre du 13 juillet où il annonce à son frère la signature du traité, s'achève par deux lignes, où, du même ton de triomphe, il mande que son cheval *Priam* vient de gagner, à Stockbridge et à Guildford, « les deux seules courses où il ait pris le départ ». Dans cette victoire diplomatique de 1840, Palmerston, n'en déplaise à ses apologistes (3), n'a vu le plus souvent, qu'une affaire de prestige et d'orgueil, personnel au moins autant que national.

Le danger était grand d'engager un conflit de cette sorte avec une nation comme la France. Palmerston ne l'aurait peut-être pas osé quelques années plus tôt, quand durait encore l' « en-

<hr>

(1) Palmerston à Bloomfield, chargé d'affaires à Saint-Pétersbourg, 4 août 1840. F. O., 396 (*Bloomfield papers*).
(2) A W. Temple, 27 juillet 1840. Ashley, I, 375.
(3) Par exemple Ashley, I, 412, et Hall, 3.

thousiasme de 1830 ». Il bravait Thiers; il n'aurait peut-être pas bravé pareillement Casimir-Perier.

Pourtant, Thiers était engagé bien davantage à soutenir l'orgueil national de son pays. Il n'était revenu au pouvoir qu'en s'appuyant sur les passions patriotiques. Il avait pris là-dessus des engagements publics. Quand, au moment de la discussion de l'adresse de 1840, Berryer lui avait signifié qu'il devait « payer la dette de la Révolution », il avait répondu qu'au besoin il saurait se passer de l'alliance anglaise, « sans être affaibli, sans être en péril ». Il avait repoussé d'avance la « paix sans dignité ». Le jour où il le faudrait, disait-il, « je me retirerais ou je ferais appel à mon pays pour réveiller en lui le sentiment de sa grandeur, qui n'a jamais cessé d'exister. La guerre peut éclater un jour. Mais la paix sans dignité, jamais! » Paroles graves, dont peut-être, comme il arrive à bien des orateurs parlementaires, il n'avait pas mesuré toutes les conséquences possibles. Maintenant l'heure était arrivée de repousser, de façon ou d'autre, la « paix sans dignité ». Palmerston avait mis son adversaire au pied du mur.

Thiers, à vrai dire, n'était pas pris entièrement au dépourvu. Du moins il ne se croyait pas contraint à faire retraite. Mais sa situation était difficile. Il avait des raisons de penser que Palmerston avait dans les Chambres anglaises, et dans le ministère même, beaucoup d'adversaires. Les radicaux ne lui pardonnaient pas son rapprochement avec le « despote » de Russie. Les libre-échangistes tenaient à l'entente cordiale, pour les avantages commerciaux qu'ils en espéraient. Si l'exécution des menaces adressées à Méhémet-Ali commençait, le pacha rallumerait sans doute la guerre. Il faudrait à Palmerston faire appel aux troupes russes, et, supposé qu'elles fussent victorieuses, l'opinion whig accepterait-elle cette alliance, regardée naguère comme monstrueuse? On pouvait attendre, sans trop d'inquiétude, et encourager, de son mieux, l'intransigeance du pacha d'Egypte et les sympathies françaises en Angleterre. Encore fallait-il y aller le pacha, et le pouvait-on sans se compromettre? Encore fallait-il gagner l'opinion radicale en Angleterre, par des concessions commerciales, et le pouvait-on sans soulever, en France, l'unanime résistance des industriels, soutenus peut-être par leurs ouvriers ?

Une autre voie s'ouvrait, à la vérité. Ni en Prusse, ni en Autriche, ni peut-être en Russie, on n'était résolu sans doute à aller jusqu'à la guerre. Faire renaître, parmi les gouvernements absolutistes, cette terreur de la révolution qui les avait paralysés en 1830, c'était peut-être un moyen de les entraîner aux concessions, de les détacher de l'Angleterre, ou de les amener à agir sur le cabinet britannique en vue de faire cesser l'isolement de la France et le danger d'un conflit général. Pour cela, il fallait laisser le champ libre, en France, aux colères du public et de la presse. Il fallait armer, moins pour préparer la guerre que pour réveiller l'esprit belliqueux. Alors, comme en 1830, Louis-Philippe pourrait dire à l'Europe : « Je veux la paix. Aidez-moi à la maintenir. Je vous épargne la révolution et la guerre ; dans votre intérêt, épargnez-moi l'impopularité » Mais il fallait que le roi parlât haut et fort, plus haut et plus fort qu'en 1830, et que le courant patriotique fût assez puissant pour qu'on le crût près d'y céder. Peut-être Thiers a-t-il, dès le début, pris conscience des résistances qu'il pouvait rencontrer. Il semble même avoir compté avec elles, et calculé que si le Roi, pour maintenir la paix, l'écartait du pouvoir, sa propre popularité n'en souffrirait pas, au contraire. Dès le 16 août, il écrira en confidence à Sainte-Aulaire : « jeté à l'écart, *je reviendrais*, tandis que la guerre à tout le monde est une chose affreuse... ». (1)

Ainsi sa route était tracée : tenter de faire reculer ou d'écarter Palmerston, en agissant sur l'opinion anglaise ; tenter d'intimider l'Europe, en menaçant de la guerre ; en cas d'échec, laisser à d'autres le déshonneur de la capitulation, et réserver soigneusement sa popularité et son avenir.

La lutte contre Palmerston fut engagée tout de suite. Guizot

(1) B. N., *Papiers Thiers*. Texte cité par D. Halévy, 151.

reçut l'ordre de lui montrer « une froideur soutenue », et sans faire encore aucun éclat, de l'interroger avec insistance sur les moyens d'exécution prévus contre Méhémet-Ali. L'objet de cet interrogatoire était d'embarrasser le ministre anglais, et de pénétrer ses intentions réelles (1). Mais en même temps on essayait de provoquer, contre sa politique, une réaction qu'on espérait prompte et vive, en Angleterre même. Le 23 juillet, un journal conservateur, le *Morning Post*, révéla l'existence du traité des quatre puissances avec la Turquie et le rôle joué par Ponsonby dans l'insurrection de Syrie contre les Egyptiens. Le lendemain, aux Communes, un député radical, Hume, interrogea Palmerston sur les faits signalés dans l'article et ne put obtenir de réponse. Seul Lord John Russell protesta de la bonne foi du ministère, et de son désir de maintenir l'accord avec la France. Toute la presse radicale, surtout le *Spectator* et l'*Examiner*, prirent parti pour la politique française. Des journaux tories, notamment le *Morning Herald*, s'associèrent à leurs protestations. Le *Times*, le *Courier*, craignaient une brouille durable avec les Français, et prêchaient la conciliation (2). Même les journaux favorables à Palmerston, y compris le *Chronicle*, tenaient un langage modéré, engageaient la France à ne pas faire, « pour l'amour de Méhémet-Ali, la folie de rompre avec l'Angleterre ». Il n'y avait, selon eux, désaccord entre les deux pays que sur les moyens, non sur l'objet de leur politique en Orient. Si même la France s'était déclarée plus tôt, ouvertement, en faveur du pacha, les puissances l'auraient peut-être suivie (3).

Le 30, Melbourne, questionné à la Chambre des Lords par Strangford et Brougham, avouait à peu près l'existence du « quadruple traité », et bientôt l'agitation commençait à gagner

(1) Thiers à Guizot (particulière), 21 juillet 1840, B. N., *Papiers Thiers.*

(2) V. Guichen, 344-46, et le résumé donné par Duvergier de Hauranne, *De l'alliance anglo-française*, Revue des Deux-Mondes, 1841, t. I, p. 470.

(3) *Morning Chronicle*, 25, 27, 29 juillet 1840.

les villes de province. L'adversaire acharné de la Russie, Urquardt, organisait des meetings dans le Lancashire. Déjà, le 24, à Newcastle, une réunion nombreuse avait blâmé la « trahison » de Palmerston. Une pétition adressée aux Chambres l'accusait d'être vendu à la Russie. D'autres réunions étaient annoncées à Birmingham et à Liverpool. Le 28 juillet, une délégation de Newcastle, conduite par un négociant nommé Cargyll, et un Anglais établi à Paris, George Fyler, avait été reçue par Thiers. Cargyll annonçait que la voix du peuple britannique allait « retentir en accents de tonnerre pour dénoncer l'infamie du traité. » (1) Un peu plus tard, Urquardt vint lui-même à Paris, puis le député radical Atwood, qui voulait organiser un grand meeting sur la place de la Concorde. Thiers, mis en défiance par leurs manières et les excès de leur langage, évita de leur donner audience publique et se contenta de les inviter, à titre privé, dans le salon de sa femme à Auteuil (2).

Guizot avait d'abord encouragé cette tactique. « La presse n'est pas mauvaise, disait-il le 27 juillet ; il faut que la presse française soit ferme et tranquille, mais point insultante. » Pour réussir, il aurait fallu amener nos journaux à s'en prendre à Palmerston seul, non à l'Angleterre : « Au fond, le vieux levain subsiste entre les deux pays, et il faut le bien ménager pour l'éteindre. » (3) Sur l'invitation de Thiers, il se rendit à Eu, où se trouvait le Roi, et plusieurs conférences eurent lieu où une tactique fut arrêtée pour agir sur l'opinion anglaise. D'accord avec Rémusat, ministre de l'intérieur, un agent spécial, Lavallette, fut envoyé à Londres, et les lettres de Guizot témoignent qu'il put « poser les bases d'une bonne correspondance » et « assurer des moyens de défense » aux intérêts français, même dans le *Morning Chronicle*. (4)

(1) Cargyll à Fyler, 2 août 1840. Fyler à Thiers, 9 août. A. E., Mém. et docum., *Angleterre*, 127.
(2) Voir à ce sujet un article humoristique du *Morning Chronicle*, 19 octobre 1840.
(3) A Thiers, 27 et 29 juillet 1840, B. N. *Papiers Thiers*.
(4) Guizot à Thiers, 28 et 31 juillet. (B. N., *ibid.*)

La manœuvre aurait peut-être abouti, si l'opposition britannique avait pu faire valoir les avantages précis d'un rapprochement immédiat avec la France, en regard des dangers qu'on reprochait à Palmerston d'avoir soulevés. Guizot souhaitait qu'on achevât la négociation du traité de commerce, et aussi les pourparlers engagés depuis plusieurs mois, en vue d'assurer, sur les côtes d'Afrique, une répression efficace de la traite des noirs. « Si nous finissons en même temps avec l'Angleterre, écrivait-il, un traité sur des intérêts matériels, le traité de commerce, et un traité sur un grand intérêt moral, l'abolition de la traite, cela ferait ici, dans le public, beaucoup d'effet, et de bon effet. Son importance est grande; vous en jugerez » (1). Malheureusement, Thiers n'y était nullement disposé. Les négociations commerciales, suspendues au début d'août, ne furent pas reprises. Au contraire, des relèvements de tarifs eurent lieu, par ordonnances des 17 et 24 septembre, sur des produits importés d'Angleterre, et les protestations de l'ambassadeur n'en purent amener le retrait. (2) La convention du droit de visite resta pareillement en suspens. On sembla même prendre à tâche d'inquiéter et de mécontenter les personnes les plus intéressées, en Angleterre, au maintien des bonnes relations avec la France. Blount raconte dans ses *Mémoires* qu'à la nouvelle du traité du 15 juillet, la banque Stone et Martin, qui avait ses fonds en dépôt pour le service du chemin de fer de Paris à Rouen, refusa de payer ses chèques, par ordre de la direction française, et qu'il dut chercher du crédit à Londres. (3)

La presse française contribua, par ses violences, à aigrir le différend, et à rallier autour de Palmerston ceux mêmes qui approuvaient le moins sa conduite. Depuis 1838 environ, et surtout depuis la victoire de la « coalition » contre Molé, les journaux libéraux et démocrates avaient pris l'habitude d'exciter

---

(1) Guizot à Thiers, 2 sept. 1840 (B. N. *ibid.*).
(2) Notes de Granville, septembre à décembre 1840 ; A. E. négociation commerciales, *Angleterre*, 153.
(3) Blount, *Mémoires*, p. 57.

l'opinion contre l'Angleterre à tout propos. Le *Charivari*, fondé en 1840, se distinguait par des attaques, rarement spirituelles, contre la reine Victoria et le prince Albert, raillait les princes de Cobourg, leur « avidité », leur « ladrerie », se plaignait amèrement des « avanies » que la France subissait de la part de son alliée. Le 6 juillet, il écrivait : « Encore un vilain tour de l'Angleterre ! Numéro d'ordre 957.743. Quand nous serons à un million d'avanies, ferons-nous du moins une croix ? » Il trouvait l'Angleterre « chevaleresque comme une balle de coton », et la comparait à Robert Macaire. Les journaux modérés et ministériels eux-mêmes flattaient l'anglophobie réelle ou supposée du public, et l'on trouvait la trace des vieilles rancunes jusque dans un journal populaire comme l'*Atelier*. Quand le traité du 15 juillet fut connu, il y eut dans toute la presse un mouvement d'indignation et de colère. Le *Journal des Débats* lui-même envisageait la guerre comme prochaine et jugeait qu'elle serait terrible, mais avantageuse à la France. Tous les autres journaux, surtout ceux de la gauche, parlaient de révolution et de guerre à outrance. La *Revue des Deux-Mondes* écrivait : « La France doit se souvenir que, même étant seule, elle a tenu tête à l'Europe ». Le *Temps* renchérissait : « L'Europe est bien faible contre nous. Elle peut essayer de jouer avec nous le terrible jeu de la guerre. Nous jouerons avec elle le formidable jeu des révolutions ». Le *Capitole* voyait déjà nos drapeaux sur le Rhin : « Demain la Prusse ne sera plus que le vieil électorat de Brandebourg... l'Allemagne, presque tout entière, nous attend pour se proclamer la Germanie et se débarrasser des petits despotes qui la déshonorent » (1). La presse des départements suivait le mouvement. Seuls, les journaux des grandes places de commerce maritime avec l'Angleterre, comme Bordeaux et surtout le Havre, faisaient exception. (2)

Guizot avait averti Thiers du danger de laisser les journaux

____

(1) Voir les nombreux articles de juillet et août 1840 cités par Guichen, 342-43.
(2) Roger Lévy. *Le Havre entre trois révolutions*, 72 et suiv.

tenir un pareil langage. « De nos amis *très amis*, écrit-il le 17 août, sont surpris et consternés du réveil des sentiments haineux et violents en France contre l'Angleterre ». (1) De fait, l'opposition contre Palmerston, d'abord assez vive dans les Chambres et même à la Cour, en fut assez vite paralysée. Dès le 26 juillet, le roi des Belges, alors à Saint-Cloud auprès de son beau-père, avait écrit à la reine Victoria pour lui demander de redresser « l'erreur » commise à l'égard de la France, et de résister à Palmerston, « insoucieux des conséquences » comme Thiers l'était lui-même. (2) Un peu plus tard, quand Guizot, de retour d'Eu, vint rejoindre la cour à Windsor, il y retrouva Léopold, eut plusieurs entrevues avec lui et avec lord Melbourne, et se rendit compte que la position de Palmerston était, pour le moment du moins, à peu près inattaquable. Comme l'écrivait Louis Philippe au roi des Belges, il fallait attendre et voir venir (*wait and see*), et cependant, par précaution, « armer ». (3)

II

Armer, c'est ce que Thiers avait décidé de faire dès le premier jour. Il comptait par là satisfaire l'opinion publique, entretenir, sinon exciter, le sentiment national, et intimider les puissances du continent, pour les amener à donner à la France offensée une satisfaction, presque une réparation. C'était aussi un moyen de lui rendre « la force militaire dont elle avait besoin pour soutenir son rang » et que la parcimonie des Chambres, depuis plusieurs années, l'avait empêchée de conserver. Thiers pouvait compter, pour cela, sur l'appui de l'opinion, et si le Roi y montrait quelque répugnance, il serait entraîné dans le mou-

(1) B. N., *papiers Thiers.*
(2) *Queen Victoria letters*, I, 227.
(3) Louis-Philippe à Léopold, 13 août 1840. A. E., *Angleterre*, 655.

vement par crainte de l'impopularité, et aussi par l'influence de son entourage. La reine, les princesses, le duc d'Orléans, le prince de Joinville, avaient ressenti profondément l'offense faite à la France, et plus encore à la dynastie. Dans une sorte de conseil de famille tenu à Saint-Cloud, et où Thiers fut appelé, on décida de prendre immédiatement des mesures militaires. Trois classes de jeunes soldats furent convoquées ; des crédits extraordinaires ouverts, par ordonnance et sans réunir le Parlement, pour acheter des chevaux et du matériel. Les préparatifs furent faits ouvertement. Les journaux britanniques en rendirent compte. Louis-Philippe avait dit aux ambassadeurs que ces armements étaient pour lui une nécessité, qu'il ne pouvait pas s'y refuser sans provoquer une crise ministérielle, qui rendrait sa position impossible. « Croyez-vous, dit-il à Bulwer, que je pourrais tenir devant le pays avec un ministère Soult ou Molé, toutes les passions nationales excitées, et Thiers, à la tête d'un grand parti parlementaire, annonçant à la nation qu'il a abandonné le pouvoir pour ne pas se soumettre au déshonneur de la France ? » (1). Il tenait les mêmes propos, presque chaque jour, aux agents de Prusse et d'Autriche, et les ordonnances publiées par le *Moniteur* confirmaient ses paroles.

A Londres, l'impression fut un moment assez profonde. On ne savait encore rien du résultat produit, en Egypte, par les sommations de la Porte à Mehemet-Ali. On voyait l'agitation croître chaque jour en France, et le danger de guerre grandir. Le Roi des Belges, inquiet plus que personne du sort de son royaume en cas de conflit continental, agissait sans relâche sur la reine Victoria, sur le prince Albert, sur lord Melbourne. Il parvint à gagner à sa cause le vieil adversaire de la France, Wellington. Bien qu'il fût, au dire de Guizot, « une ruine encore debout, dont il tombe un pan nouveau tous les matins » (2), le duc conservait une immense autorité morale. Il fit

(1) Bulwer à Palmerston, 27 juillet 1840. F. O.
(2) A Thiers, 27 juillet 1840 (B. N., *Papiers Thiers*).

plusieurs démarches auprès de Melbourne. « Jamais, lui dit-il, on ne pourra conserver la paix, si la France reste en dehors de l'alliance des grands États. Il faut tout faire pour qu'elle y rentre. » Rencontrant Guizot dans le salon de la reine, il répéta tout haut les mêmes propos: « Tout ce qui est fait sans la France compromet la paix. Or, on veut la paix. Il faudra donc s'entendre avec la France. » Melbourne était inquiet. Il consulta lord John Russell, qui fut d'avis, comme Wellington et Léopold, qu'on devait faire quelque chose pour satisfaire les Français. Mais quoi? disait Melbourne. Wellington répondit: faire un traité général sur l'intégrité turque, qui déclarera *mare clausum* les détroits du Bosphore et des Dardanelles. La France y sera partie contractante et pourra contribuer aussi à régler la question d'Alexandrie (1).

Le 18 août, Melbourne soumit cette proposition à Palmerston. Il refusa obstinément. La France, selon lui, n'était pas de force à faire la guerre et ne la ferait pas. « Thiers, écrivait-il à Bulwer, donnera tôt ou tard l'ordre de cesser le feu. » (2) Mais le parti francophile ne désarmait pas. Lord Holland, Ellice, lord John Russell, Henry Greville unissaient leurs efforts à ceux du roi Léopold pour entraîner les hésitants. Melbourne, après une entrevue avec lord Minto, premier lord de l'Amirauté, se rendait compte qu'un conflit maritime avec la France, alliée de l'Egypte, serait extrêmement dangereux pour l'Angleterre: « Je ne me sentirais pas tout à fait tranquille si nous n'avions affaire qu'aux flottes de l'Egypte et de la Turquie, mais si les Français se joignent à elles, nous sommes évidemment très inférieurs et hors d'état de rien faire; nous pouvons éprouver un désastre, ruineux pour nous, infamant pour le pays. Nous pourrions appeler les Russes au secours, mais ce serait humiliant. Et s'ils réussissent, ils seront maîtres de nous aussi bien que des autres. » (3)

<hr>

(1) Sanders, *Lord Melbourne Papers*, 460-61. Guizot, *Mémoires*, V, 278.
(2) 23 août 1840. Ashley, I, 373.
(3) A Lord John Russell, 26 août 1840. Sanders, 463.

Si l'on avait connu, à Paris, l'état réel de l'opinion en Angleterre et les divisions du ministère whig, une politique de fermeté, pourvu qu'elle fût calme et soutenue, pouvait réussir. Le moment était venu de faire une proposition formelle d'accord qui avait des chances d'être accueillie. Palmerston commençait à marquer quelque inquiétude de s'être trompé et il s'en ouvrait à Bulwer (1). Mais c'est de Paris, précisément, que lui vinrent les encouragements à la résistance. Louis-Philippe, après ses menaces du début d'août, semblait craindre d'avoir parlé trop fort. Les journaux whigs, qu'il lisait avec soin, et surtout le *Chronicle*, l'avaient peut-être intimidé, en révélant que le premier acte de l'Angleterre, si la guerre éclatait, serait d'occuper l'Algérie et de soulever les colonies françaises des Antilles, en proclamant l'abolition de l'esclavage (2). Surtout, il se croyait, d'après les informations de Léopold, à peu près certain qu'un arrangement honorable allait lui être proposé de Londres et peut-être de Vienne. Voulant aller au devant de ces offres qu'il croyait prochaines, il n'hésita pas à séparer, aux yeux des ambassadeurs étrangers, sa politique de celle de ses ministres. « Si l'on me propose quelque chose de raisonnable, dit-il au chargé d'affaires britannique, et que mes ministres le refusent, je les renverrai. » Il tint le même langage à l'ambassadeur d'Autriche Apponyi, et à son propre ambassadeur à Vienne, Sainte-Aulaire, qui retournait prendre son poste: « Je ne me laisserai pas entraîner trop loin par mon *petit ministre*. Je le briserai plutôt que de rompre avec toute l'Europe. » Il l'avait dit encore à Guizot, qui crut devoir le répéter à Clarendon: « Le roi déteste Thiers et se méfie de lui autant que jamais... Si Thiers insiste pour le pousser à la guerre, *il le brisera*, quel que doive être le résultat. » (3)

(1) Ashley, I., 379, 23 août 1840.
(2) *Morning Chronicle*, 3 et 7 août 1840.
(3) Bulwer à Palmerston, 28 août 1840, F. O. ; Mémoires de Sainte-Aulaire, *Revue de Paris*, 1ᵉʳ décembre 1924 ; Clarendon à Melbourne, 31 août, Sanders, *Lord Melbourne Papers*, 469.

Palmerston se sentit rassuré. Déjà Bulwer rendait compte que l'opinion en France était calmée. Le cours de la Bourse, qui avait baissé régulièrement du 25 juillet à la fin d'août, se relevait sensiblement au début de septembre. L'opinion publique semblait détournée des affaires d'Orient par des événements d'un autre ordre: l'équipée de Louis-Bonaparte qui, débarqué à Boulogne le 6 août, avait été arrêté aussitôt et était poursuivi devant la Chambre des Pairs; le voyage du prince de Joinville, parti chercher à Sainte-Hélène le cercueil de Napoléon; enfin le procès de Mme Lafarge, qui allait bientôt commencer (1).

Palmerston rédigea donc, en réponse aux protestations de Thiers contre le « traité à quatre », une note de vingt pages, datée du 31 août, véritable apologie de sa politique, où toute la responsabilité de la rupture était rejetée sur la France. Ces vingt pages, observait justement Louis-Philippe dans une lettre à Léopold de Belgique, ne contenaient « que l'énumération des griefs des *four powers* contre la France, des contradictions entre nos actes et nos promesses, etc., et, après avoir subi cette rude épreuve de patience, on ne trouvait au bout ni une ouverture ni une proposition, rien, absolument rien que l'annonce que le traité sera exécuté » (2).

Ce document, qui ne contenait aucune communication, même résumée, du traité du 15 juillet, était, le roi le remarquait avec raison, presque plus offensant que le traité lui-même. Il aurait appelé, semble-t-il, une réplique rapide et péremptoire du gouvernement français. Mais Thiers ne se pressait pas. Il croyait encore pouvoir répondre d'autre manière à Palmerston.

Dès la fin de juillet, il avait expédié à Alexandrie le comte Walewski, passé au service français après la révolution de Pologne, et dont l'origine illustre (il était, comme on sait, le fils de Napoléon Ier et de la comtesse Walewska) paraissait propre

(1) Bulwer à Palmerston, 31 août, 4 et 7 sept. 1840. F. O. Ces dépêches sont publiées dans la *Levant Correspondence*, mais avec des retouches assez nombreuses (II, 128-130).

(2) Louis-Philippe à Léopold, 5 sept. 1840. *Revue rétrospective*, 363.

à produire impression sur Mehemet Ali. Walewski était chargé de décider le pacha à faire au sultan des propositions d'arrangement acceptables. En attendant, Thiers poursuivait ses armements. Du 10 au 29 septembre, des ordonnances se succédèrent au *Moniteur*, ouvrant des crédits extraordinaires pour la création de nouveaux régiments et pour la construction immédiate, autour de Paris, d'une enceinte fortifiée et de forts détachés, selon le projet cher à Louis-Philippe, et que les Chambres avaient refusé d'approuver quelques années auparavant.

Cependant l'exécution du traité de Londres se poursuivait. Le 11 août un plénipotentiaire turc l'avait notifié au pacha d'Egypte. Le 5 septembre seulement, cédant aux instances de Walewski, arrivé le 12 août, Mehemet consentait à faire la paix avec le sultan, à évacuer l'Arabie et Chypre, pourvu qu'on lui laissât l'Egypte héréditaire et la Syrie en viager. Walewski s'empressa de mander à Paris ces bonnes dispositions. Mais comme les délais prévus par le traité de Londres étaient écoulés, les deux divisions de la flotte britannique firent leur jonction le 9 septembre, et le 11 l'amiral Stopford, secondé par deux frégates autrichiennes, aux ordres de l'amiral vénitien Bandiera, bombardait Beyrouth.

Thiers connut d'abord les nouvelles d'Alexandrie. Il venait de les recevoir quand Bulwer, le 18 septembre, vint le trouver à sa maison d'Auteuil. Thiers le reçut dans une grande pièce où il se promenait avec agitation, vanta les conditions « raisonnables et justes » du pacha et conclut: « Si votre gouvernement veut agir avec nous pour persuader le sultan et les autres puissances de les accepter, il y a encore une entente cordiale entre nous. Sinon, après les concessions obtenues de Mehemet Ali par notre influence, nous sommes obligés de le soutenir. » Puis, regardant son visiteur dans les yeux, il ajouta: « Vous comprenez, mon cher, la gravité de ce que je viens de dire. » (1)

Bulwer n'était pas un novice. Il savait que Louis-Philippe ne

----

(1) Bulwer à Palmerston, 18 sept. 1840, F. O.

consentirait jamais à soutenir par les armes le pacha d'Egypte contre les puissances. Quatre jours plus tôt, il en avait eu l'assurance de la bouche du roi lui-même. « J'ai convaincu M. Thiers, avait dit Louis-Philippe, que le ministère qui aurait commencé une guerre ne serait pas celui qui la conduirait ou la terminerait. » (1) Il revint donc un peu plus tard lire à Thiers le compte rendu, qu'il avait rédigé, de son entretien avec lui. Mais Thiers ne l'accepta pas comme exact et recommanda d'effacer les phrases où, à titre privé seulement, observa-t-il, il avait parlé de soutenir le pacha d'Egypte et de se retirer si les conditions indiqués à Walewski n'étaient pas acceptées par les puissances. Le soir, Bulwer se rendit à nouveau auprès du roi Louis-Philippe, et le roi n'hésita pas à lui dire qu'il n'était nullement engagé à soutenir les conditions d'arrangement offertes par Mehemet Ali à Constantinople (2). Aussi Palmerston put sans hésitation prescrire à Bulwer de tenir ferme. « Si la France commence une guerre, elle perdra sûrement ses vaisseaux, ses colonies et son commerce avant d'en voir la fin. » (3)

Une semblable perspective n'aurait pas effrayé le président du Conseil. Quand il parlait de guerre, ce n'est pas à une guerre maritime qu'il pensait. Il évoquait volontiers le souvenir des conquêtes napoléoniennes, prenait lui-même un plaisir un peu vain à chevaucher, en compagnie du duc d'Orléans, sur les chantiers futurs des fortifications de Paris. Il écrivait au roi des Belges: « Si l'Europe veut avoir affaire à nous, elle n'a qu'à essayer. Je réponds que la carte du monde sera changée. Paris va devenir un ouvrage immense que toutes les coalitions du monde ne pourront jamais forcer. » (4)) Dès le 21 juillet, il avait écrit à Bresson, à Berlin: « Nous n'avons qu'un moyen, c'est de passer le Rhin et les Alpes. » Les jour-

<hr>

(1) Le même au même (confidentiel), 14 septembre 1840, *Ibid.*
(2) Le même au même (particulière et confidentielle), F. O. Cette lettre n'est pas publiée dans la *Levant Correspondence.*
(3) Palmerston à Bulwer, 22 septembre 1840. Bulwer, II., 327.
(4) Thiers au Roi Léopold, 14 sept. 1840. B. N., *Papiers Thiers.*

naux français, sans exception, parlaient d'une campagne en Italie ou sur le Rhin. Le *National* du 4 octobre s'écriait : « Puisqu'on te force à tirer l'épée de Fribourg et de Marengo, ô France, tire l'épée, les temps sont arrivés. » On sait combien ce langage excita de colère et de passion en Allemagne. La *Wacht am Rhein* de Schneckenburger et le *Rhin allemand* de Becker ne sont que les plus connues parmi les innombrables manifestations d'un patriotisme agressif où Saint-René Taillandier, alors étudiant à Heidelberg, reconnut « l'esprit de 1813 ». Moltke réclamait la reprise des « provinces perdues » et la *Gazette de Cologne* insérait une prétendue lettre d'un Alsacien réclamant, en termes injurieux pour la France, le « retour » de son pays à l'Allemagne. (1)

Si Thiers avait compté, comme il crut pouvoir le faire un moment, sur une résistance des Etats du centre de l'Europe à la politique de Palmerston, les nouvelles d'Allemagne durent lui ôter toute illusion (2). La Prusse, qui au début était hostile aux opérations de guerre contre Mehemet Ali et avait réservé son droit de n'y pas prendre part, n'osa plus bouger dès que le mouvement anti-français se fut déchaîné, et Metternich fit parvenir à Paris des conseils de sagesse. Thiers n'avait plus de ressource qu'auprès des petites puissances d'Italie et en Orient. Il réclama et obtint du roi des Deux-Siciles une promesse d'appui formel. La Grèce aussi lui offrit son concours avec un zèle qu'il jugea lui-même un peu excessif. Mais le roi de Sardaigne, invité à consentir, dans le cas d'une guerre contre l'Autriche, le passage des troupes françaises à travers le Piémont, s'y refusa, et d'autres Etats, comme la Suède, annoncèrent spontanément qu'ils se joindraient à la Russie et à ses alliés (3).

---

(1) Guichen, 386. Cf. Stern, *Gesch. Europas von* 1830 *bis* 1848, II, 414.

(2) V. notamment les dépêches de Bourgoing, de Munich, citées par Guichen, 414 et suiv.

(3) Thureau-Dangin, IV ; Granville à Palmerston, 25 sept. 1840, F. O. Stern, II, 410 ; Driault, II, 202.

L'Egypte et l'amitié de Mehemet Ali valaient-elles que la France courût le risque de combattre, à peu près seule, une grande coalition européenne pour conserver la Syrie au pacha? Beaucoup en doutaient. Guizot fit tenir à Thiers, par un intermédiaire, un mémoire en forme de lettre où il se prononçait pour la négative (1). L'idée se faisait jour, peu à peu, que l'on avait peut-être trop hâtivement pris parti en faveur de Mehemet Ali, en faisant fond sur sa puissance et sa ténacité. Mais, le 3 octobre, les journaux publièrent une dépêche télégraphique annonçant la prise de Beyrouth par les Anglais, aidés des Autrichiens et des Turcs, après un bombardement qui « avait réduit la ville en cendres ». Le lendemain, on apprit que, par un firman en date du 14 septembre, la Porte, dépassant de beaucoup la mesure prévue par le traité du 15 juillet, avait prononcé la déposition de Mehemet Ali et mis en état de blocus les côtes de Syrie et d'Egypte.

L'opinion française accueillit cette nouvelle, dit un témoin anglais, comme s'il se fût agi des côtes de Normandie (2). De violentes manifestations se produisirent dans les rues de Paris. On chantait la *Marseillaise* et l'on criait : « Guerre aux Anglais ! » Le roi se voyait au moment de ne plus pouvoir utilement parler en faveur de la paix. « La fureur contre l'Angleterre s'accroit, écrivait-il à son gendre le roi des Belges. Tout notre peuple est persuadé que l'Angleterre veut réduire la France *au rang de puissance secondaire*, et vous savez ce que c'est que l'orgueil national... Si les deux gouvernements (anglais et russe) veulent ou osent entreprendre *l'abaissement de la France*, la guerre s'allumera, et *pour mon compte alors je m'y jetterai à outrance...* » (3) Il décida donc d'envoyer à Londres une protestation formelle contre la déposition du

(1) Guizot à un ami, 23 sept. 1840, B. N., *Papiers Thiers* ; Minute aux Arch. de l'ambassade de Londres ; imprimé par D. Halévy, le *Courrier de M. Thiers*, 153-156.

(2) Rodkey, 187, n. 84. Cf. les extraits de journaux donnés par Guichen, 382-83 et 395-96.

(3) Léopold Ier à Victoria, 2 oct. 1840. *Queen Victoria letters*, 1, 233.

pacha d'Egypte. La France, disait ce document, daté du 8 octobre, regarde la déchéance du vice-roi comme une atteinte à l'équilibre général et « se borne dans ce moment à déclarer que pour sa part elle ne pourrait consentir à la mise à exécution de l'acte de déchéance prononcé à Constantinople » (1).

Cette note était destinée à l'opinion française au moins autant qu'au gouvernement britannique. La veille, 7 octobre, Thiers avait fait signer au roi l'ordonnance convoquant les Chambres pour le 28. Il avait voulu pouvoir se présenter devant elles avec ce document d'apparence menaçante, qu'il appellera plus tard, et laissera appeler par ses apologistes, le *casus belli* du 8 octobre. En réalité, la menace était sans objet. Avant même de la formuler, Thiers savait déjà (il l'indique dans sa note même) que Palmerston regardait la déchéance comme « une mesure comminatoire, sans conséquence effective ou nécessaire ». Mais la pièce était rédigée visiblement pour la tribune et les journaux. Elle disait ce que la France n'acceptait pas; elle ne disait pas ce qu'elle acceptait. Thiers risquait ainsi qu'on lui imposât de reculer dans ses prétentions jusqu'à la limite que lui-même déclarait ne pouvoir franchir. C'est ce qui advint en effet. Bien mieux, la note du 8 octobre dispensa Palmerston d'offrir lui-même une satisfaction à la France, au moment où il allait y être contraint.

Dès le milieu de septembre, ses adversaires dans le cabinet, et en particulier lord John Russell, avaient vivement insisté pour que la France reçût, de façon ou d'autre, une « satisfaction » dans l'affaire d'Orient. On avait proposé de donner au gouvernement de Louis-Philippe une communication officielle et collective du traité du 15 juillet, ce qui rouvrirait la négociation. Le *Times* conseillait même d'accepter les propositions que Mehemet Ali, sur le conseil de Walewski, avait faites au sultan. Le 26 septembre, lord John offrit sa démission à Melbourne pour le cas où lui et Palmerston refuseraient de s'accorder avec

(1) Thiers à Guizot, 8 oct. 1840 ; Guichen, 398.

la France. La reine dut intervenir personnellement pour éviter une crise. Elle fit dire à Louis-Philippe par Léopold: « Bien que la France soit dans son tort, *tout à fait dans son tort*, je suis très désireuse, et mon gouvernement aussi, j'en suis sûre, qu'elle puisse être apaisée et reprenne sa place parmi les cinq puissances. » (1) Lord John Russell accusait, non sans vraisemblance, Palmerston et Ponsonby d'intriguer à Constantinople pour exciter les Turcs contre l'Egypte. Il voulait que l'on rappelât Ponsonby, et Palmerston s'y refusait aigrement. Bientôt on sut que Ponsonby, acharné contre Mehemet, conseillait à la Porte de le déclarer déchu et de lui donner un successeur. Lord Holland intervint alors à son tour. Bien qu'il fût presque mourant (il devait succomber moins d'un mois plus tard), il écrivit à Melbourne une très belle lettre, le suppliant de mander Guizot *lui-même* et de lui dire *tout de suite* que l'Angleterre ne reconnaîtrait pas la déchéance du pacha. « Si l'on attend plus longtemps et qu'on ait le moindre échec en Syrie, il faudra donner peut-être dix fois plus pour sauver la paix... Ne chicanez pas pour le neuvième d'un pouce, mais accordez à un ami qui le mérite bien ce que vous pouvez sacrifier sans risque. » (2) Le 1ᵉʳ octobre, après un conseil des ministres fort agité, Palmerston finit par accepter de faire une démarche conseillée par Metternich depuis près d'un mois: on offrirait à la France de se concerter avec les puissances, pour le cas où les mesures prévues au traité du 15 juillet seraient sans effet: formule assez vague qui permettait de rétablir le fameux *concert* (3). Encore fallait-il l'agrément de Berlin et de Saint-Pétersbourg, et le temps qu'on l'attendît, Palmerston espérait que Stopford aurait achevé son œuvre. Le lendemain arrivait la nouvelle de la déchéance, en même temps que des dépêches de Vienne relatant la colère de Metternich contre cette impru-

---

(1) Sanders, *Lord Melbourne papers*, 479-81. *Queen Victoria letters*, I, 231.
(2) Holland à Melbourne, 27 sept. 1840; Sanders, 483.
(3) Melbourne à Victoria, 1ᵉʳ octobre. *Queen Victoria Letters*, I, 232.

dence, qui pouvait tout gâter à Paris. Melbourne pensait de même. Il fit donc accepter par ses collègues, malgré Palmerston, l'idée d'une démarche directe auprès de la France pour lui offrir nettement de reprendre la discussion. Le roi des Belges, auteur de cette proposition, la transmit à Louis-Philippe, qui se saisit aussitôt de l'affaire et fit des propositions formelles. Il fallait, selon lui, faire « un bel et bon traité » des cinq puissances avec l'Egypte, qui fixerait la frontière en Syrie, « finirait tout admirablement, et emporterait dans le vague des airs les traités d'Unkiar-Skelessi et du 15 juillet » (1). Le temps pressait. Le soir du 9 octobre, les ministres anglais décidèrent de réunir le lendemain un conseil extraordinaire. Lord John Russell y devait proposer qu'on demandât directement à la France ses conditions pour un arrangement immédiat sur la question d'Orient. Melbourne, fort ennuyé de ces complications, et du reste malade, avouait à la reine que devant la résistance certaine de Palmerston et l'obstination de ses adversaires, il fallait s'attendre à une rupture et à la dislocation du ministère. Jamais la situation de Palmerston n'avait été plus menacée (2).

Le salut lui vint, une fois de plus, de l'adversaire même. Aussitôt rédigée la note du 8 octobre, Louis-Philippe s'était donné auprès de Bulwer le mérite de cette démarche qu'il appelait pacifique. Palmerston, averti, prévint Melbourne. Quand ensuite, le 10 au matin, Guizot apporta au Foreign Office le fameux *casus belli*, qu'il trouvait pour sa part bien anodin, Palmerston le reçut avec un aimable empressement. Et l'après-midi, au Conseil, il lut la note de Thiers d'un ton presque triomphal. Que réclamait-on pour satisfaire la France? Elle ne s'opposait plus qu'à la déchéance, dont personne ne voulait à Londres. On pouvait tenir ferme, ôter même à Mehemet Ali son gouvernement héréditaire d'Egypte. Tous les ministres protestèrent. Il ne fallait pas aller trop loin. Mais les avances dont

______

(1) Louis-Philippe à Léopold Ier, 10 octobre 1840 ; *Revue rétrospective*, 364.

(2) Sanders, 484 ; *Queen Victoria Letters*, I, 236 ; Ashley, I. 384-385.

on avait parlé pour concilier la France devenaient inutiles. Thiers avait « enfoncé une porte ouverte » et sauvé le portefeuille de Palmerston (1).

A la vérité, ni lui, ni peut-être Louis-Philippe n'avaient bien connu la situation en Angleterre, et ce qu'ils auraient pu attendre comme avantage d'un peu de sang-froid et de fermeté. En tout cas, Thiers s'aperçut vite qu'il avait été mal compris à Londres et peut-être joué à Paris. Sa note du 8 n'était, dans son esprit, destinée qu'à rouvrir les négociations. Mais elle contenait une phrase malheureuse en faveur de la « double existence » de la Turquie et de l'Egypte, « quelle que soit la limite qui les sépare ». On semblait ainsi se désintéresser de la question des frontières. En réalité, Thiers entendait la réserver, et l'ambassadeur à Paris, Granville, ne le comprit pas autrement. Mais il est probable que Louis-Philippe avait intentionnellement laissé passer cette formule à double entente. Du moins, on peut avoir quelque doute sur son sentiment à cet égard, et ce doute, que Thiers semble avoir ressenti après coup, explique sa conduite ultérieure.

Averti par Guizot, qui trouvait la note du 8 très maladroite, du sens que l'on y avait donné à Londres, Thiers voulut regagner le terrain perdu. Dès le 15, il prévint Granville que sa première démarche, à la rentrée des Chambres, serait pour demander de nouveaux crédits militaires, si d'ici là la France n'avait pas été conviée à un règlement général de l'affaire d'Orient. Les gardes nationales seraient mises en activité, les troupes d'Afrique rappelées en grande partie, et l'on réunirait « plusieurs armées » sur les frontières Il donnait cependant, pour preuve de ses intentions pacifiques, le rappel de la flotte du Levant dans les eaux de Toulon. Mais les Anglais n'y virent qu'une menace de plus. Un agent du ministère des affaires étrangères, soudoyé par l'avocat de l'ambassade anglaise, Lewis Goldsmith, révéla à Granville que le gouverne-

____

(1) *Queen Victoria Letters*, I, 237-39. Greville, *Journals*, II, (I), 291.

ment français projetait d'occuper les îles Baléares comme moyen d'assurer le rapatriement des troupes d'Algérie (1). L'information était peut-être inexacte; il n'y a dans les archives françaises aucune trace d'un pareil projet (2). Toutefois, un des membres du cabinet Thiers, Jaubert, devait y faire plus tard, au cours d'une discussion parlementaire, une allusion assez précise (3). Palmerston s'empressa donc d'avertir la cour de Madrid et fit valoir auprès de Melbourne la nécessité de ne plus faire aucune concession à Thiers. Il venait à grand'peine de promettre à Victoria une démarche conciliante pour la France ; maintenant il s'y refusait (4). De Paris arrivaient sans cesse des nouvelles des armements français. L'ambassadeur autrichien Apponyi, directement informé par un fonctionnaire du ministère de la guerre, avait transmis à Granville des états de situation précis et probants (5). Melbourne, mis au courant, s'adressa au roi des Belges, le suppliant d'obtenir de son beau-père, à la rentrée des Chambres, un discours conciliant. La reine fit une démarche analogue. Elle insista également auprès de Guizot, venu à Windsor le 20 octobre (6).

Le résultat fut rapidement atteint. Louis-Philippe venait à peine d'échapper à la balle d'un assassin, et la nouvelle de l'attentat (7) avait produit en France une réaction du sentiment public défavorable à l'esprit de guerre et de révolution. La confiance qu'on avait eue si longtemps dans la toute-puis-

---

(1) Granville à Palmerston, 12 oct. 1840. L'agent secret, rémunéré à raison de 12 l. st. par mois, reçut une gratification supplémentaire de 80 l. st. (Rapport secret de Bulwer, oct. 1841, *ibid.*, 242. Cf. *infra*, chap. VII, p. 232-233.

(2) La France avait loué une petite île de l'archipel baléare pour y établir un hôpital destiné aux malades et blessés de l'armée d'Afrique. C'est peut-être là l'origine de l'information qui émut si fort les Anglais.

(3) Ashley, 1, 887 ; Thureau-Dangin, IV, 342.

(4) *Queen Victoria Letters*, 242-246.

(5) Granville à Palmerston, 30 octobre 1840, F. O.

(6) Sanders, 487 ; *Queen Victoria Letters*, 244-45.

(7) Attentat de Darmès, le 15 octobre. Cf. Guizot, *Mémoires*, V, 402-405.

sance de Mehemet Ali était tombée. Thiers lui-même était inquiet : « Je tremble, écrivait-il dès le 13 octobre, d'apprendre un gros succès des Anglais. Pour ce cas, nos têtes n'y tiendraient plus, car nous ne sommes pas prêts, bien que nous ayons beaucoup travaillé. » Et le 18 : « L'approche du danger extérieur a fort ébranlé certain courage. Je le soutiens tant que je puis, mais je ne sais si j'y réussirai jusqu'au bout. » (1) Au fond, il savait à quoi s'en tenir, et son ca'cul était fait : se laisser congédier par le roi, qui supporterait toute l'impopularité de paraître céder à la menace anglaise. Louis-Philippe en était prévenu, et Palmerston lui-même l'avait appris (2). Le 25, Thiers présenta au roi le projet de discours du trône pour l'ouverture de la session, qui avait lieu le 28. Il y avait inscrit une protestation contre le traité du 15 juillet, le refus de consentir que Mehemet Ali fût dépouillé de l'Egypte, et la demande d'un appel supplémentaire de 150.000 hommes. Le roi refusa, ne voulant pas, dit-il le lendemain à Bulwer, remplacer « des armements de précaution par des armements de guerre » (3). Thiers donna aussitôt sa démission. Louis-Philippe fit appeler Soult, qu'il avait pressenti, et offrit le portefeuille des affaires étrangères à Guizot, qui accepta et était à Paris dès le 29 octobre.

Palmerston pouvait savourer sa victoire : « C'est ce que j'ai souvent dit et toujours pensé. Les armements de Thiers étaient une manœuvre destinée à produire un effet supérieur à leur réalité, en fait, une pure jonglerie... Eh! bien, nous sommes restés fermes, nous ne nous sommes pas laissé duper, et Thiers s'en va... » (4)

Il s'en allait victime d'une double erreur sur la conduite à

---

(1) D. Halévy, le Courrier de M. Thiers, 158.

(2) Palmerston à Melbourne, 28 octobre (et non 25), Sanders, 487.

(3) Bulwer à Palmerston, 26 octobre 1840 ; F. O. Sur ces événements v. le journal adressé au prince de Joinville par la princesse Clémentine. (Revue rétrospective, 515-16).

(4) Sanders, 487.

tenir à Londres et en Orient. Le point faible de Palmerston était à Londres et dans le ministère même. En prenant hardiment, à la face de l'opinion anglaise, la défense de l'Egypte, en disant que le maintien de l'entente cordiale était impossible si l'on voulait restaurer la puissance turque en Syrie et à Alexandrie, Thiers aurait trouvé en Angleterre et parmi les collègues mêmes de Palmerston un solide appui. En n'envoyant pas sa note du 8 octobre, il aurait acculé Palmerston à la nécessité de tendre la main à la France ou de se retirer. Il avait préféré agir en Orient et commis l'erreur de croire, d'abord à la puissance réelle de Mehemet Ali, ensuite à sa propre influence auprès des Turcs, appuyés désormais par la Russie et l'Angleterre. Ces erreurs de stratégie diplomatique ne sont pas rares, et Palmerston en avait commis de pires. Le vrai tort de Thiers est autre, et plus grave. Averti qu'il était des intentions de Louis-Philippe, il proposa des mesures nettement belliqueuses afin de se ménager sans risque une retraite honorable. Pour réserver son avenir parlementaire, il compromettait gravement le régime qu'il avait contribué à fonder, laissait la France irritée contre son gouvernement, contre son alliée de la veille, isolée et mécontente. Surtout, il laissait l'Europe, et particulièrement l'Allemagne, persuadée de nos intentions guerrières et décidée à nous en punir à la première occasion.

III

Bien qu'il ne fût pas officiellement le chef du nouveau ministère, qu'on appela, suivant l'usage d'alors, le « cabinet du 29 octobre », Guizot avait, en fait, la direction des affaires, le maréchal Soult étant « content de sa position et sans prétentions importunes ». Louis-Philippe montrait la plus grande confiance dans le ministre de son choix. Mais hors des Tuileries, et dans les Chambres mêmes, la situation de Guizot était difficile. Il la compare, sans non raison, à celle de Casimir-Perier en 1831 (1). Louis-Philippe et son ministère apportaient à l'Europe une garantie de paix, mais beaucoup de Français leur reprochaient de le faire au prix de la dignité de la nation. Même parmi les étrangers, on s'exagérait les sacrifices que le roi aurait consentis pour sauver la paix et la dynastie. Raikes ne dit-il pas qu'il aurait, au besoin, abandonné Toulouse et Marseille? (2)

Dans ces conditions, l'attitude naturelle du gouvernement nouveau était de dire à l'Europe, comme Perier l'avait fait en son temps: « Nous sommes votre seule garantie de paix; faites-nous, dans votre intérêt, la tâche plus facile et fortifiez-nous par quelques concessions. » Ce raisonnement était admis en Angleterre par la plupart des whigs modérés, dont le *Times* était l'organe. La reine et le prince Albert s'y rangeaient; lord Melbourne également. Mais Palmerston était encouragé par ses succès mêmes à l'intransigeance. « Le tout est, dit-il en apprenant la chute de Thiers, que Louis-Philippe n'arrive pas à tirer de notre pitié, *in forma pauperis*, ce qu'il n'a pu extorquer de notre crainte par la menace. » (3) Il prit donc les devants, et tandis qu'on cherchait à Vienne et à Londres la formule d'une concession que Guizot pût présenter aux Chambres, il fit tenir à Paris une note censée rédigée pour répondre au *casus belli* de Thiers, et où il soutenait l'impossibilité légale pour les puissances d'empêcher le sultan de déposer Mehemet Ali. C'est la doctrine même qu'il avait exposée au Conseil du 10 octobre.

Louis-Philippe ne crut pas devoir s'y arrêter, et remit le roi des Belges en campagne pour obtenir un arrangement satisfaisant. Il croyait encore pouvoir, pour prix du renvoi de Thiers, non seulement maintenir l'hérédité du pacha d'Egypte, mais lui conserver Candie et le pachalik d'Acre (4). Mais il fallut

(1) *Mémoires*, V, 10-11.
(2) Lettre à Wellington, 7 nov. 1840, citée par Rodkey, 195, note 2.
(3) A Melbourne, 28 oct. 1840; Sanders, 487.
(4) Louis-Philippe à Léopold Ier, 6 nov. 1840; *Revue rétrospective*, 364.

déchanter bientôt. Palmerston publia sa note dans les journaux et le bon sens public y vit ce que le roi ni Guizot n'avaient voulu y voir. Le 14 novembre, enfin, il fit signer par les « quatre » une convention où les puissances exigeaient de Mehemet Ali une soumission absolue au sultan avant d'intervenir pour lui faire restituer le gouvernement héréditaire de l'Egypte. Sur cette « soumission absolue » on pouvait chicaner. En attendant, ordre fut donné à l'amiral Stopford de pousser vigoureusement les hostilités. Déjà le 4 novembre, les forces britanniques, aidées des Turcs et des Autrichiens, avaient bombardé et pris Saint-Jean-d'Acre sans résistance sérieuse. Le 27 novembre, le commodore sir Charles Napier, embossé devant Alexandrie, signait avec le pacha une convention d'évacuation complète de la Syrie et de restitution des navires turcs, en échange de la garantie des puissances au maintien de sa dynastie en Egypte. Le 11 décembre, Stopford, qui n'avait pas ratifié la convention Napier, faute d'instructions conformes, obtint même de Mehemet Ali une promesse de soumission sans conditions écrites, en échange de laquelle le gouvernement turc finit, non sans réticences, par promettre de renoncer à l'acte de déchéance (1).

Pratiquement, ce qu'on avait appelé la « question d'Alexandrie » était réglé par le succès incontestable de Palmerston et la défaite de la France. L'un des plus acharnés adversaires du ministre anglais, Henry Greville, écrivait dans son journal, à la date du 4 décembre: « Palmerston est triomphant, tout a tourné en sa faveur... Ses collègues n'ont plus rien à dire et... le pacha est réduit à se soumettre. La querelle est finie. » (2)

Guizot, informé de la situation par son chargé d'affaires à Londres, Bourqueney, et par un agent spécial, le baron Mounier, qu'il avait dépêché à cet effet, renonça dès lors à obtenir le moindre changement au traité du 15 juillet. Il prit

(1) Détails dans Rodkey, 203-206.
(2) *Journal*, III, 306.

le parti d'ignorer ce traité conclu en dehors de la France, d'accepter « le fait » sans y donner d'assentiment. C'était là, selon lui, une question intérieure à l'empire turc. Mais il restait la question extérieure, qui était, selon lui, la *grande* question, celle des rapports de la Turquie avec l'Europe, du régime des détroits et, subsidiairement, des garanties à stipuler en faveur des populations chrétiennes du Liban, replacées sous la souveraineté ottomane. Là-dessus la France pouvait et devait être consultée, s'accorder avec les puissances et reprendre sa place parmi elles.

C'est par ce moyen que Guizot espérait recouvrer un peu de prestige dans les Chambres et dans l'opinion. Il avait, lors de la discussion de l'adresse, obtenu un vote favorable de la majorité, et son gouvernement avait paru affermi depuis. Le 15 décembre, la cérémonie du transfert des cendres de Napoléon aux Invalides avait eu lieu en grande pompe, sans donner lieu à aucun des incidents que le gouvernement avait redoutés jusqu'au dernier moment (1). Quelques cris seulement avaient été poussés contre le ministère et contre les Anglais, mais sans éveiller d'écho. Un froid de quinze degrés glaçait la foule des spectateurs, et il semblait qu'une sorte de découragement eût gagné l'opinion publique. Heine notait que l'esprit d'enthousiasme et de conquête, le goût même de la grandeur paraissaient descendus au tombeau avec le cercueil de l'Empereur (2).

Dégagé de cette inquiétude, Guizot tenait à faire preuve envers l'Europe de cette dignité qu'on lui contestait. Louis-Philippe avait été sollicité par l'Angleterre, l'Autriche et la Prusse de donner, par des mesures de désarmement, un gage de ses sentiments pacifiques. Il s'y refusa obstinément (3), et défendit avec succès devant les Chambres le projet de loi approuvant les travaux des fortifications de Paris, commencés par Thiers

(1) Des lettres de menace avaient fait craindre un attentat à l'Ambassade d'Angleterre. Granville à Palmerston, 14 déc. 1840, F. O.
(2) Heine, *Lutèce*, 124.
(3) Granville à Palmerston, 7 et 21 déc. 1840. F. O.

pendant l'intersession. Il fit la sourde oreille aux avances de Granville pour reprendre les négociations commerciales, interrompues par le traité du 15 juillet (1). Cela ne peut se faire, disait-il, avant que la France soit rentrée dans le concert des puissances.

L'obstacle à cette réconciliation n'était pas sur le continent. L'empereur Nicolas lui-même avait fini par renoncer à l'idée de renouveler le traité d'Unkiar-Skelessi et disait trouver avantage à ce qu'une convention européenne le remplaçât. On ne pouvait la conclure sans la France. Le tsar comptait prendre ses précautions contre elle par un accord spécial, soit des « quatre », soit de la Russie avec l'Angleterre séparément (2), mais il ne refusait pas de l'admettre à la négociation. Palmerston y aurait consenti de son côté, mais sans souscrire à une condition que Guizot tenait pour indispensable: le règlement préalable de la question égyptienne. Le ministre de Louis-Philippe soupçonnait encore son collègue britannique d'encourager les Turcs dans leur lenteur à réinvestir Mehemet Ali. De fait, à la fin de janvier 1841, le firman nécessaire à cet effet n'était pas encore publié.

Sa méfiance parut cependant désarmée après un séjour que Bourqueney fit auprès de Palmerston, à son château de Broadlands. Il en revint convaincu que le rapprochement pouvait se faire sans danger de surprise (3). Le 13 janvier, Guizot formula ses conditions, dans une note dite des « cinq points ». La convention future devait, selon lui, proclamer: 1° la clôture des détroits; 2° l'intégrité de l'empire turc; 3° des garanties pour les chrétiens de Syrie; 4° la protection des Lieux Saints; 5° des stipulations de liberté générale, et peut-être de neutralité positive, concernant « les routes commerciales, soit entre la Méditerranée et la mer Rouge par l'isthme de Suez, soit entre la

____

(1) Granville à Palmerston, 6 et 29 mars 1841. F. O.
(2) Cf. Hall, 319-320.
(3) Bourqueney à Guizot, 7 janv. 1841. A. E.

Méditerranée et le Golfe Persique par la Syrie et l'Euphrate » (1).

Cette dernière stipulation était habilement rédigée et montrait que Guizot, pendant son séjour à Londres, avait exactement démêlé les véritables motifs de la politique britannique dans le Levant. Elle est peut-être à ranger parmi les raisons qui retardèrent la réponse de Palmerston. En tout cas il fit savoir à la France que du sentiment commun des quatre puissances, seule une déclaration sur la clôture des Détroits pouvait faire l'objet d'un accord unanime. Les pourparlers à ce sujet traînèrent de longues semaines. D'autre part, la Turquie, encouragée par lord Ponsonby et très probablement en sous-main par Palmerston (2). inventait chaque jour des chicanes ou des restrictions nouvelles à l'acte d'investiture de Mehemet Ali. Un premier firman du 13 février fut rejeté à bon droit par le pacha, à qui était retiré le droit de nommer lui-même les officiers supérieurs de son armée. En même temps, le représentant de la Turquie à Londres refusait de signer le « protocole de clôture » de la question turco-égyptienne. Il devenait dès lors impossible d'inviter la France à y souscrire.

Toutes ces querelles de forme, qui semblent assez puériles, prolongèrent les pourparlers pendant fort longtemps encore. On finit cependant par s'accorder, en mars, sur deux textes. L'un était le fameux « protocole de clôture » où les « quatre puissances » constataient que les « difficultés » d'Orient étaient « aplanies » et qu'il importait de « consacrer » par une convention la fermeture des Détroits, « ancienne règle de l'empire ottoman ». L'autre était la convention elle-même, où la France était cette fois partie contractante avec la Turquie et les « quatre ». Dans le préambule de l'acte de fermeture, les puissances se déclaraient « persuadées que leur union et leur accord offraient à

____

(1) Guizot, *Mémoires*, VI, 72, et dépêche à Bourqueney, 13 février 1841. A. E. *Angleterre.*

(2) Hall, qui lui est très favorable, admet que sa patience envers Ponsonby est « suspecte » (325).

l'Europe le gage le plus certain de la conservation de la paix générale, objet constant de leur sollicitude ».

Comme si les événements devaient, jusqu'à la dernière heure, démentir cette rhétorique de chancellerie, le texte, arrêté le 15 mars 1841, ne put être signé que le 13 juillet. Guizot voulait à tout prix rester étranger aux accords des « quatre » contre l'Egypte et ne rien signer avant que la situation de Mehemet Ali fût redevenue stable et régulière. Or le firman d'investiture définitif, sans restrictions ni pièges, ne put être arraché aux résistances de la Porte qu'au mois de juin, lorsque Metternich, irrité de la mauvaise foi tenace de Ponsonby, menaça de faire un éclat. Guizot ne consentit jusque-là qu'à « parapher » la convention de Londres et Bourqueney donna sa signature le 13 juillet seulement, trois jours après que celles du « protocole de clôture » eurent été échangées, sur la nouvelle que la difficulté turco-égyptienne était enfin réglée.

IV

A la fin du chapitre de ses *Mémoires* où il raconte la signature de la Convention de Londres, Guizot cherche à montrer que l'Europe « sentant le poids du vide (*sic*) que faisait dans ses conseils la France absente, se montra empressée de l'y rappeler ». *Empressée* est sans doute trop dire. Il avait fallu un an pour rétablir, après combien de menaces, de difficultés et de chicanes, un accord apparent entre la France et son alliée de la veille. En fait, la France avait éprouvé un double échec. D'abord elle n'avait pas réussi à maintenir en Syrie un gouvernement favorable — elle le croyait du moins — à sa politique et aux intérêts de son commerce. Mehemet Ali, se jugeant abandonné par les Français, tournait maintenant les yeux vers l'Angleterre. Napier, après un entretien avec lui, écrivait en février 1841 : « Il n'y a rien qu'il ne fasse si nous le lui demandons. A moins que l'Egypte ne devienne une colonie anglaise, le meilleur est qu'elle reste une puissance indépendante, payant tribut à la Porte. Notre commerce avec l'Inde deviendra très important, et la facilité du voyage s'accroît chaque jour. Il a l'intention d'établir une écluse entre le canal et le Nil pour permettre aux passagers d'aller d'Alexandrie au Caire sans quitter les vapeurs qui vont être établis, et je ne doute pas qu'avant longtemps un chemin de fer soit établi du Caire à Suez. » (1) Palmerston apparaissait, même aux yeux de ses adversaires, comme un triomphateur égal, sinon supérieur au premier Pitt (2). Tout le prestige que l'Angleterre avait gagné dans l'affaire, la France l'avait perdu.

D'autre part, elle demeurait, malgré les apparences, isolée en Europe. La crise de 1840 laissera dans l'opinion française des traces ineffaçables On oubliera vite le brillant avantage commercial remporté par l'Angleterre. Il a du reste échappé au plus grand nombre, et Louis Blanc est l'un des rares publicistes qui en aient compris l'étendue (3). Mais l'atteinte portée à l'honneur national a été profondément ressentie par tous. Elle a rendu définitivement impossible entre la France et l'Angleterre l'accord des intérêts et le développement des sympathies. L'entente cordiale de Guizot et d'Aberdeen aura, dans les deux pays, bien moins de racines que celle, pourtant si fragile, de Talleyrand et de Palmerston. Pourtant, elle demeura

(1) Napier, *War in Syrie*, II. 179, cité p. Rodkey, 232, n.

(2) La comparaison est de Disraëli (*Tancred*, l. III, ch. 6) ; et de Greville (*Journals*, II', 356).

(3) Louis Blanc, *Organisation du travail*, éd. Marriott, I, 99 ; « Le motif pour lequel l'Angleterre a exclu la France du dernier traité est un motif tout commercial. Sur ce point seul doute possible : rien de plus clair que le langage du *Globe*, journal de lord Palmerston... Le ministre anglais ne fait pas mystère de ses desseins. Ouvrir aux navires anglais trois routes qui les conduisent dans l'Inde : la première par la mer Rouge, la seconde par la Syrie et l'Euphrate, la troisièm: par la Syrie, la Perse et le Béloutchistan... Ces trois routes une fois ouvertes, elles se couvriraient de marchés, dit ingénûment le *Globe*... Humilier la France ? Il s'agit pour l'Angleterre de bien autre chose, vraiment, il s'agit pour elle de vivre. »

pour nous la seule alliance possible. Bulwer, observateur peu bienveillant, mais sagace, et qui avait remarqué depuis longtemps la propension de Louis-Philippe à se rapprocher des puissances du continent, notait dès avril 1841 un retour marqué à la même tendance (1). Mais l'élément principal du succès manquait désormais. La Russie, satisfaite d'avoir rompu l'entente franco-anglaise, ne souhaitait rien faire de plus pour aller au devant de la France. Les puissances allemandes semblaient mieux disposées, mais l'opinion publique ne secondait plus aucunement, à cet égard, la bonne volonté des gouvernements. Suivant l'expression de Metternich, Thiers, en six semaines, avait fait autant pour nous aliéner l'Allemagne « que Napoléon en dix ans de guerre et d'oppression » (2).

Ainsi, pendant tout le reste de son règne, Louis-Philippe tentera successivement — ou ensemble — de reconstruire une alliance avec l'Angleterre, que les Français soupçonnent ou détestent, et d'établir un accord avec l'Autriche et l'Allemagne, qui soupçonnent ou détestent la France. Tâche impossible, où il finira par succomber.

(1) Bulwer à Palmerston, 23 avril 1841. F. O. *Archives, France*, 230.
(2) *Mémoires de Metternich*, VI, 447.

CHAPITRE VII

"CORDIAL UNDERSTANDING"
(1841-1845)

I. Comment la France et l'Angleterre se connaissent. Diplomates, agents secrets, voyageurs, gens de lettres. Les relations intellectuelles et l'entente. — II. Guizot et Aberdeen. Le droit de visite. Le projet d'accord commercial. — III. L'entente cordiale. Victoria en France. L'affaire Pritchard. Le Maroc. Louis-Philippe à Windsor.

I

Au mois d'Octobre 1840, la France et l'Angleterre semblaient à la veille d'une grande et terrible guerre. Un an après, le terme d' « entente cordiale », employé en 1831 pour la première fois par Palmerston, servait à nouveau pour caractériser les rapports des deux pays ; il devait demeurer pendant cinq ans l'expression officielle de leur accord et prendre place, à chaque rentrée des deux Parlements, dans les discours des deux souverains. C'est donc que l'entente franco-anglaise correspondait, de part et d'autre, à une tendance naturelle ou du moins à des intérêts communs. Mais elle ne devait pas grandir, ni prendre racine dans l'esprit public. C'est qu'au cours des dix années écoulées depuis la révolution de juillet aucun des deux peuples n'avait fait de sérieux progrès dans la connaissance de l'autre. Tout au plus le souvenir des luttes et des haines d'autrefois commençait-il à s'effacer à mesure que disparaissaient les générations qui s'étaient âprement combattues. Mais la crise de 1840 était venue réveiller les rancunes et les passions d'autrefois. Les hommes qui, de part et d'autre de la Manche, ont essayé de reconstituer et de maintenir, de 1841 à 1846, l' « entente cordiale », connaissaient cet état de choses. Ils en parlaient assez souvent, pour le déplorer. Mais ils se sont bornés presque toujours à exprimer des regrets, ou des espérances, se fiant au temps, disaient-ils, pour dissiper ce qu'ils appelaient des « préjugés ». Aucun effort sérieux ne semble avoir été fait, de part ni d'autre, pour sortir du domaine des entretiens de gouvernement à gouvernement, voire de souverain à souverain, pour procurer aux deux nations une meilleure intelligence d'elles-mêmes, de leurs sentiments et de leurs intérêts communs, et ménager entre elles un accord plus profond et plus durable que celui des ministères et des chancelleries. Seuls quelques isolés, étrangers pour la plupart aux milieux politiques, comprendront l'importance d'un rapprochement semblable. Ils y tâcheront dans la mesure de leur influence, trop faible malheureusement. Pour faire équilibre à tout un lourd passé de luttes acharnées, il eût fallu l'effort d'une foi robuste, soutenue et dirigée par de puissants intérêts matériels.

Les Français avaient, certainement plus que les Anglais, la curiosité éveillée sur ce qui se passait au delà de leurs frontières. Ils portaient intérêt au peuple voisin, mais avec plus de promptitude à juger que de soin pour recueillir des faits et pour en faire la critique. Cela est vrai même, et presque surtout, de ceux d'entre eux qui par leurs fonctions et la place qu'ils occupaient, étaient le mieux en état de s'informer et d'informer les autres. On se rappelle avec quelle hautaine impertinence Talleyrand renvoyait à la lecture des journaux et des livres le ministre des Affaires étrangères assez naïf pour demander aux ambassadeurs une dépêche trimestrielle d'observations générales sur

la vie politique et économique du pays où ils résidaient (1).
Ses successeurs s'en étaient tenus, dans leur correspondance,
au récit à peu près quotidien des négociations proprement dites.
Encore en réservaient-ils souvent l'essentiel pour le « papier
carré » des lettres particulières. On chercherait en vain, dans
les dépêches de nos agents à Londres, même les plus clair-
voyants et les plus actifs, des jugements d'ensemble sur les
faits et les hommes qu'ils étaient en situation d'observer.
C'étaient, apparemment, choses supposées connues. Guizot lui-
même, qui avait apporté dans ses fonctions une connaissance
assez rare du passé de l'Angleterre et de ses institutions, n'avait
pas cherché, pendant son séjour à Londres, à étendre ses relations personnelles hors du cercle de la cour et de quelques
salons aristocratiques, en général déjà favorables aux mœurs et
aux idées françaises. Si des Français traversaient le détroit et
voyageaient en Angleterre, la nuance d'accueil et le degré
d'appui qu'ils pouvaient attendre de nos agents diplomatiques
étaient proportionnés, non à leur valeur personnelle ou à l'influence qu'ils pouvaient avoir sur l'opinion britannique, mais
au rang qu'ils occupaient, en France, dans la hiérarchie officielle ou mondaine. Vigny, Michelet, Louis Blanc ont pu venir
à Londres, y séjourner, sans que l'ambassadeur de France ait
paru soupçonner leur présence, ou du moins y prendre intérêt.

La plupart de nos ambassadeurs ou chargés d'affaires, sans en
excepter les mieux doués ni les plus habiles, tels que le comte
de Sainte-Aulaire, se regardaient comme des représentants de
leur souverain, parfois du ministre des Affaires étrangères, bien
plus que de la nation dans son ensemble. Volontiers, ils
conservaient les façons de l'ancien régime. Le comte de
Sainte-Aulaire mettait même une coquetterie assez singulière, et
qui ne passait pas inaperçue, à porter encore, après 1840, les
cheveux poudrés, comme sous l'ancien régime. L'ambassade

(1) Circulaire de l'Amiral de Rigny, 5 mai 1834 (Arch. de l'Ambassade de Londres).

n'avait guère d'informateurs politiques, n'envoyait personne aux séances des Chambres; elle ne comptait, à cette époque, ni attaché militaire, ni attaché naval; il fallut la circonstance exceptionnelle des négociations sur le droit de visite, en 1845, pour que le duc de Broglie, plénipotentiaire spécial, amenât à Londres quelques officiers de vaisseau. Les rapports de l'ambassade avec la presse anglaise étaient assez rares. Guizot notait comme extraordinaire, en 1840, une visite que lui avait faite, pour un motif personnel, le directeur du *Morning Chronicle*, et quand lui-même crut opportun d'agir, dans l'intérêt de la France, sur quelques journaux britanniques, il demanda de Paris un agent spécial, mandaté par le ministre de l'Intérieur (1).

Au reste, les hommes d'Etat français ne paraissent guère, à quelques exceptions près, avoir souhaité prendre, de la vie publique en Angleterre, une connaissance personnelle et directe. Guizot, avant son ambassade, n'avait jamais passé le détroit. Thiers fit le voyage une fois, et très rapidement. C'était plutôt un usage, et une sorte de rite à accomplir, qu'un besoin ressenti. Un député, qui était venu à Londres, disait à Talleyrand au moment de repartir: « Maintenant que j'ai dîné avec lord Palmerston, on ne dira plus à Paris que je ne puis pas être ministre (2). »

Fait remarquable, le premier qui ait songé à établir, entre le British Museum et la Bibliothèque Nationale, un échange régulier des ouvrages publiés dans les deux pays, est un simple particulier, John Bowring, l'ami de Cobden. Talleyrand lui fit compliment, à cette occasion, d'être le seul homme ayant signé « un traité intellectuel » ; encore paraît-il que la convention ne fut pas exécutée, par suite de la mauvaise volonté d'une Université écossaise, et que l'on échangea seulement des docu-

(1) V. plus haut, p. 185 et 193.

(2) *Chronique de la duchesse de Dino*, I, 120. Il s'agit à la vérité de Bignon, dont les ouvrages historiques (probablement inconnus de Palmerston), sont très anglophobes.

ments officiels entre la Chambre des lords et la Chambre des pairs française (1).

Peu de Français, semble-t-il, allaient vivre ou séjourner en Angleterre autrement que par nécessité ou intérêt d'affaires. La duchesse de Dino, qui de 1831 à 1834 mandait exactement, à son correspondant Bacourt, le nom des visiteurs notables, n'en cite guère plus d'une douzaine chaque année, et Ed. Bulwer, dans son livre sur l'*Angleterre et les Anglais*, notait déjà, en 1833, cette particularité restée vraie que Londres est la seule ville anglaise qui ait un quartier français, qu'il n'y demeure guère que de petites gens, ou pires, et que le mépris inspiré par eux à leurs hôtes ou à leurs créanciers nuit à la France, trop souvent jugée d'après eux (2).

Ce que les Français d'alors savent de l'Angleterre de leur temps, ils l'ont surtout appris par la lecture. Peu lisent l'anglais à cette époque. Thackeray note à maintes reprises, dans *Paris Sketch Book*, l'ignorance absolue des Français à cet égard, et comment les noms propres britanniques sont écorchés au théâtre; il raille entre autres Alexandre Dumas qui, dans *Kean*, a mis en scène un lord *Melbourn*, et Paul de Kock, qui appelle un Anglais lord *Boulingrog* et paraît ravi de la vraisemblance du nom. La *Revue des Deux-Mondes* signale, il est vrai, la publication en France, en une seule année (1835), de 95 ouvrages en langue anglaise, dont 42 d'auteurs vivants. Mais il s'agissait, paraît-il, d'éditions contrefaites, destinées au public britannique. Même la *Revue d'Edimbourg* était contrefaite ainsi. Le public lettré, soucieux de lire les journaux anglais dans le texte, en trouvait l'analyse et les *leaders* dans le *Galignani Messenger*, qui tirait à 5.000 exemplaires environ. La plupart de nos journaux (surtout les *Débats*, le *Constitutionnel* et la *Quotidienne*) en

(1) Bowring, *Autobiographical recollections*, 303.
(2) *Revue des Deux-Mondes*, 15 oct. 1833, (revue-chronique). Le N° 4 du *Punch* de 1841 contient une caricature des Français à Londres, avec cheveux touffus et barbes « mérovingiennes ». Le texte dit qu'on les appelle *foreign Affairs* et que c'est très distinct de *foreign gentlemen*. L'article et les dessins rappellent beaucoup la manière de Thackeray.

donnaient des extraits, mais sans choix, et assez mal traduits. Quant aux revues, elles passaient à peu près inaperçues, bien que la *Revue britannique* en traduisît les principaux articles avec beaucoup de soin. Dans les journaux ou revues publiés en France, on ne trouve guère d'études suivies, et surtout impartiales, sur l'Angleterre. Une seule exception, importante à la vérité. La *Revue des Deux-Mondes* suivait de très près les événements de la vie politique, économique et littéraire britannique. Presque tous les hommes d'Etat anglais: Wellington, lord Grey, Brougham, Durham, Peel, Russell, Palmerston, beaucoup d'écrivains, de poètes surtout, font l'objet d'études attentives, même approfondies. Léon Faucher, Philarète Chasles, John Lemoinne, Forcade, Montégut signent ces articles, dont beaucoup sont remarquables. Pourtant quelques faits importants, quelques noms déjà célèbres échappent à ces observateurs attentifs : Fielding n'est l'objet que d'un court article de Gustave Planche, en 1832; Thackeray n'est signalé qu'en 1843; Dickens ne le sera qu'en 1848, Carlyle qu'en 1849, Mill passe inaperçu. La grande transformation économique de l'Angleterre, le triomphe du libre-échange ne sont guère étudiés qu'après coup, vers la fin du règne de Louis-Philippe. Destinés d'ailleurs à un public déjà averti, et assez restreint, ces articles n'ont pas fait beaucoup, malgré leurs mérites, pour changer les idées répandues; après 1846, ils se font plus rares, comme si l'intérêt des lecteurs pour les choses anglaises avait faibli.

On constate, vers la même époque, une décroissance marquée de l'*anglomanie*, qui avait fait fureur à la fin de la Restauration et au début de la monarchie de juillet. Cette mode, très superficielle, fut à son apogée vers 1835. Lady Morgan avait déjà remarqué que les *fashionables*, tout à fait ignorants de l'Angleterre et de la vie anglaise, imitaient seulement les dehors, le costume, les excentricités des Anglais qu'ils voyaient sur le continent. Raikes, Gronow, lady Granville plaisantent ces *dandies* ingénus, plus soucieux d'étonner que de plaire, même à leurs modèles. Le *fashionable* ne connaît guère, comme Anglais illustres, que Brummel et Byron, et il les imite de son mieux. Encore le nom de Brummel est-il plus connu que sa personne. En 1840, le journal *La Mode* l'appelait le « Falstaff du prince de Galles » sans savoir qu'il venait de mourir, à Caen, atteint de gâtisme et tombé dans la plus noire misère. Le fameux *Mylord l'Arsouille*, que la foule prenait pour lord Seymour, était un sosie, fils d'une émigrée française et d'un pharmacien de Londres, et qui mourut en 1835. Le vrai Seymour, né de la liaison de Montrond avec lady Hertford, était au contraire un sportsman élégant, plus Français qu'Anglais, et qui n'alla jamais en Angleterre. Il contribua à introduire en France ce qu'il y eut de plus durable dans l'anglomanie, les courses de chevaux et l'habitude du *club*. La « Société d'Encouragement pour l'amélioration et le perfectionnement des races de chevaux en France » avait été fondée en 1833; le Jockey-Club s'ouvrit en 1835. Les courses de Chantilly commencèrent la même année. Le roi Louis-Philippe s'y intéressa; ses fils montrèrent beaucoup de goût pour ce nouveau divertissement; le duc d'Orléans se piquait d'avoir les plus beaux chevaux de France et de conduire lui-même son *tilbury*. Mais la mode des courses ne gagna pas le grand public. Après 1840, l'imitation des Anglais devint impopulaire; Seymour, ayant perdu en 1842 le prix du Jockey-Club, vendit ses chevaux et on crut que les courses de Chantilly seraient supprimées. Le Club lui-même eut plus de succès. Mais il demeura très fermé. On n'y admettait guère que des gentilshommes et quelques sportsmen. Bien qu'il fût très *comfortable*, et, au témoignage de Raikes, mieux installé que celui de Londres, il était peu coûteux et l'on y dînait à dix plats pour six francs (1).

Cette anglomanie n'atteignait qu'une société restreinte de

<hr>

(1) Sur l'anglomanie à cette époque, v. Boutet de Monvel, *les Anglais à Paris*, 160 et suiv., Jacques Boulenger, *les Dandys*, 247-280 et un article anonyme du *Temps* (3 févr. 1914) sur le Jockey-Club. Cette mode n'est qu'une résurrection : à la fin de l'ancien régime, le duc d'Orléans (le

jeunes gens riches et oisifs, mal informés de l'Angleterre et qui partageaient, au fond, les préjugés de la foule. On n'osa plus se dire *fashionable* après la crise d'Orient, et beaucoup d'anglomanes de la veille devinrent alors, plus ou moins publiquement, anglophobes.

Les hommes qui jugèrent le mieux les Anglais, pour les avoir bien étudiés, furent quelques écrivains, qui en général se tinrent à l'écart des mouvements d'opinion, et n'essayèrent pas de vaincre les préjugés de la foule. Eugène Süe, le seul homme de lettres qui fût membre du Jockey-Club, et qui avait la réputation d'un *dandy*, n'était anglomane que par mode et peut-être pour soigner sa notoriété de romancier. Ami de d'Orsay, de Seymour, de Chesterfield, montant des chevaux anglais, pratiquant la boxe anglaise, il affectait, dans ses œuvres comme dans sa vie, une sorte de byronisme ingénu qui tourna plus tard au socialisme sentimental. Son roman d'*Arthur* (1840) met en scène un Anglais, élégant et impassible, lord Falmouth, qui commande un yacht armé en guerre, et accomplit toutes sortes de prouesses (1). Devant le succès de ses *Mystères de Paris*, parus en feuilleton dans les *Débats*, en 1842 et 1843, et écrits au jour le jour, il inclina davantage à satisfaire le goût des petites gens, et il y fit des vertus populaires la peinture attendrissante et un peu niaise que l'on sait. Mais il n'y faisait pas de sacrifice à l'anglophobie. Sans doute, la « femme fatale » du roman, l'aventurière de qualité, Sarah Seyton, est une Ecossaise; mais l'homme qui la démasque et assure à la vertu sa récompense, c'est aussi un *Briton*, sir Walter Murph, du Yorkshire, Anglais flegmatique, courageux, dévoué, grand amateur de sports et d'éducation physique, qui a enseigné au héros du livre, Rodolphe de Gerolstein, l'art de jeter

futur *Egalité*) avait, d'avance, donné l'exemple à ses petits-fils. V. à ce sujet le récent ouvrage de M. A. Britsch, *La Jeunesse de Louis-Philippe-Joseph d'Orléans.*

(1) La Reine Victoria mandait en 1845 au Roi des Belges qu'elle désirait le lire, mais ne savait pas s'il était « pour elle ». *Queen Victoria letters*, II, 33.

bas, à coups de poing, les traîtres qui ne sont pas des gentlemen.

Alfred de Vigny est celui des grands écrivains de cette époque qui a le mieux connu, le mieux compris les Anglais (1), le seul, peut-être, qui les ait aimés, sans pour cela rien renier de son patriotisme. Amené à Londres par son ami Reeve, il y avait fait un assez long séjour en 1838-1839, et fréquenté habituellement chez les Blessington et chez d'Orsay. Il rencontra là, entre autres, Bulwer le romancier, Charles Greville, lord Durham, l'acteur Macready, etc. Il eut, même dans ce milieu sympathique à la France, l'occasion d'entendre juger son pays avec quelque sévérité, et comme il dit, osa défendre ses compatriotes, même dans leurs fautes, par sympathie pour eux. Mais il avait parfois des scrupules, et se reprochait, tantôt de n'être pas juste, tantôt de paraître abandonner les Français. Quand lord Durham mourut, au début d'octobre 1840, il écrivit à lady Blessington pour déplorer la mort d'un homme à qui « l'alliance de la France semblait précieuse à plus d'un titre ». Et quelques jours plus tard, au moment où la guerre semblait inévitable, il adressait à Alfred d'Orsay ces belles paroles: « J'espère que l'on trouvera un moyen d'empêcher ou de retarder cette guerre de géants, qui semble près de se déclarer, mais si le moment arrive où la France ne pourrait pas l'empêcher honorablement, si nous sommes condamnés à voir encore la civilisation s'arrêter et les grossières questions de la destruction brutale remplacer pour longtemps celles du progrès des idées dans la paix, j'espère au moins que toute communication ne sera pas fermée entre les deux pays qui ont contracté tant d'unions malgré la politique, comme ces racines qui s'entrelacent sous terre entre les arbres, malgré les jardiniers (2). » Nul autre que Vigny ne donne cette note, au

(1) Il faudrait peut-être nommer aussi Ch. Nodier, qui, à certains égards, est un vrai spécialiste des choses anglaises, et a, par moments, des qualités de grand écrivain. Mais sa notoriété, aux environs de 1840, est encore faible, et son influence à peu près nulle.

(2) Ernest Dupuy, *Alfred de Vigny, les Amitiés,* p. 70. C'est l'image

moment de la crise; pas même Stendhal, si bien informé et si équitable. On se souvient de ses efforts, avant 1830, pour créer un lien intellectuel entre les deux pays. Il avait fait un second voyage en Angleterre en 1838, et avait été reçu à l'*Athenæum*, non sans un vif plaisir. Mais le traité du 15 juillet 1840 le mit en colère. Il n'est pas sûr qu'il ait déclaré alors, comme on le raconte, renoncer à la qualité de Français, que le gouvernement rendait déshonorante. Mais il n'y a guère de doute que lui aussi n'ait retrouvé à cette occasion, tout chaud encore, le vieux ressentiment de Waterloo (1).

Des grands écrivains de ce temps, Lamartine est croyons-nous, le seul qui, dans des discours publics et dans la presse, ait donné son sentiment sur la crise anglo-française de 1840 (2). Mais s'il s'est prononcé contre Thiers et en faveur de l'alliance anglaise, c'est par amour de la paix ou bien pour des motifs de politique intérieure. Il n'avait pas de préférence marquée pour l'Angleterre, qu'il connaissait assez mal et à laquelle il ne s'intéressait pas spécialement. Hugo, qui à cette époque parle assez rarement de l'Angleterre, est en général très réservé à son sujet, et quand il célèbre en 1840 le retour des cendres de Napoléon, reste, à ce point de vue, fort en deçà du sentiment populaire. On connaît la célèbre pièce de Musset en réponse au *Rhin allemand* de Becker; il n'a rien écrit contre l'Angleterre. C'est peut-être que, la connaissant assez bien, il redoutait une lutte forcément inégale.

Les historiens, d'ailleurs divisés, raisonnent davantage leur sentiment. Edgar Quinet est nettement hostile à l'Angleterre, parce que Waterloo est la défaite de la démocratie, et qu'on nous menace à Londres d'un second Waterloo. Tocqueville,

même employée par Jaurès à propos de l'Alsace-Lorraine. Sur les relations de Vigny avec l'Angleterre, cf. les articles de M. Marc Citoleux dans les *Feuilles d'histoire*, juin 1914.

(1) M. Paul Arbelet, stendhalien notoire, nous assure que l'anecdote de la renonciation, due à Lysimaque Tavernier, employé du Consulat de Civita-Vecchia, est très suspecte.

(2) Notamment dans la *Presse* du 13 septembre 1840.

dont la réputation est alors très grande, aurait pu avoir une forte influence en faveur de l'entente, ou contre elle ; il semble au contraire avoir été entraîné plus qu'il n'a cherché à entraîner les autres : à la veille de la chute de Thiers, il lui écrit pour approuver sa politique d'armements et d'intimidation; après sa chute, il félicitera publiquement Guizot d'avoir rétabli l'alliance anglaise, gage de la paix. Le mieux informé, sans doute, est encore Michelet (1). Il n'a pourtant visité l'Angleterre en 1834 que pendant un mois, mais en circulant partout, accompagné de son élève Chéruel, voyant les trois capitales, les métropoles industrielles, une université, de grandes demeures seigneuriales. Son journal de voyage, malheureusement gâté par les retouches et les additions fantaisistes de sa seconde femme, témoigne d'un effort sincère pour voir, comprendre non seulement les hommes, les usages, les institutions, mais la vie économique, les causes d'une grandeur — et aussi de misères — qui l'ont profondément frappé. Il a des préjugés et des répugnances. Il frémit, il s'irrite, de retrouver partout le souvenir de Waterloo. Mécontent de n'avoir pu obtenir la permission de visiter une usine à Manchester, il écrit : « Tout est fermé ici. Concurrence, jalousie, mystère. » Il trouve Talleyrand « anglais à nous faire frémir, nous qui tenons encore à la France ». Mais la grandeur anglaise l'a profondément frappé, jusqu'à lui paraître écrasante, « monstrueuse », même dans la dimension des rues. Il note, sans sympathie, il est vrai, la « froide énergie d'entreprise » des Anglais, leur « héroïsme » même. Il est confondu de la puissance et de la rapidité du chemin de fer de Rochdale à Liverpool, et il y voit le symbole d'une supériorité matérielle qui l'humilie pour la France, et que souvent il juge précaire. Mais au retour, après réflexion, il dira sans cesse, jusqu'en 1840: « Nous sommes pour l'alliance anglaise plutôt que russe, car c'est la cause de la civilisation. » En 1840 seulement,

(1) G. Monod, *La vie et la pensée de Jules Michelet*, I, 316 et suiv.

il retrouvera toute son animosité, et il lui faudra bien des années pour revenir au calme et à la justesse de vues qui lui dicteront cette phrase écrite à Darwin en 1872 : « Les deux grands génies nationaux se reconnaissent enfin. »

De tous ces hommes, aucun n'a eu, dans les moments de crise belliqueuse, à la fois les moyens et la volonté d'éclairer l'opinion publique, et quand s'est engagée, une première fois en 1840, puis en 1844 et en 1846, dans la presse des deux pays, et même à la tribune des parlements, cette discussion de peuple à peuple qui est souvent le prélude des luttes les plus acharnées, c'est toujours par l'échange des vieux arguments traditionnels, historiques et sentimentaux, qu'elle s'est poursuivie, avec aussi peu de sang-froid que de connaissances exactes.

L'ignorance et l'aveuglement sont plus profonds encore, à cette époque, en Angleterre qu'en France, au moins dans la masse du public. Car si les hommes d'Etat et les diplomates ne sont pas exempts de préjugés, leur information est en général étendue et minutieuse.

Le titulaire de l'ambassade à Paris change rarement. D'août 1830 à février 1848, il n'y eut que trois ambassadeurs, les lords Granville, Cowley et Normanby. Le personnel des secrétaires fut assez rarement modifié, et même, contrairement à l'usage, le chargé d'affaires en fonctions lors de la chute de Palmerston, Henry Bulwer, fut laissé à son poste par Aberdeen. Les diplomates anglais suivaient de près la vie politique française. Normanby fut même, dans les dernières années, accusé parfois d'y prendre une part trop directe. Ils recevaient beaucoup, accueillant assez volontiers, surtout à la fin du règne de Louis-Philippe, des personnes étrangères au monde officiel. C'est ainsi que lord Normanby exprimera, en 1847, le désir de connaître Alfred de Vigny (1).

(1) Il s'adressera pour cela à l'une des amies anglaises du poète, Mme Austin, qui écrit à Vigny : « Auriez-vous peur de compromettre l'honneur de la France ? J'espère que non, quoique je vous avoue que je trouve

L'ambassadeur à Paris renseigne son gouvernement avec beaucoup de diligence, de précision et d'exactitude. Palmerston, écrivain infatigable, adresse plusieurs fois par semaine, outre les dépêches, une lettre particulière à l'ambassadeur; il réclame des réponses exactes, qui malheureusement n'ont pas été publiées pour la plupart. Pour répondre sur ce qu'il désire savoir, les notes officielles et les visites au ministre des Affaires étrangères ne suffiraient pas. L'ambassadeur a la ressource du roi, qui ne le fait jamais attendre, et le gratifie de longs entretiens, aussitôt transmis à Londres sous la rubrique: *secret et confidentiel.* Le plus souvent, au cours de ces audiences, il ne peut placer un mot, mais il apprend souvent des choses utiles: Bulwer, chargé d'affaires en octobre 1840, en avait fait l'épreuve. Mais de bonne heure l'ambassade britannique a eu d'autres informateurs, moins en vue, mais moins réservés (1).

Le plus ancien en date est Lagarde, ancien conseiller d'Etat, qui en 1841 fournissait depuis 26 ans deux bulletins hebdomadaires. Il avait, paraît-il, rendu d'importants services en 1815, et en mémoire de cela, on lui conservait une rémunération élevée: 600 livres sterling par an. Il était aussi, assure Bulwer, au service de l'ambassade d'Autriche. Nous avons pu retrouver un de ses bulletins, daté du 17 octobre 1841, au moment où Bulwer venait de réduire son traitement à 300 livres, pour deux bulletins par mois. Il vante ses services, l'exactitude de ses renseignements, la sûreté de ses sources, et même « la franchise indépendante de toutes considérations, *même nationales,* la sévère impartialité qu'on a tolérées dans son langage ». Mais ce qu'il révèle sur la participation de Louis-Philippe à la révolution contre Espartero et ses projets de marier le duc

notre pauvre cher représentant un peu malheureux dans ses efforts, du reste sincères, à se rendre agréable aux Français. Mais soyez bon prince ». (Ernest Dupuy, *A. de Vigny : les Amitiés,* 89).

(1) Ce qui suit d'après la minute, malheureusement parfois illisible, d'un rapport de Bulwer, d'octobre 1841, égaré parmi les papiers officiels de l'ambassade de Paris (F. O., 146, vol. 242).

d'Aumale à la reine Isabelle, est sans l'ombre d'une preuve.
Pourtant l'ambassadeur et le ministre en feront état dans leur
correspondance.

Bulwer employait un autre informateur: Goldsmith, journaliste et avocat de l'ambassade, beau-père de lord Lyndhurst (1), et qui, dit-il, bien que doué d'un très mauvais
jugement, rend des services importants, car personne à Paris
ne connaît autant de gens qui puissent renseigner de manière
utile. Il a notamment un correspondant aux Affaires étrangères,
qui fournit des bulletins périodiques, fort intéressants et payés
12 livres par mois. En cas d'information spécialement précieuse, comme celle sur les Baléares, on donnait un supplément,
qui fut dans ce cas de 80 livres. Enfin, un jeune homme, du
nom de Spazier, fournissait pour 200 francs par mois des notes
sur la presse et les Chambres. Mais Bulwer jugeait tout cela
insuffisant. Il demandait en outre un bon consul général, bien
au courant de la marine française et ayant des amis; pour cet
emploi, il désignait le consul de Brest, Perrier. Puis un attaché
militaire, et il avait l'homme sous la main, à Paris. C'est ce
même général polonais, Chrzanowsky, que Ponsonby, en 1839,
avait employé à Constantinople et qui avait convaincu Palmerston de la faiblesse militaire des Egyptiens. Si Bulwer, comme
il semble, obtint ce qu'il demandait, l'ambassade britannique
à Paris dut être la mieux informée de toutes, car nous savons
par ailleurs que l'ambassadeur d'Autriche communiquait à son
collègue anglais ses informations militaires, qui étaient excel-
lentes.

De ces sources, les diplomates anglais tiraient, non seulement
des informations précises, mais des jugements généraux sur la
France et sa politique, au dedans comme au dehors. Palmerston
faisait cas de ces travaux d'ensemble, qui sont souvent précieux à consulter. En 1841, peu de temps après la formation
du cabinet tory, Bulwer en adressait un à Aberdeen, qui ne

(1) Raikes, II, 78.

semble pas avoir été sans influence (1). Il y montrait la France attachée à la paix par la conviction et l'intérêt du roi, de Guizot et de la nation elle-même, mais dominée à la fois par son tempérament « vain et glorieux, plus soucieux de parade que d'action », et par la tradition de grandeur et de force militaire léguée par la génération précédente. Ainsi pas d'hostilité à craindre, mais pas de complaisance à avoir pour des ambitions jamais éteintes et des intrigues toujours probables. Et plus loin, analysant les causes possibles de troubles dans un pays « où l'on vit au pied d'un volcan », Bulwer en signalait deux : l'impopularité du régime censitaire et la rareté des subsistances, largement compensées, du reste, à son avis, par la force et la fidélité de l'armée.

Ces jugements étaient, en général, assez justes, quoique un peu superficiels. Nous en trouverons, à la fin du règne, de plus avertis sous la plume de lord Normanby. Mais, justes ou non, ils demeuraient dans le secret des archives. Les nombreuses publications de pièces diplomatiques que le gouvernement anglais ordonna pour l'instruction du Parlement furent toujours limitées à une question particulière, d'intérêt politique ou matériel, et l'on en retrancha les tableaux d'ensemble et tout ce qui pouvait aider à mieux connaître la France, même par les yeux des diplomates. Comme moyen d'information pour le public, la diplomatie ne compte guère.

Les voyageurs sont un élément plus important. Beaucoup d'Anglais viennent en France, quoiqu'ils paraissent avoir été moins nombreux que sous la Restauration. Mais ce sont surtout des membres de l'aristocratie, et qui ne voient que les gens de leur monde. Ils passent déjà (ou encore) pour des *nababs* qui ne regardent à aucune dépense, au point qu'en 1837 le duc de Hamilton fait un procès à deux médecins de Paris qui lui réclamaient, pour six mois de soins, 400.000 francs

(1) Dépêche du 10 sept. 1841. F. O. *Archives, France*, vol. 241. On en trouvera le texte en appendice au présent volume.

d'honoraires. En réalité, beaucoup viennent en France, pendant l'été, parce que la vie est moins chère qu'en Angleterre (1). Raikes, venu en 1833, est dans ce cas, et aussi ces officiers en demi-solde ou en retraite que Thackeray a peints, dans *Paris Sketch Book*, sous les traits du général Baynes, qui va au Théâtre Français régulièrement, mais comprend mal, et que Corneille fait ronfler. A Paris, les *mylords* descendent en général à l'Hôtel Meurice ou à l'Hôtel du Louvre. Les petites gens et les étudiants (surtout irlandais, à vrai dire), vivent au quartier latin, dans des pensions de famille (2), et il y a aussi des aventurières comme la Mrs Boldero de Thackeray. Certains sont acclimatés tout à fait, comme Gronow, marié deux fois à des Françaises. D'autres ont concentré sur une seule personne, habituellement du sexe féminin, leur sympathie pour le pays qu'ils habitent, et laissent le tout en France quand ils s'en vont (3). Ainsi avait fait Aston, ancien secrétaire à l'ambassade, qui, nommé à Madrid, s'y montra l'adversaire acharné de la politique et des idées françaises. Quelques-uns, qui ont vécu longtemps en France, surtout pendant leur jeunesse, connaissent bien la société française, la jugent sans trop de préjugés, et même avec sympathie. Ce sont parfois des gentilshommes, comme Edward Bulwer, le frère du diplomate, dont le livre, *France*, écrit en Angleterre, après de longs séjours, est peut-être le témoignage le plus juste et le plus approfondi d'un Anglais sur le peuple français d'alors. Il a très bien vu que la fameuse « vanité » française, que tous les Anglais remarquent et plaisantent, n'est « pas seulement ridicule », et que, comme sentiment collectif, c'est une grande force, qui peut conduire à tous les sacrifices. Rapportant une

(1) Raikes, II, 93.
(2) Mrs. Trollope, *Lettres*, II, 744.
(3) En 1841, à Fougères, un jeune Anglais fut condamné par le maire à 200 fr. d'amende, pour avoir embrassé une fillette en public. L'ambassadeur intervint inutilement pour faire casser la sentence. (F. O. *France*, 148).

remarque déjà faite par lui-même, dans son livre sur l'*Angleterre et les Anglais*, il signale que « la vanité nationale des Français consiste à appartenir à un si grand pays, tandis que la vanité d'un Anglais se délecte dans la pensée qu'un si grand pays *lui appartient* ». Et son jugement est assez clairvoyant et juste, sur le sujet même où celui des Anglais l'est le plus rarement: les mœurs. Il ne les croit pas pires en France qu'ailleurs; mais selon lui les Françaises mettent dans l'amour plus de goût d'amusement et de conversation que de dépravation ou de passion véritable, à l'encontre des Anglaises, qui prennent aussi des amants, mais par orgueil de les avoir d'un rang supérieur au leur (1).

Les trois volumes de lettres de Mme Trollope, publiés sous le titre: *Paris et les Parisiens en 1835*, sont plus favorables encore. L'auteur défend — chose rare — les mœurs de la société parisienne, contre laquelle ce qu'elle a vu ne permet pas, dit-elle, « la plus légère attaque ». Elle trouve Paris mal éclairé, malpropre, mal tenu, observe qu'on carde des matelas devant l'Opéra, et qu'on jette des ordures partout, mais loue la simplicité, le bon goût des réceptions, l'aspect tranquille et décent de la foule en fête, les relations sociales aisées, « dépouillées de cette susceptibilité inquiète, de cette étiquette si pleine d'ostentation et d'orgueil qui pèse de tout son poids sur nous ». Elle appelle les Français « nos voisins si aimables et si injustement accusés », et ajoute: « Nous nous serrons la main, d'un côté de la Manche à l'autre, avec toute la bienveillance, tout le respect qu'éprouvent deux rivaux qui ont lutté avec courage, et qui finissent par une sincère réconciliation » (2).

Cet optimisme a eu des imitateurs. Encore en 1844, James

<hr>

(1) *France* (trad. fr.), p. 60-75.

(2) *Paris et les Parisiens en 1835*, I, 49 et suiv., 84 et suiv. Il y eut une 2ᵉ édition à Londres en 1836, en 2 vol. avec gravures. Thackeray, dans *Paris Sketch book*, plaisante Mrs Trollope autant que lady Morgan, et dit que leur information « ne vaut pas six pence ».

Grant publiera, sans nom d'auteur, un livre intitulé *Paris and its people*, fort élogieux pour Louis-Philippe, « un des rois les plus capables qui aient vécu ». Grant, qui fait aussi l'éloge de Guizot, ne « trouve pas de mots » pour louer la tempérance des Français, leur économie, leur politesse, leur attachement chevaleresque à leurs convictions politiques. Cela est, dit-il, inconnu en Angleterre. Mais les Français ont, à ses yeux, un défaut capital, « le plus grand mal social imaginable », l'infidélité dans le mariage, et il décrit avec tristesse la vie des grisettes et des étudiants, en concluant que le sens moral de la France est dévoyé, peut-être sans remède. La même année, *Punch*, qui ne s'indigne guère, trouvera que les élégantes anglaises se déshonorent en parlant français et en imitant les *lionnes* de Paris (1).

Dans les journaux, depuis 1841 surtout, dans les articles de revue, dans les livres, ce même reproche d'immoralité revient sans cesse, et l'homme qui a le plus fait pour le répandre, le rendre populaire en Angleterre, c'est celui qui passait pour connaître le mieux la France, Thackeray, dont le *Paris Sketch Book* a paru en 1840, et a eu la plus grande influence.

Thackeray, après un premier séjour de vacances en 1829, était revenu à Paris en 1831. Il voulait devenir peintre, et travailla quelque temps à l'atelier de Gros (2). Mais il n'avait qu'un talent très médiocre, et, pour vivre, se fit correspondant de journal, écrivit d'abord au *National Standard*, au *Constitutional*, plus tard dans *Punch*, où il envoyait aussi des caricatures, et dans beaucoup d'autres journaux. Il se maria en France, avec une Anglaise, et vécut à Paris ou en Picardie, presque sans interruption, jusqu'en 1863. Son *Paris Sketch Book*, presque ignoré en France, devait avoir beaucoup de succès en Angleterre, moins peut-être à cause du talent de

____

(1) *Punch*, 1844, p. 53-54.
(2) Sur sa vie en France, et ses idées sur la France, cf. Boutet de Monvel, 301 et suiv., et Lanoire, *Thackeray et la France*, (*Revue hebdomadaire*, 10 sept. 1910).

l'auteur que parce qu'il s'accordait en somme, dans l'ensemble de ses jugements, avec les préjugés les plus répandus. Lui-même n'a pas, à priori, de mauvais sentiments envers les Français. Il essaie de réagir contre la tradition de haine héréditaire qui remonte aux guerres de l'Empire. Il rendra hommage, à l'occasion, à Napoléon, et son article sur le retour des cendres est juste de ton, presque ému même à certains endroits (1). Il parle avec sympathie des petites gens, des étudiants, des artistes; il dit que Paris est le paradis des peintres, que le peuple en France a un goût instinctif pour les arts, au lieu que l'Anglais de la classe moyenne ne va pas une fois en dix ans à la Galerie Nationale. A cet instinct artistique, il attribue la douceur, l'aisance des rapports entre Français de condition inégale, la gaieté, l'amabilité, la politesse des plus humbles. L'Angleterre, dit-il, avec toute sa supériorité de bien-être, d'instruction et de liberté politique, n'a rien de pareil.

Mais pour quelques observations équitables, combien de passages où se trahissent le préjugé le plus étroit, la plus complète absence de critique, de bon goût et même de bon sens! Les Français sont, à ses yeux, légers, ignorants, inconscients, à moitié fous par moments. Le mardi gras est « un hideux spectacle »; la fête des « trois glorieuses » est ce qu'on peut voir de plus grotesque. Lui qui a si vertement attaqué le puritanisme, il parle des mœurs françaises comme les puritains. Les Françaises ont le monopole de l'adultère. Toutes sont lionnes ou grisettes. Les couples de danseurs qu'il rencontre le Mardi Gras au bal Ventadour lui paraissent des Malais ivres de haschich. Et il écrit sans rire des phrases de ce genre: « Hommes de famille qui lisez ceci, ne laissez jamais un Français non marié franchir votre porte! » Ou bien: « Je ne puis apprendre qu'une Anglaise épouse un Français sans éprouver une sorte de honte et de compassion pour elle. » Et ceci, qu'on

____

(1) Il est dans les *Fitzboodle papers*. Cf. Boutet de Monvel, 339, et Lanoire, *loc. cit.*, qui traduit le passage.

voudrait croire un peu ironique: « Nous avons notre lion britannique, notre Bretagne régnant sur les flots, nous avons notre femme britannique, la plus remarquable, la plus respectable des femmes de ce monde. » Mais, sur ce thème, il est aussi sérieux que sera le professor Knatschke, et il écrit que le mot « blague » est intraduisible en anglais.

Thackeray lui-même a donné, sans peut-être en avoir tout à fait conscience, le secret de cette mauvaise humeur: il connaissait mal la société française. Il ne l'a vue que du dehors, dans les endroits où l'on s'amuse, ou dans le petit peuple, dont les mœurs lui sont en partie inintelligibles. Il était assez timide et gauche, surtout avec les femmes, et se représente lui-même tout heureux d'avoir dit, une fois dans une soirée, une chose juste à la comtesse Flic-Flac, laquelle l'interroge cinquante fois en dix minutes, et s'ébahit de la sottise de cet Anglais, toujours à court d'esprit. Ce qu'il avait personnellement — par caractère surtout — de difficulté à comprendre les Français et à être compris d'eux, il en a fait un trait particulier aux Anglais, un élément de leur « constitution morale et physique », il leur a ainsi persuadé que « jamais ils ne pourront devenir intimes avec leurs voisins ». Le pis est qu'il attribue aux Français, à peu près seuls, la faute de cette incompréhension. Les Français sont les vaincus de 1815, et ils ne veulent pas en convenir. Louis-Philippe (que Thackeray déteste, injurie, compare à Robert Macaire), a dédié Versailles à toutes les gloires de la France, et cela suffit pour que le palais lui paraisse laid, bas et mesquin, qu'il entame un dénigrement de Louis XIV, des armées françaises, de la société française, ancienne et nouvelle, injuste et blessant à l'extrême (1). Pourtant, à l'en croire, les Anglais ont l'esprit libre, et dégagé des haines d'autrefois. Napoléon a passé chez eux, jadis, pour un monstre effroyable, voleur, assassin, etc. Par contre, les Français croyaient à un autre monstre nommé

____

(1) *Paris Sketch book*, (*Meditations at Versailles*).

Pitt-et-Cobourg. Aujourd'hui, tous les partis en Angleterre sont d'accord pour rendre témoignage à l'honnêteté de Napoléon, et parlent avec un respect affectueux de son patriotisme, de son génie, de ses vertus privées. En France, il n'en est pas de même, et pour les républicains, sinon pour tous les Français, « Pitt-et-Cobourg est toujours Pitt-et-Cobourg, et la *perfide Albion* est plus perfide que jamais ».

Ailleurs, il va plus loin encore. Les Français haïssent l'Angleterre : « Ni toutes les protestations d'amitié, ni toute la sagesse de lord Palmerston, ni toute la diplomatie de notre distingué plénipotentiaire H.-L. Bulwer, ni, ajoutons-le, tous les bénéfices que les deux pays devraient retirer de l'alliance, ne peuvent la rendre, à notre époque du moins, permanente et cordiale. Ils nous haïssent. Les organes carlistes nous injurient avec une fureur querelleuse qui ne s'endort jamais ; le parti modéré, s'il admet l'utilité de nous avoir pour alliés, insiste continuellement sur notre traîtrise, notre insolence, et nos monstrueuses atteintes à l'alliance ; et quant aux républicains... ils ne vivent qu'en nourrissant la haine nationale contre l'Angleterre... en revenant sans cesse à l'histoire des vieilles querelles, et comme dans ces querelles, grâce à Dieu, sur terre et sur mer, jadis et naguère, nous avons eu le dessus, ils perpétuent la honte et la mortification des vaincus (1). »

Tel est le langage d'un homme qui, lui, ne croit pas haïr la France, et qui a peut-être, comme le dit un de ses biographes, « cette simplicité de cœur et cette droiture d'intention que G.-K. Chesterton attribue à la race anglaise ». Que l'on compare pourtant avec ce qu'écrit, à la même époque, Alfred de Vigny. Et comme on comprend, à lire Thackeray, l'amusante boutade de Dickens à la fin d'une lettre de 1846 : « Vive le roi des Français, roi de la nation la plus grande et la plus noble et la plus extraordinaire du monde ! A bas les Anglais !

---

(1) *Paris sketch book. (Napoleon and his system).*

Charles Dickens, Français naturalisé et citoyen de Paris (1). »

Ce mot même de Dickens pourrait faire croire que Thackeray est un isolé, au moins parmi les gens de lettres. Mais si l'on parcourt les journaux, même les plus sympathiques, même le *Times*, où, après 1840, le rédacteur de politique étrangère est Henry Reeve, l'ami de Vigny, on est surpris de l'incompréhension, presque constante, du tempérament et du caractère français. Une chose frappe surtout, qui du reste a été signalée par certains critiques anglais d'aujourd'hui, M. Edmond Gosse entre autres. Le sens, et l'importance même du mouvement littéraire français, à l'époque de Guizot et d'Aberdeen, a complètement échappé au public anglais, et même aux critiques de profession. « La France a traversé longuement les phases successives de sa révolution romantique, sans que jamais cette critique anglaise ait même fait mine de s'en apercevoir (2). » Et M. Gosse donne naturellement pour exemple Thackeray, qui n'a que sarcasmes pour nos poètes et nos romanciers, ridiculise Hugo, ignore Musset, ne parle de Balzac et de George Sand « qu'avec un profond mépris, et tout fondé sur des motifs moraux du puritanisme le plus étroit ». Sainte-Beuve, en 1836, avait déjà protesté vigoureusement contre un article de la *Quarterly*, qui préférait Paul de Kock à Hugo et vilipendait George Sand (3). Il attribuait ces sottises aux « diffamations ridicules de la presse tory ». Mais les tories n'étaient pas les plus aveugles. Le critique de la *Quarterly* faisait comme Thackeray, il « se plaçait au point de vue admis par presque tous les Anglais cultivés de sa génération » (4). A cette époque, l'influence de la littérature française en Angleterre est nulle, sinon même négative. Les sources

(1) Cité par Boutet de Monvel, 307.
(2) Edm. Gosse, *France et Angleterre, l'avenir de leurs relations intellectuelles* (*Revue des Deux-Mondes*, 1ᵉʳ oct. 1916).
(3) *Revue des Deux-Mondes*, 15 juin 1836.
(4) Edm. Gosse, *ibid*. Pourtant la reine Victoria lisait et trouvait *dreadfully interesting* la *Comtesse de Rudolstadt* de George Sand. (*Queen Victoria letters*, II, 27, 29 oct. 1844.)

d'inspiration et d'idées, on va les chercher, non en France, mais en Allemagne, et l'agent le plus actif de ce mouvement est Carlyle, à peu près ignoré en France, et qui pourtant a publié *Sartor Resartus* en 1833, et la *Révolution Française* en 1837 (1).

Ainsi, à l'heure où se reconstituait l'entente cordiale entre les gouvernements, on aperçoit combien elle manquait de base entre les peuples, combien l'ignorance réciproque demeurait profonde, peut-être encore plus du côté de l'Angleterre que de la France. Souverains et hommes d'Etat l'ont constaté, nous l'avons dit, sans essayer d'y porter remède, soit que la tâche leur parût trop lourde, soit qu'ils l'aient tenue pour vaine, et compté sur le temps plus que sur eux-mêmes.

II

Les signatures de la Convention des détroits venaient à peine d'être échangées qu'un changement ministériel survint en Angleterre. En mai 1841, le cabinet Melbourne, mis en minorité sur une question de politique fiscale, avait décidé de recourir à la dissolution. Les élections qui suivirent donnèrent aux conservateurs une majorité importante. A la rentrée, le ministère whig fut renversé, et Robert Peel prit le pouvoir au début de septembre, avec Wellington comme ministre sans portefeuille, le duc de Ripon comme président du *Board of Trade* et le comte d'Aberdeen comme secrétaire d'Etat pour les Affaires étrangères.

Guizot avait montré, dans les derniers temps du ministère whig, un ressentiment tenace contre Palmerston. Il lui reprochait surtout d'avoir rendu difficiles ses propres débuts ministériels, en ne faisant aucune concession sur l'affaire orientale, et d'avoir prononcé, pendant la campagne électorale, à Tiverton,

(1) Walker, *Litterature of the Victorian era*, 44 et suiv. Gooch, *History and historians in the xixth century*, chap. II.

un discours fort injuste et désagréable pour l'armée française d'Afrique, qu'il accusait de traiter les indigènes avec une véritable barbarie (1). Aussi avait-il montré envers lui une extrême froideur, et refusé notamment de nommer un titulaire à l'ambassade, où il laissa pendant plusieurs mois Bourqueney comme chargé d'affaires. C'est seulement après la chute de Palmerston qu'il désigna Sainte-Aulaire comme ambassadeur, et l'intention était si manifeste que la reine Victoria en fut frappée et trouva le procédé peu adroit : « Les whigs peuvent facilement revenir, dit-elle; Palmerston ne pardonnera ni n'*oubliera* les offenses, et alors la France sera plus mal qu'avant avec l'Angleterre. » (2)

Pour les mêmes motifs, Guizot refusa de reprendre les négociations commerciales, malgré plusieurs démarches instantes de Granville et la promesse qu'il avait faite aux députés des régions vinicoles. Enfin, il ne voulut pas signer le traité préparé sur la répression de la traite des nègres, pour ne pas laisser à Palmerston le mérite de ce succès, considéré en Angleterre comme capital. C'était renoncer, pour des motifs personnels, à des arrangements que lui-même désignait à Thiers, quelques mois plus tôt, comme très importants pour l'entente, parce qu'ils présentaient « un grand intérêt national et un grand intérêt moral ».

Le nouveau chef du Foreign Office montra, dès son arrivée au pouvoir, un grand désir d'améliorer les relations entre les deux pays. Son passé ne semblait pas le désigner spécialement pour cela. Il avait, il est vrai, en 1830, reconnu le gouvernement de Louis-Philippe sans mauvaise humeur ni restriction, mais aussi sans enthousiasme. Il était partisan résolu de la paix, et le comte de Jarnac raconte qu'ayant vu, dans sa jeunesse, le champ de bataille de Leipzig, Aberdeen en avait gardé une horreur de la guerre qui ne le quitta jamais (3). Mais ses vues de

---

(1) Guizot, *Mémoires*, VI, 133.
(2) Au roi des Belges, 8 sept. 1841, *Queen Victoria letters*, I, 321.
(3) *Revue des Deux-Mondes*, 1ᵉʳ juillet 1862.

politique générale ne différaient pas essentiellement de celles de son prédécesseur. Il était en particulier et demeura toute sa vie partisan de maintenir de bonnes relations avec les alliés de 1815 et notamment avec la Russie. Plus tard, il sera l'adversaire résolu de la guerre de Crimée. Toutefois, et c'est peut-être l'essentiel, il était l'ennemi des discussions et des querelles d'amour-propre. Il avait surtout une qualité fort rare en tous pays, et peut-être plus en Angleterre qu'ailleurs ; il savait se mettre à la place de son interlocuteur, comprendre ses sentiments et les nécessités de sa position. Certains parmi ses propres collègues en étaient incapables. Peel, entre autres, et sir James Graham, ministre de l'intérieur, étaient toujours en soupçon à l'égard de la France. « Ils raisonnaient comme si les intérêts britanniques devaient être le premier objectif, non seulement des hommes d'Etat anglais, mais aussi des hommes d'Etat des autres pays, et comme s'ils avaient le droit de se sentir atteints quand il n'en était pas ainsi. » (1) Aberdeen était plus confiant et plus juste. Surtout il avait l'habitude et le goût de la courtoisie et de la modération. Son premier acte fut de revoir les dépêches que Palmerston, avant son départ, avait préparées pour Paris et d'en adoucir sensiblement les termes (2), sans d'ailleurs altérer le fond des demandes ou réclamations qu'il présentait. Il changea l'ambassadeur à Paris, remplaçant Granville par lord Cowley, gendre de lord Salisbury, homme correct et modéré, d'opinions très conservatrices, qui déjà avait en 1835 occupé le poste pendant le court ministère de Robert Peel et avait fait à Vienne une grande partie de sa carrière.

Dès les premiers jours d'octobre 1841, lord Aberdeen fit demander à Guizot, par Sainte-Aulaire, ce qu'il comptait faire pour les deux négociations entamées, l'une sur la répression de la traite, l'autre sur les relations commerciales. Il mettait à les

---

(1) Stanmore, *Life of lord Aberdeen*, 173.
(2) P. ex. la dépêche à Bulwer du 13 septembre 1841. F. O. *France*, 621.

achever l'une et l'autre beaucoup de prix. Et Guizot répondit:
« Pour les nègres, tout de suite; pour le commerce, je veux me
mieux instruire de l'affaire. » (1) Pourtant les deux négociations
devaient échouer.

L'Angleterre avait, en 1815, fait admettre par toutes les
puissances signataires des traités de Vienne la suppression de la
traite des noirs. Comme conséquence et moyen d'exécution, elle
proposait que les puissances signataires eussent le droit de visite
des navires soupçonnés de faire cette contrebande nouvelle. La
France seule y avait consenti après 1830 et deux conventions,
de 1831 et 1833, avaient organisé la répression du trafic et la
visite des navires suspects au moyen de croiseurs qui ne pouvaient, pour chaque pays, être supérieurs en nombre à ceux de
l'autre que de moitié. Le public, à l'époque, n'y avait pas fait
grande attention. Petit à petit, l'Angleterre obtint l'adhésion des
autres Etats, et en 1838 on se mit d'accord pour conclure une
entente générale, qui fut rédigée en 1840. Elle étendait la zone
visée aux accords précédents et ne fixait plus de proportion des
croiseurs, à cause du faible effectif des marines de certaines
puissances, entre autres la Prusse. Le texte avait été approuvé
sans hésitation par Thiers lorsqu'il était ministre, et Guizot,
après la chute des whigs, donna sa signature le 20 décembre
1841. Il ne restait qu'à ratifier. Mais un député de Nantes,
pays où les armateurs négriers avaient été nombreux autrefois,
profita, au mois de janvier 1842, de la discussion de l'adresse
à la Chambre des députés pour se plaindre que la liberté des
mers fût abandonnée par le gouvernement, et les intérêts du
commerce français sacrifiés à la domination anglaise. Thiers,
peu fâché d'embarrasser son successeur, l'appuya, et Guizot,
encore peu sûr de sa majorité, n'osa pas poser la question de
confiance. En présence du texte voté, il dut suspendre la ratification, puis, devant l'importance que les journaux donnaient à

(1) Guizot, *Mémoires*, VI, 146.

l'affaire, y renoncer tout à fait (1). C'est seulement après trois ans d'attente que le duc de Broglie, chargé d'une mission spéciale, parvint à conclure, le 29 mai 1845, avec le plénipotentiaire anglais, Dr Lushington, une convention, du reste assez vague, qui mit fin à cette longue controverse.

Dans toute cette affaire, lord Aberdeen avait montré beaucoup de patience, de modération et, par moments, de courage. Il avait été attaqué à la Chambre des Communes avec autant d'obstination et de violence que Guizot au Palais Bourbon, et il s'était défendu avec au moins autant de fermeté. Guizot s'était même, de son côté, montré plus nerveux et moins habile. Au mois de décembre 1842, il avait averti Bulwer que, pour satisfaire l'opinion française, il demanderait l'abrogation des traités de 1831 et 1833, en ajoutant: « Il sera désirable que lord Aberdeen rejette cette proposition de la manière la plus forte. » Peel, mis au courant, ne voulut pas se prêter à « cette méprisable farce » (2). Dans une autre occasion, accusé d'avoir consenti l' « abaissement » de la France, il avait, pour se défendre, allégué que l'Angleterre acceptait maintenant, sans objection, notre établissement en Algérie. Comme preuve, il citait un propos d'Aberdeen à Sainte-Aulaire, que le ministre anglais se trouva obligé de rectifier, d'abord dans une note très courtoise, puis en séance publique de la Chambre des Lords (3).

____

(1) Il y avait aussi des protestations directes à Guizot. La Chambre de Commerce de Reims écrivait : « En cas de guerre, l'Angleterre s'emparera de nos bâtiments marchands, peut-être même, comme elle l'a déjà fait, sans déclaration de guerre ». Et un armateur de Dunkerque : « Je l'ai toujours dit et répété : je ne me fie pas à la philanthropie des Anglais ou à leur amitié pour la France ». En expliquant à Cowley l'attitude de Guizot, Louis-Philippe lui dit que l'animosité des députés contre l'Angleterre venait du traité du 15 juillet 1840 et du discours de Palmerston à Tiverton et que s'attendant à une dissolution, ils craignaient d'être battus s'ils se montraient trop favorables à l'Angleterre. (Cowley à Aberdeen, 28 janvier 1842, F. O.

(2) Parker, _Peel papers_, III, 392.

(3) Détails dans Guizot, VI, 270 et Thureau-Dangin, V, 42 et suiv.

Sur ces questions, sensibles à leur amour-propre, les ministres anglais pouvaient cependant passer condamnation. L'affaire commerciale était d'une bien autre importance pour les relations futures des deux pays.

On se rappelle qu'au moment de la crise orientale de 1840 les négociations commerciales entamées à Paris l'année précédente étaient, malgré une assez vive résistance des protectionnistes, près d'aboutir à un accord. Mais la signature du « traité à quatre », puis la chute du cabinet Thiers avaient interrompu les conférences, et les commissaires britanniques avaient repassé le détroit. Au début de 1841, Palmerston avait fait faire à Paris des démarches nouvelles pour la reprise des pourparlers. Il y tenait d'autant plus que l'on parlait en France d'un nouveau relèvement des droits d'entrée sur les fils et tissus de lin et de chanvre, le principal article de l'exportation anglaise en France à cette époque. Louis-Philippe, à qui l'ambassadeur anglais signala souvent le mauvais effet que de pareilles mesures produiraient sur l'opinion britannique, se déclarait toujours partisan de la liberté commerciale, mais évitait de rien promettre. Guizot, tout en faisant de même, se gardait bien de braver, comme autrefois Broglie, le mécontentement de sa majorité. En mars 1841, il laissa passer sans opposition un article de la loi sur les douanes qui relevait le droit de 13 %, au lieu de 10 proposé par le ministère du commerce. Il y eut d'assez vives protestations, non seulement des Anglais, mais des députés des régions vinicoles. Martell, Hennessy et les autres représentants de la Charente firent observer à Guizot qu'il sacrifiait leurs intérêts à ceux des filateurs, et il leur promit de reprendre la négociation commerciale aussitôt après la signature du traité des Détroits (1). Mais, le traité signé, il ne tint pas sa parole. Les industriels étaient une puissance électorale à ménager. S'il faut en croire ce que raconta plus tard, en 1860, le marquis de Lagrange

____

(1) Martell, Hennessy et Tesnière à Guizot, 31 juillet 1841; A. E., négoc. commerciales, *Angleterre*, 148.

à la tribune du Corps législatif, Guizot aurait répondu à une délégation des viticulteurs: « Soyez forts, nous vous soutiendrons. »

Entre temps, les filateurs avaient constaté que le dernier relèvement des droits était inefficace, parce que les fils anglais entraient en Belgique et en ressortaient sous forme de toiles. Il fallait donc soit faire entrer la Belgique dans une union douanière avec la France, soit faire avec elle une convention qui admit les toiles belges, à condition que les fils anglais seraient surtaxés à l'entrée en Belgique. Mais l'Angleterre fit à l'union douanière franco-belge une opposition de principe, soutenant que l'indépendance et la neutralité de la Belgique s'étendaient à ses relations commerciales (1). D'autre part, les métallurgistes français et les filateurs de coton de Mulhouse protestèrent avec une grande vivacité contre le projet. Bientôt filateurs, tisseurs et maitres de forges se trouvèrent d'accord pour réclamer le maintien et le renforcement du système protecteur. Ils étaient puissants et bien organisés. Le gouvernement céda. La dissolution allait être prononcée, on craignait le mécontentement des « intérêts ». Le ministre du commerce Cunin-Gridaine et Guizot se mirent d'accord sur la combinaison suivante: on doublerait, par ordonnance, le droit sur les fils et toiles étrangers, c'est-à-dire surtout anglais. Pour donner quelque satisfaction aux « vinicoles » et aux « soyeux », on leur ouvrirait le marché belge. En échange de cette concession faite par la Belgique, on lui accorderait l'entrée de ses toiles à tarif réduit. Mais comme la loi de 1814 ne permettait de prononcer par ordonnance que des augmentations au tarif, on ferait d'abord une convention avec la Belgique qui excepterait ses toiles du relèvement général, puis on promulguerait les ordonnances. Cunin-Gridaine estimait que par ce moyen « les préoccupations de l'industrie vinicole, quelque ombrageuse qu'elle fût », auraient satisfaction et que la combi-

_____

(1) Cette théorie avait été avancée par Palmerston dès 1841 (Dépêches du 12 août et du 2 septembre. F. O.).

naison proposée « ne pouvait avoir, en cette grave circonstance, qu'une heureuse influence sur l'esprit public » (1). Ainsi fut fait, sauf un léger retard dans la conclusion de la convention. Les droits sur les fils et toiles furent relevés par ordonnance du 26 juin 1842, et par convention du 16 juillet la Belgique s'engagea à réduire les droits sur les vins, eaux-de-vie et soieries, et à frapper les fils et tissus d'origine étrangère du même droit que la France. En échange, ses toiles étaient exceptées du dernier relèvement de droits. Guizot pensait donner satisfaction au roi, très zélé pour les intérêts de son gendre, et préparer en même temps de « bonnes » élections. Par surcroît, présentant le traité aux Chambres, il l'avait accompagné de quelques phrases harmonieusement balancées: hymne à la protection, mais à condition que « les intérêts industriels » fussent « dans certains cas appelés à se prêter dans une certaine mesure à ce qui peut servir la sécurité, la force et la grandeur de la France dans ses relations extérieures... » (2)

Ces belles paroles étaient à l'adresse de l'Angleterre. Peu de temps avant les élections, lord Cowley avait eu, au sujet du relèvement projeté des droits sur les fils de lin, deux conversations assez vives avec Louis-Philippe (3). Le roi protesta de ses bonnes intentions, dit que lui-même, bien que sans aucune compétence, tenait « les principes du commerce pour très mal entendus en France », mais que les manufacturiers poussaient des clameurs (are clamorous) et qu'il fallait les satisfaire avant les élections. De leur côté, les filateurs et tisseurs anglais s'agitaient. Leurs députés réclamaient des représailles et une intervention diplomatique. Les importateurs d'eaux-de-vie françaises, inquiets, envoyèrent une délégation à l'ambassade de France. Sainte-Aulaire engageait à la prudence. En frappant de droits l'industrie de Leeds, on exciterait, disait-il, de vives réclamations

(1) Cunin-Gridaine à Guizot, 5 avril 1842. Rapport de la Direction commerciale à Guizot, 6 juin. A. E., négoc. commerciales, *Angleterre*, 153.
(2) Guizot, *Mémoires* VI, 280.
(3) Cowley à Aberdeen, 30 mai et 17 juin 1842 ; F. O.

et l'on ne sauverait pas en France la filature à la main, « industrie perdue » ; seules profiteraient de la rupture « de grandes manufactures qui n'existent pas encore et dont l'établissement n'est pas désirable » (1). Jusqu'aux élections, Guizot fit la sourde oreille. Ensuite il demanda des rapports aux services : le Ministère du Commerce était nettement hostile ; les Affaires étrangères concluaient au contraire à la reprise des pourparlers. — A la fin de novembre 1842, il avertit Cowley qu'il y était disposé, et au commencement de janvier, Bulwer fut chargé de pouvoirs spéciaux par Aberdeen. Le baron Deffaudis représenta la France.

Ce fut la dernière occasion du règne de Louis-Philippe où les intérêts commerciaux des deux nations eurent chance de s'accorder. Mais les circonstances y étaient devenues moins favorables. L'Angleterre n'avait plus guère de concessions à faire. A peu près toutes les réductions de droits qu'elle avait consenties à la France deux ans plus tôt se trouvaient maintenant inscrites dans son tarif général, où Peel avait dégrevé 750 articles sur 1.200. Parfois même elles étaient dépassées. Les ordonnances de 1842 lui ôtaient tout espoir de maintenir en France ses exportations de fils et tissus de lin. Elle ne demandait plus comme concessions notables que la suppression de deux prohibitions : sur les laines ouvrées à l'entrée en France, sur les soies brutes à la sortie. Les autres stipulations étaient bien moins importantes (2).

Au fond, les Anglais ne tenaient plus guère au traité que pour le principe. Il leur eût été précieux qu'une grande nation protectionniste du continent entrât enfin dans la voie du libéralisme commercial (3). Mais le ministère français ne montrait non plus

(1) Sainte-Aulaire à Guizot, 24 mars 1842. A. E. *Négoc. commerciales, Angleterre,* 153.

(2) Rapports de Deffaudis, 8, 10 et 12 janvier 1843. A. E. *Mémoires et docum., Angleterre,* 127, et *Négoc. commerciales, Angleterre,* 153.

(3) Rapport de de Clercq sur les négociations commerciales franco-anglaises de 1826 à 1859. A. E. *Mém. et documents, Angleterre,* 94. *Mémorandum* du Board of Trade, 28 juin 1853. A. E. *Négoc. commerciales, Angleterre,* 153.

aucun désir de conclure. On ne put se mettre d'accord, ni sur le taux du nouveau droit sur les laines ouvrées (l'écart était de 5 % seulement, de 25 à 30), ni sur la durée de la convention (les Anglais voulaient six ans, les Français quatre seulement) (1).

Déjà le bruit de la reprise des pourparlers s'était répandu et les protestations pleuvaient. Industriels, conseils généraux, chambres de commerce, chambres consultatives des arts et métiers, sur un ton suppliant ou irrité, réclamaient la rupture des négociations. Drouyn de Lhuys fut chargé de classer et de résumer les pétitions des Chambres de commerce; il n'en trouva que deux favorables, celles de Lyon et de Saint-Etienne. Les 19 autres étaient hostiles. « L'Angleterre, disait la Chambre de Lille, veut qu'on lui ouvre le marché français, ce marché qu'elle convoite depuis si longtemps et où elle espère aujourd'hui pénétrer par l'adresse de sa politique et la connivence de quelques intérêts. » Le traité, dit la Chambre de Tourcoing, « serait la mesure la plus impopulaire que le Gouvernement puisse prendre ». La Chambre consultative de Carcassonne affirmait hardiment: « Un traité de commerce avec l'Angleterre ne pourra *jamais* être avantageux pour la France », et d'autres (Limoux et Laigle), allaient jusqu'aux menaces. L'une rappelait que le traité de 1786 avait valu à Vergennes « la haine et le mépris de sa patrie », à la France « le déficit de ses finances et une révolution »; l'autre s'adressait à Louis-Philippe en personne : « Le traité de 1786 a été l'une des causes principales, l'origine peut-être de la désaffection qu'encourut bientôt la famille royale d'alors... Le Gouvernement de juillet... voudra-t-il recommencer l'épreuve si malheureusement faite sous le règne de Louis XVI ? » (2)

Il n'en fallait pas tant pour anéantir ses velléités libérales. Les pourparlers furent d'abord suspendus, sous prétexte d'enquête, et Peel déclara aux Communes qu'ils seraient repris plus tard.

(1) Note du 12 janv. 1843. A. E., Mém. et Docum., Angleterre, 127. Je n'ai pu retrouver, aux Archives Nationales, le dossier du Ministère du Commerce.

(2) A. E., Négociations Commerciales, Angleterre, 148.

Ce moment ne devait jamais arriver, et Guizot, recevant une délégation d'industriels, leur déclara que la question « n'était pas mûre ».

III

L'occasion était manquée, une fois de plus, de donner à l'entente une base plus solide que l'accord toujours précaire des gouvernements. Louis-Philippe, de plus en plus enclin à la pratique du pouvoir personnel, avait depuis longtemps fait effort pour établir, entre la famille royale d'Angleterre et la sienne, des relations directes et intimes, sur lesquelles il comptait plus que sur la sympathie intellectuelle des gens de lettres, ou la collaboration intéressée des gens d'affaires des deux pays. On se rappelle qu'au mois d'août 1839, il avait eu un moment l'intention de se rendre à Brighton pour faire visite à la reine Victoria. Il y avait renoncé au dernier moment, avec une spontanéité qui n'était sans doute qu'apparente. Depuis, les liens de famille étaient devenus plus étroits. Le prince Albert de Cobourg, neveu du Roi des Belges qui était gendre de Louis-Philippe, avait épousé Victoria : sa cousine était devenue, la même année, duchesse de Nemours.

Lorsqu'au mois de juillet 1842 le duc d'Orléans mourut à Neuilly, d'un accident de voiture, la reine Victoria prit une part très vive et très sincère au deuil de la famille royale française. Elle s'était tout particulièrement liée avec la reine des Belges, la princesse Louise, qui se chargea de lui apprendre la mort de son frère, et elle lui écrivit en termes très touchants (1). Par son ordre, le Foreign-Office différa quelque temps de remettre au Gouvernement français aucune note ou déclaration qui pût paraître importune en pareil moment (2). Elle renonça, en raison de ce deuil, à un voyage en Belgique

(1) *Queen Victoria Letters*, I, 408-414.
(2) Addington à Cowley, 26 juillet 1842. F. O.

qu'elle avait le projet de faire, et le remit à l'année suivante. (1) Un nouveau mariage, en avril 1843, rapprocha encore les deux familles : le duc Auguste de Saxe-Cobourg, frère de la duchesse de Nemours, épousa la princesse Clémentine d'Orléans, fille de Louis-Philippe, pour qui Victoria éprouva très vite une sympathie qu'elle ne dissimulait pas. La reine, qui avait vu en Angleterre les fils de Louis-Philippe, sauf le plus jeune, était fort désireuse de connaître personnellement le Roi, que beaucoup de personnes, lord Melbourne entre autres, lui avaient représenté comme l'homme le plus astucieux, le plus *cunning* qui eût jamais régné. Elle fit part de son intention, au printemps de 1843, à la princesse Clémentine, en lui demandant le secret ; en juin, elle avertit Peel et Aberdeen ; à la fin d'août seulement, elle prévint Louis-Philippe.

L'entrevue eut lieu au château d'Eu, résidence d'été des souverains, demeure assez peu royale, étroite et dépourvue de style, convenable pour une visite qu'on voulait toute privée et familiale. Il y eut des excursions en char-à-bancs, un déjeuner sur l'herbe, une promenade à pied dans les jardins. Louis-Philippe fit manger à Victoria des pêches de son espalier et pour les peler tira, au grand amusement de la Reine, un couteau de poche, souvenir, dit-il, de sa vie de pauvre diable. Victoria repartit après six jours, enchantée de tout et de tous : « Je suis à l'aise avec eux, écrit-elle dans son journal, comme si j'étais de la famille ». (2)

Aberdeen avait accompagné la Reine, et Louis-Philippe avait appelé Guizot. Ils eurent quelques entretiens politiques, moins nombreux et moins décisifs que le ministre français ne l'eût souhaité. Guizot promit de reprendre l'affaire des relations commerciales, sans traité, par modification des tarifs respec-

<hr>

(1) Au Roi des Belges, 14 février 1843 ; *Letters*, I, 465.

(2) Cf. le récit (rédigé d'après les lettres de Guizot à Mme de Lieven), d'E. Daudet, *La Reine Victoria en France* (1843) ; *Revue des Deux-Mondes*, 15 mars 1902. V. aussi Thureau-Dangin, V, 194, et Guizot, *Mémoires*, VI, 190 et suiv.

tifs. (1) Aberdeen l'assura de tout son désir de maintenir l'entente, mais l'avertit des difficultés : « Il y a deux choses, dit-il, sur lesquelles mon pays n'est pas traitable : l'abolition de la traite et la propagande protestante. Sur tout le reste, ne nous inquiétons, vous et moi, que de faire ce qui sera bon, je me charge de le faire approuver. Sur ces deux choses là, il y a de l'impossible en Angleterre et beaucoup de ménagements à garder. » (2) L'entretien avait porté cependant, quoique sans insistance particulière, sur un troisième point, spécialement délicat : les affaires d'Espagne.

La visite d'Eu fit beaucoup de bruit dans les chancelleries européennes. C'était la première fois que Victoria quittait l'Angleterre. C'était aussi la première fois qu'un souverain était l'hôte de Louis-Philippe. Tous les partisans de la monarchie de Juillet s'en réjouirent. Guizot se comparait lui-même à Jeanne d'Arc conduisant Charles VII à Reims. (3) Mais la cordialité entre les deux peuples français et anglais n'en fut guère accrue. La reine n'avait pas voulu venir à Paris, et Guizot avouait que, même à Eu, le public n'applaudirait pas aussi fort le *God save the Queen* si on le lui demandait trop longtemps.

L'année 1843 fut pourtant celle où les rapports franco-anglais furent, officiellement du moins, le plus intimes. L'expression d'*entente cordiale*, bien que souvent employée déjà dans les correspondances des diplomates, n'avait jamais servi à désigner publiquement l'accord. C'est, paraît-il, Guizot et Louis-Philippe qui, l'ayant un jour remarquée dans une lettre de lord Aberdeen au comte de Jarnac, eurent l'idée de l'insérer dans le discours du trône. Le 27 décembre 1843, en

(1) Les journaux français avaient craint un moment que la Reine Victoria, suivant le mot de Robert Peel, ne « retournât en Angleterre avec un traité de commerce dans sa poche » (Peel à Aberdeen, 3 sept. 1843. Parker, III, 396).

(2) Guizot, VI, 195 : le passage reproduit textuellement une lettre écrite le jour même à Mme de Lieven.

(3) *Id., ibid.*

ouvrant la séance des Chambres, le Roi eut soin d'exprimer à la fois la « sincère amitié qui l'unissait à la Reine de la Grande-Bretagne » et la « cordiale entente établie » entre les deux gouvernements. Metternich devait, un peu plus tard (1), faire observer avec raison qu'on aurait mieux fait de fonder l'accord sur « l'intérêt réciproque », parce que l'entente est une « disposition morale », et que rien ne prête davantage « à la critique passionnée et haineuse ».

. De fait, on ne s'entendit jamais sur les effets que l'entente cordiale devait produire. Le gouvernement conservateur anglais avait abandonné les entreprises de prestige et de propagande de Palmerston, notamment en Orient, en Afghanistan, en Chine. Il comptait que la France, assurée désormais de la paix et d'une situation en Europe conforme à sa dignité, cesserait de prétendre à jouer un plus grand rôle, qu'elle renoncerait aux armements, aux entreprises maritimes et coloniales, et permettrait ainsi à l'Angleterre de poursuivre la politique d'économies et de réforme fiscale et douanière à laquelle Peel s'était voué tout entier. L'opposition libérale, guidée par Palmerston, lui en faisait reproche, et ne manquait aucune occasion de signaler les preuves, réelles ou imaginaires, de « l'ambition » française. De son côté, Guizot était soucieux de répondre aux reproches de « pusillanimité », d' « abaissement », que l'opposition parlementaire et la presse de gauche ne lui ménageaient pas. Il avait sans cesse devant les yeux, lui-même en convient, la « grandeur future » de la France, (2) et cette tradition de grandeur était précisément ce que Bulwer, en septembre 1841, signalait comme le danger permanent de l'alliance française. Le moyen d'éviter les froissements et les conflits eût été peut-être d'aborder franchement le problème, et de chercher, sur tous les points du monde où les intérêts et les ambitions des deux pays pouvaient se heurter, une solution précise et définitive. C'est le procédé qui, dans des circonstances il est

(1) 29 août 1844. *Mémoires*, VII, 28.
(2) *Mémoires*, VI, 270-271.

vrai différentes, sera adopté au début du XX° siècle, avec un succès remarquable. Mais il n'était pas conforme au tempérament d'Aberdeen, et encore moins à celui de Guizot.

Sur un point seulement, il fut possible de s'entendre heureusement, par une voie où l'on ne devait malheureusement entrer que cette fois-là. La longue querelle des indemnités de Portendick était restée pendante depuis des années. (1) Les whigs, fort heureux d'embarrasser le cabinet conservateur, la portèrent devant le Parlement, et Aberdeen fut obligé de réclamer, avec une insistance assez vive, le règlement des indemnités promises. Guizot et le Roi représentèrent l'impossibilité de demander aux Chambres un crédit pour un motif pareil. Ce serait soulever à nouveau toutes les passions. Guizot, se rappelant le sort de Broglie, lors du règlement des indemnités dûes aux Etats-Unis, se disait sûr d'être renversé. Il esquiva la difficulté en promettant de remettre la solution du différend à l'arbitrage du roi de Prusse. C'était un bon choix. Frédéric-Guillaume IV était populaire en Angleterre, et la Reine venait de le choisir comme parrain du prince de Galles. L'offre fut acceptée très volontiers, et lorsque la sentence fut rendue l'année suivante, elle ne souleva des deux parts aucune protestation. (2)

Pour une autre affaire analogue, dite de la Casamance (réclamations des armateurs de deux navires anglais saisis en 1839), Guizot essaya vainement de recourir à la juridiction arbitrale, et la controverse traîna jusqu'en 1847. (3)

Lui-même, un peu plus tard, refusa d'accepter la proposition anglaise d'un échange de territoires à la Gambie, pour résoudre une vieille querelle de limites entre la factorerie française d'Albreda et une factorerie anglaise voisine. (4) Plusieurs autres différends s'élevèrent, notamment à propos de la validité des traités conclus par les autorités coloniales du Séné-

(1) Voir ci-dessus. Chap. V. p. 135-136.
(2) Aberdeen à Cowley, 15 juillet 1842; 11 juillet 1845; F. O.
(3) Aberdeen à Cowley, 23 juillet 1845; F. O.
(4) Id., 12 mai 1846. F. O.

gal avec les souverains indigènes de la Côte d'Ivoire. La modération de lord Aberdeen et le peu d'intérêt qu'il portait, en général, aux questions africaines, le portèrent à ne pas accueillir les réclamations des commerçants anglais. (1)

Des controverses analogues, relatives aux îles du Pacifique, devaient jouer un rôle beaucoup plus important.

Ici l'inquiétude que les initiatives françaises pouvaient alarmer en Angleterre était beaucoup plus générale, car elle touchait aux intérêts religieux. Dès la fin du XVIIIe siècle, la *London Missionary Society* s'était fondée pour évangéliser les indigènes des îles du Pacifique, sur lesquelles les récents voyages de Cook avaient appelé l'attention. Les missionnaires anglais avaient réussi dans leur entreprise aux îles Sandwich, aux îles Marquises et aux îles de la Société. Plus tard, la Société française des Missions étrangères avait tenté à son tour quelques établissements dans le Pacifique, et en 1835 des missionnaires français, à la suite d'un conflit avec leurs rivaux, avaient été expulsés de Tahiti. De bonne heure, les associations religieuses anglaises avaient pris ombrage de l'activité des missionnaires catholiques. Palmerston avait, à plusieurs reprises, exprimé ce sentiment au Gouvernement français. Mais aucun conflit sérieux ne s'était élevé jusqu'en 1840. (2)

A cette date, une tentative faite, avec l'approbation du Gouvernement français, par des armateurs de Nantes et de Bordeaux, pour fonder une colonie à la Nouvelle-Zélande, fut arrêtée par l'opposition de l'Angleterre, qui avait antérieurement pris possession de l'Archipel et en fit proclamation publique le 2 octobre 1840. (3) En 1842, la tentative fran-

---

(1) Guizot, *Mémoires*, VI, 271.

(2) Dès février 1839, Palmerston avait fait constituer un dossier de réclamations contre l'action des missionnaires français. Il l'égara, et renonça ensuite à entreprendre cette affaire, parce que, d'après les rapports d'un capitaine Bruce, retour du Pacifique, il soupçonna que c'étaient les missionnaires anglais qui étaient les agresseurs. (Note de Palmerston, datée du 5 déc. 1839. F. O., *France*, 596).

(3) Hall, 351.

çaise fut renouvelée ailleurs. L'amiral Dupetit-Thouars, en croisière dans le Pacifique, fut chargé de rechercher sur la côte d'Australie un endroit favorable à la fondation d'une colonie et d'un pénitencier. L'Angleterre se disposait à protester, (1) quand on apprit que l'amiral avait donné un autre but à sa recherche.

Selon les instructions qu'il avait reçues avant son départ, en octobre 1841, il avait occupé les îles Marquises à la fin de juin 1842, puis il s'était rendu aux îles de la Société, où, en 1838 déjà, il était intervenu auprès de la reine Pomaré en faveur des missionnaires français. De sa propre initiative, et afin — il ne s'en cachait pas — de devancer les Anglais, il avait, le 9 septembre 1842, amené la Reine à solliciter le protectorat de la France et les missionnaires anglais à le reconnaître. Son rapport montre clairement que les plaintes des missionnaires français et le désir de les protéger étaient pour beaucoup dans les motifs de sa décision. (2) Le 20 mars suivant, le Gouvernement français déclarait approuver le protectorat, et le lendemain, à la tribune de la Chambre, Guizot, répondant à un député, promettait, en un style un peu alambiqué, que les missions catholiques et protestantes recevraient du Gouvernement la même protection.

Aberdeen prit aussitôt acte de cette promesse en faveur des « estimables propagateurs du christianisme » qu'étaient les missionnaires anglais. (3) Le consul d'Angleterre à Tahiti, Pritchard, ancien missionnaire devenu commerçant, était à Sidney au moment de l'occupation. Il se hâta de revenir à Papeïti, et entreprit de persuader son gouvernement que la demande de protectorat avait été extorquée à la Reine Pomaré. Il lui fit même écrire, à l'adresse de la Reine Victoria, une lettre implorant le secours armé de l'Angleterre. Aberdeen

(1) Aberdeen à Cowley, 4 oct. 1842, F. O. Guizot à Sainte-Aulaire, 8 oct., A. E.
(2) V. ce rapport dans Guizot, VII, 472.
(3) Aberdeen à Cowley, 28 mars 1843, F. O.

refusa nettement de prendre parti, et même d'élever aucune objection contre la déclaration de protectorat ; il se contenta de demander, sous une forme aussi amicale que modérée, qu'on traitât la reine de Tahiti avec égards et que les missionnaires anglais ne fussent pas troublés dans leur rôle d'apostolat religieux. Guizot fut le premier à animer le débat, en reprochant au Gouvernement britannique d'accueillir trop aisément des « rapports passionnés », ce qui amena une protestation d'Aberdeen. (1) Au mois d'avril, il avait nommé le contre-amiral Bruat au gouvernement des établissements français d'Océanie, et les instructions confidentielles de l'amiral lui recommandaient de donner aux îles Marquises « un grand ascendant à la religion catholique ». A Tahiti, en raison des promesses faites à l'Angleterre, on devait observer la neutralité entre les deux confessions, mais le Gouvernement annonçait l'intention de faire partir des missionnaires protestants français pour les substituer « peu à peu » et « avec beaucoup de prudence » aux Anglais. (2) Aberdeen, de son côté, recommandait à Pritchard la modération, refusait de soutenir Pomaré et annonçait l'envoi d'un Consul général, avec autorité sur tous les agents consulaires du Pacifique, Pritchard compris. (3)

L'affaire paraissait réglée, quand on apprit à Londres et à Paris, en février 1844, que Dupetit-Thouars, pour couper court à l'hostilité des indigènes et de la reine Pomaré, excités, disait-il, par Pritchard et d'autres résidents anglais, avait supprimé le protectorat et proclamé, au mois de novembre 1843, l'annexion des îles de la Société. Sans attendre la protestation de l'Angleterre, le gouvernement de Louis-Philippe désavoua Dupetit-Thouars et décida le rétablissement du protectorat (25 février). Quelques semaines plus tard, le 10 avril, Aberdeen décidait de déplacer Pritchard.

En Angleterre, on n'avait pas manifesté, sauf dans l'opposi-

(1) *Id.*, 25 août et 3 oct. 1843, F. O. Cf. Guizot, VII, 64.
(2) Guizot, VII, 494 et 500.
(3) Hall, 354.

tion whig, beaucoup d'intérêt pour cette affaire. Mais en France, Guizot fut très vivement attaqué pour avoir désapprouvé l'annexion et abandonné les Français de Tahiti, c'est-à-dire les missionnaires. Pour rallier des partisans, il dut promettre de prendre fait et cause, dans toute l'Océanie, pour les établissements catholiques, et sa déclaration, renouvelée à plusieurs reprises, provoqua beaucoup d'inquiétudes en Angleterre. L'amiral Dupetit-Thouars avait des amis, et parmi eux le prince de Joinville. Celui-ci, désireux de défendre devant le public la réputation des marins français, qu'il estimait atteinte par le désaveu infligé à l'amiral, fit imprimer en brochure un rapport adressé par lui au Ministre de la marine, où il soutenait la supériorité de la flotte française sur celle de l'Angleterre, et déclarait qu'au cas d'une guerre, en 1840, la victoire des Français aurait été certaine. Louis-Philippe, qui n'avait pas été consulté, fit supprimer la brochure et excusa le prince de son mieux. (1) Mais l'impression en Angleterre fut très mauvaise. (2)

Juste au même moment, l'Empereur Nicolas I⁰ʳ, désireux sans doute de compenser l'effet produit, l'année précédente, par la visite de Victoria au château d'Eu, arrivait à Londres à l'improviste. Il multiplia les attentions pour la famille royale britannique, et affecta de ne pas même demander à l'ambassadeur de France des nouvelles de son souverain. Les adversaires de l'entente cordiale lui ménagèrent un accueil si empressé qu'il crut pouvoir faire à Peel et à Aberdeen des avances assez nettes, en faveur d'une alliance et d'un partage de l'Empire turc. Mais ses ouvertures ne furent pas accueillies, ou du moins ne conduisirent à aucun accord précis. (3) Louis-

<hr>

(1) Cowley à Aberdeen, 20, 27, 31 mai 1844. F. O.
(2) Victoria à Léopold Iᵉʳ, 24 mai 1844. Q. *Victoria Letters*, II, 11.
(3) V. la discussion des témoignages dans Thureau-Dangin, V, 378-79. Je n'ai trouvé au Record Office aucune trace du *Memorandum* de Nesselrode auquel il est fait allusion dans ce passage, ni du texte dont parle Malmesbury dans ses *Mémoires*. La reine Victoria écrit le 11 juin au roi des Belges que Nicolas Iᵉʳ « n'a rien demandé du tout, mais exprimé

Philippe témoigna de ce voyage beaucoup d'humeur et d'inquiétude, et Victoria dut s'employer, dans plusieurs lettres au roi des Belges, à le rassurer. Mais de nouveaux événements surgissaient chaque jour, propres à rendre plus difficiles les rapports des deux souverains, et surtout de leurs peuples.

Le 6 juin 1844, trois jours avant le départ de l'Empereur Nicolas, Aberdeen fut informé par les soins de Guizot que la France allait probablement être obligée de faire entrer des troupes sur le territoire du Maroc. Depuis assez longtemps, Bugeaud, gouverneur général de l'Algérie, demandait au Gouvernement l'autorisation de poursuivre, au delà d'une frontière d'ailleurs hypothétique, Abd-el-Kader, qui s'était réfugié dans l'empire voisin et y recevait des secours. Louis-Philippe et Guizot, sachant que l'Angleterre nous soupçonnait de vouloir conquérir le Maroc, avaient toujours refusé. Mais le 30 mai 1844, les Marocains attaquèrent nos troupes en territoire algérien. Un ultimatum fut donc adressé au Sultan, et l'escadre du prince de Joinville expédiée dans les eaux marocaines. Aussitôt les ministres anglais furent assaillis, aux Communes, de questions inquiètes et soupçonneuses. On trouvait surtout malheureuse la désignation du prince de Joinville. Aberdeen, sans méconnaître la justesse de nos griefs, dut promettre d'envoyer au Maroc une escadre britannique. Il n'osa pas offrir une médiation qui n'aurait pas été acceptée, mais dépêcha à Fez le consul anglais à Tanger, pour inviter le Sultan à la soumission. Il insista beaucoup pour qu'en cas d'hostilités, Tanger ne fût pas attaqué. Louis-Philippe recommandait à Bugeaud et à Joinville une extrême prudence, et l'on espérait au Foreign-Office que le conflit s'apaiserait bientôt (1).

Mais le 30 juillet, un nouvel incident surgit. Le *Times*, dans

seulement son désir de rester bien avec nous, sans exclusion des autres, pourvu que les choses demeurent telles qu'elles sont ». Toutefois, il y a, à cet endroit du texte, la trace d'une coupure (*Queen Victoria letters*, II, 15).

(1) Guizot, VII, 159-164 ; Hall, 360-61.

un article signé « Patriot », annonça que le déjà fameux Pritchard venait d'arriver à Londres, ayant dû quitter de force Tahiti, où les autorités françaises, après l'avoir arrêté et détenu pendant quatre jours, l'avaient embarqué sur un navire britannique en partance pour Valparaiso. Le lendemain soir, aux Communes, le Commodore sir Charles Napier, l'ancien adversaire de Mehemet-Ali, posait une question à ce sujet à Robert Peel, et le premier ministre, pour calmer l'émotion des députés, crut devoir répondre que si les renseignements reçus par le gouvernement étaient exacts, un *grossier outrage*, accompagné d'une « grossière indignité », avait été commis, et que le Cabinet britannique demanderait une « ample réparation ». (1) Les faits étaient exagérés. En réalité, Pritchard, n'ayant pas renoncé à obliger les Français à partir de Tahiti, avait manœuvré pour provoquer une insurrection des indigènes. Le capitaine de frégate d'Aubigny, commandant à Papeïti en l'absence de Bruat, l'avait fait arrêter et emprisonner. Mais à son retour, Bruat l'avait fait élargir et embarquer sur le navire qui l'avait emmené au Chili. Pritchard n'ayant plus qualité consulaire à cette époque, et en ayant lui-même donné avis aux autorités françaises, il n'y avait pas d'incident diplomatique. L'affaire n'avait pas les proportions que Peel lui avait données. Lui-même dut déclarer, après réflexion, que les journaux avaient mal reproduit ses paroles. Mais l'effet en avait été immédiat (2).

En Angleterre, l'émotion fut très grande. Les passions religieuses, qu'Aberdeen avait naguère signalées à Guizot comme impossibles à contenir, étaient déchaînées. De Londres, Jarnac signalait le danger. Le ton de la presse était très violent ; des meetings, organisés par les confréries méthodistes, réclamaient à grands cris une satisfaction immédiate, et au besoin la

---

(1) C'étaient les termes même de l'article du *Times* du 30, que le *Morning Chronicle* avait reproduits le matin même, en disant que l'insulte avait été encouragée par le « ministre Guizot » Aberdeen.

(2) Guizot, VII, 75-83 ; Hall, 361.

guerre. Les journaux whigs excitaient de leur mieux la passion patriotique. « Il n'y a pas deux hommes en ce pays qui diffèrent d'avis sur cet outrage, écrivait le *Chronicle*... Monarchies et Républiques, tous les Etats, tous les gouvernements savent se faire respecter. Il n'y a que l'Angleterre dont on se moque et qu'on insulte. » (1) En France, l'agitation commençait aussi. Les paroles de Peel, malgré le demi-désaveu transmis par Aberdeen, avaient été très vivement ressenties. Guizot était accusé de lâcheté, comme son collègue britannique était traité d'imbécile par ses adversaires.

L'un et l'autre eurent le mérite de garder leur sang-froid dans ce moment difficile. La crise atteignit son apogée dans la seconde quinzaine d'août. Guizot, tout en désapprouvant les « circonstances » de l'arrestation de Pritchard, avait différé toute explication précise jusqu'au moment où, dans les deux pays, l'émotion serait calmée. Le 12 août, Peel, dans une lettre assez vive, engageait Aberdeen à agir ; mais le ministre se contenta de faire dire à Paris, sur un ton très modéré, qu'il attendait l'initiative française. (2) Le 15, on apprit à Londres que les Français, n'ayant pas reçu de réponse du Sultan du Maroc à leur ultimatum, avaient bombardé Tanger, malgré la promesse de Guizot de n'en rien faire, et Aberdeen invita Cowley à prévenir Louis-Philippe que toute occupation d'une partie quelconque de la côte marocaine serait considérée en Angleterre comme un fait grave et produirait « de très grands malheurs ». (3)

La suite des événements militaires du Maroc (bataille de l'Isly, 14 août, bombardement de Mogador, 15 août) augmenta l'excitation. Les journaux anglais, et même un grand nombre de députés, demandaient une augmentation immé-

(1) *Morning Chronicle*, 1er août 1844.
(2) Peel à Aberdeen, 12 août 1844, Parker, III, 394 ; Aberdeen à Cowley, 13 août, F. O. Une note indique qu'après réflexion, Aberdeen jugea préférable de ne pas donner copie de cette dépêche à Guizot.
(3) Aberdeen à Cowley, 23 avril 1844 ; F. O.

diate de la flotte. Guizot gardait toujours le silence. Ce fut le comte de Jarnac, chargé d'affaires à Londres, qui prévint directement le roi du danger : « N'était la confiance que l'on a dans la sagesse de V. M., la situation ressemblerait, par beaucoup de détails malheureux, à celle de 1840 ». (1) Le public « ne parlait que de guerre », le *Times* demandait le rappel de lord Cowley, et on s'attendait que la session des Chambres fût prolongée, à tout évènement. Guizot, sentant sa situation ministérielle raffermie par la victoire de l'Isly, céda aux pressantes instances de Louis-Philippe, qui voulait sortir du « guêpier du Maroc » et en finir avec les « tristes bêtises » de Tahiti. (2) Le 28 août, il consentit à faire exprimer à Londres le « regret sincère » et l' « improbation » du roi pour les « circonstances qui avaient précédé » l'expulsion de Pritchard. Puis, comme cela paraissait insuffisant, il offrit une indemnité en argent, que Pritchard accepta sans difficultés. Aberdeen trouvait cela « un peu mince », mais il préféra s'en contenter plutôt que de laisser la querelle s'envenimer. Vingt-quatre heures après, le Parlement fut prorogé, et le discours de la Reine annonça que « grâce à l'esprit de justice et de modération » des deux gouvernements, les difficultés récentes avaient été « heureusement écartées ». D'autre part, le 10 septembre, la paix était signée avec le Sultan du Maroc, aux conditions de l'ultimatum, et sans indemnité ni occupation de territoire.

Malgré les protestations, dans les deux pays, de la presse d'opposition, l'arrangement était heureux. Le mérite principal en revenait à Louis-Philippe d'une part, à lord Aberdeen de l'autre. Tous deux se trouvèrent d'accord pour rendre sensible le maintien de l'entente par une manifestation publique. Le 7

(1) Jarnac à Louis-Philippe, 14 août 1844. A. E. Sur l'agitation en Angleterre et le risque de guerre. Cf. Thureau-Dangin, V, 404-406, et les notes de Palmerston (Ashley, I, 479).

(2) Louis-Philippe au Roi des Belges, s. d. (1ᵉʳ sept. 1844). (*Revue rétrospective*, 379).

octobre, Louis-Philippe s'embarqua au Tréport pour Portsmouth, accompagné du prince de Joinville, du duc de Montpensier et de Guizot, et vint au château de Windsor rendre à la Reine Victoria sa visite de l'année précédente. Il s'appliqua de son mieux, et avec succès, à se rendre agréable, au point que la Reine Marie-Amélie et ses filles, inquiètes qu'il ne voulut trop « faire le jeune homme », demandèrent à la Reine Victoria de veiller sur lui, de l'empêcher de monter à cheval et de manger à l'excès. Il sut flatter adroitement le Prince Albert, en l'appelant *Monsieur mon frère*, et gagner jusqu'au petit prince de Galles, en lui promettant un fusil.

La Reine lui conféra l'ordre de la Jarretière, et le Conseil de la Cité de Londres vint lui lire une adresse de bienvenue. Il parla beaucoup de la paix, vanta la puissance maritime de l'Angleterre, et dit qu'il voudrait voir Tahiti au fond de la mer (1). La Reine le trouva « délicieux ».

Après la visite, les deux souverains échangèrent, selon un usage qui n'était encore qu'à ses débuts, des lettres où l'entente cordiale était célébrée. Les journaux whigs en plaisantèrent. *Punch* représentait la reine Victoria pleurant sur le rivage, avec cette légende : « *Calypso mourning the departure of Ulysses* ». (2)

Louis-Philippe, lui, s'applaudissait du succès de son voyage: « Tout le monde, écrit-il au roi des Belges, s'accorde à trouver non seulement que l'effet est immense, mais qu'il s'accroît encore chaque jour. C'est le traitement le plus efficace contre ces préjugés si heureusement battus en Angleterre. Si notre excellente petite reine Victoria, son sage et bon Albert et ses sages ministres continuent ce qui est en si bon train, nous viendrons à bout de gagner les convictions des deux nations... » (3)

(1) *Queen Victoria Letters*, II, 24-26. M. Thureau-Dangin suppose (V, 419) que la reine a « mal entendu ». Mais Louis-Philippe était coutumier de ces propos.
(2) *Punch*, 1844, p. 188.
(3) *Au Roi des Belges*, 1ᵉʳ déc. 1844. *Revue rétrospective*, 381.

En fait, la situation était détendue, sans plus. Encore en Angleterre restait-on très inquiet de la sécurité maritime. L'opinion s'était répandue que la flotte à vapeur de la France était au moins égale à celle de l'Angleterre, et que le nouveau mode de navigation avait « *bridged the Channel* ». Un parti important, dans le ministère même, réclamait des armements nouveaux. Wellington était, tout vieux qu'il fût, à la tête de cette « croisade ». Vainement Aberdeen soutenait que c'était une absurdité, une « panique pure », qu'on n'envahirait pas l'Angleterre d'un *coup-de-main*. Mais Wellington s'entêta : « Nous n'avons pas de flotte » disait-il. Peel prit parti pour lui, et l'on décida de fortifier les côtes, sans bruit, et de construire des navires. Pendant ce temps, Louis-Philippe se plaignait à l'ambassadeur autrichien Apponyi, que l'Angleterre eût, de tout temps, une malheureuse tendance à soutenir les révotions. Ces paroles, rapportées à Peel, le mirent en colère. « L'entente cordiale est dans un bel état ! écrit-il à Aberdeen, le 31 janvier 1845. Quand on prend garde par qui et de qui ces choses-là sont dites, on trouve que la force de l'impudence ne peut aller plus loin. » (1)

Ce jugement était sévère, et injuste. Mais il est incontestable que Guizot et Louis-Philippe, en faisant reposer l'entente cordiale uniquement sur l'accord des souverains et des ministres, l'avaient rendue singulièrement précaire. Elle était désormais à la merci d'un changement de ministère en Angleterre, ou d'une brouille entre Victoria et Louis-Philippe. Ces deux événements devaient survenir en 1846 : le retour de Palmerston aux affaires précipita la crise, que préparait depuis longtemps la question, toute monarchique, des mariages espagnols.

(1) Parker, III, 393-96 (Correspondance de Peel, Aberdeen et Wellington, déc. 1844-janv. 1845).

CHAPITRE VIII

LA FIN DE L'ENTENTE
(1845-1847)

———

I. France et Angleterre en Espagne. La question des mariages et l'accord de 1845. L'entente cordiale en Grèce. — II. Le retour de Palmerston et le mariage de Montpensier. Fin de l'entente cordiale. — III. Guizot et Palmerston. Rupture définitive. — IV. Conséquences politiques et économiques de la rupture. Influence sur la chute de Louis-Philippe.

I

Abordant, au tome VI de ses *Mémoires*, le récit des affaires d'Espagne, Guizot écrit, avec le ton doctoral qui lui est familier : « Je n'ai rencontré dans ma vie et je ne connais dans l'histoire point d'exemple d'une politique aussi obstinément rétrospective que celle de l'Angleterre envers l'Espagne... La crainte des vues ambitieuses et de la prépondérance de la France en Espagne est toujours une préoccupation permanente et dominante en Angleterre ». (1) Et de son côté, Bulwer, cherchant à préciser les traits du caractère de Louis-Philippe, écrit en septembre 1841 (2) : « Le Roi... ne manque pas des

(1) VI, 297.
(2) V. ci-après, Appendice, N° 1.

qualités qui depuis Louis XIV ont été regardées comme l'héritage des Bourbons... Etre entouré de grandes alliances, posséder un grand pouvoir, vivre au milieu d'un grand faste, tout cela lui est agréable... Il a intimidé l'Espagne par la présence de sa flotte auprès des Baléares ; il ménage des intrigues en faveur du parti sur lequel il a le plus d'influence dans ce pays, se réservant toujours, de plus, une position qui maintienne son faible voisin, même dirigé par un gouvernement hostile, à un certain degré sous son autorité. » Il y a, dans ces reproches réciproques, une grande part de vérité. Toutefois, les motifs qui dirigeaient la politique de Palmerston et de Louis-Philippe en Espagne étaient assez différents. En cherchant à combattre l'influence française dans la péninsule, et à y installer celle de son pays, le Ministre anglais ne cherchait pas seulement à empêcher la reconstitution, dans la Méditerranée occidentale, d'une sorte d'empire maritime franco-espagnol. Il visait aussi à réserver, pour l'industrie britannique, la liberté d'accès à un marché commercial à peu près fermé jusque-là.

On se rappelle la tentative de 1835 pour conclure, avec Mendizabal, un traité de commerce exceptionnellement avantageux et les querelles relatives à la contrebande de terre et de mer pendant la guerre carliste. En 1839 encore, un nouvel essai devait être fait pour réaliser l'accord commercial. Cette fois, la vigilance française ne paraît pas avoir été mise en éveil, et c'est en Espagne même que le projet rencontra, de la part des industriels de Catalogne, une invincible résistance (1). Quand en 1840 la guerre civile s'acheva par la victoire d'Espartero, les Anglais, qui avaient pris une part directe aux longues négociations terminées par la convention de Vergara et la défaite de don Carlos, ne tardèrent pas à tirer de ce succès des avantages d'un autre ordre. Le parti progressiste, arrivé au pouvoir avec le général vainqueur, prononça la confiscation d'une partie des biens des communautés religieuses. Ces propriétés

(1) Hall, 208-209.

furent adjugées à vil prix, sur l'estimation de commissaires spéciaux faciles à corrompre, à des compagnies anglo-belges, qui payèrent leurs achats en titres dépréciés de la rente espagnole (1).

Louis-Philippe s'était, depuis 1836, à peu près désintéressé des affaires d'Espagne. Tandis que Palmerston avait soin d'envoyer à Madrid ses diplomates les plus entreprenants et les plus habiles, la France y fut représentée à cette époque par un personnage décoratif et sans influence, le duc de Fézensac, puis par un simple chargé d'affaires. Mais les choses changèrent vers 1840, quand la régente Marie-Christine, brouillée avec Espartero, quitta l'Espagne et vint s'installer à Paris, accompagnée de l'infante Carlotta, sa sœur, et des principaux chefs du parti des *moderados*, qu'on avait longtemps appelé à Madrid le « parti français ». Elle fréquentait assidûment les Tuileries, et son palais de la rue de Courcelles était devenu le centre d'intrigues de toutes sortes, principalement dirigées contre le gouvernement d'Espartero. L'ambassade d'Angleterre la surveillait avec soin. Bulwer s'était ménagé des intelligences auprès de l'infante Carlotta, qui détestait sa sœur, et était informé par là des actes et des projets de Christine. (2) L'ex-régente ne cachait pas son désir de renverser Espartero et de rentrer en Espagne. Pour obtenir l'appui de Guizot et de Louis-Philippe, elle offrait, aussitôt son influence rétablie à Madrid, de marier la reine Isabelle avec un des fils du roi des Français. Ces intrigues matrimoniales étaient devenues chez elle un système de politique étrangère. En 1838, elle avait déjà fait des offres analogues à l'Angleterre, puis à l'Autriche. (3) En 1839, elle s'était adressée une première fois à Louis-Philippe, non sans avertir secrètement les Anglais (4). Il s'en était suivi une demande d'explications de Granville au maréchal

<hr>

(1) Frédéric Bastiat, *Œuvres*, I, 34, Lettre de Madrid, 17 août 1840.
(2) Bulwer à Palmerston, 30 avril 1841, F. O.
(3) Hall, 336.
(4) *Id.*, 337. Granville à Palmerston, 25 novembre 1839, F. O.

Soult, qui refusa de traiter sérieusement cette « légende ». Mais à Londres, le soupçon persista. Palmerston était convaincu que Thiers, pour compenser son échec en Orient, cherchait un succès en Espagne. L'affaire des Baléares aggrava ses inquiétudes.

En avril 1841, l'ambassadeur d'Espartero à Paris prévint Bulwer que Marie-Christine avait promis formellement à Louis-Philippe la main d'Isabelle pour le prince de Joinville ou le duc d'Aumale. (1) Aussi, quand le 7 octobre suivant, les *Cristinos* firent un essai de pronunciamiento pour renverser Espartero et rappeler la Reine mère, le Foreign Office crut y voir le commencement d'exécution d'un plan concerté à Paris. Louis-Philippe, interrogé par Bulwer, démentit formellement tout projet de mariage. « Je ne désire et n'attends rien de pareil » dit-il, et il démontra qu'une alliance pareille ne lui vaudrait guère d'avantages et soulèverait « toutes sortes de jalousies ». (2) Bulwer demeura sceptique. Les bulletins de Lagarde, l'agent secret de l'ambassade, étaient très affirmatifs, et l'ambassadeur d'Espartero disait avoir en mains des preuves écrites de la duplicité du Roi. Dès ce moment, Aberdeen lui-même devint soupçonneux quant à la sincérité des protestations françaises. De là vient sans doute l'importance que devait prendre plus tard, dans les rapports franco-anglais, cette question du mariage de la Reine d'Espagne.

Quand, après la chute de Palmerston, l'entente cordiale s'établit entre les deux gouvernements, un effort fut fait de part et d'autre pour que leur politique en Espagne cessât de se contrarier. Louis-Philippe, qui avait refusé depuis l'exil de Marie-Christine d'envoyer un ambassadeur à Madrid, nomma un titulaire à ce poste, l'ancien ministre de l'Instruction publique Salvandy. Mais une querelle d'étiquette survint au sujet du cérémonial de sa réception, et malgré l'intervention conciliante d'Aberdeen, Salvandy retourna en France sans avoir commencé ses fonctions. Juste à ce moment, une insurrection écla-

(1) Bulwer à Palmerston, 23 avril 1841, F. O.
(2) Bulwer à Aberdeen, 21 octobre 1841. F. O.

tait contre Espartero en Catalogne, et le consul de France de Lesseps fut accusé, en Espagne et en Angleterre, d'avoir contribué à l'organiser. Le gouvernement espagnol demanda son rappel, mais n'étant appuyé que mollement par Aberdeen, il ne put obtenir satisfaction. (1) Guizot, qui avait d'abord parlé de rompre les relations avec Madrid, y renonça par égard pour son collègue britannique, et même essaya de faire un arrangement avec Espartero, pour prouver sa bonne volonté. Salvandy retournerait à Madrid, pourvu que le Gouvernement espagnol s'engageât à marier la reine Isabelle avec un prince de la maison de Bourbon; mais sur ce dernier point, il fallait s'entendre avec l'Angleterre. Un agent spécial, Pageot, ancien secrétaire à l'ambassade de Madrid, avait déjà, en février 1842, fait le voyage de Londres sans grand succès, pour obtenir l'assentiment d'Aberdeen au principe du « mariage Bourbon (2) ». En mai 1843, Guizot renouvela ses démarches. Il faisait en même temps proposer à Espartero, par l'agent de la maison Rothschild en Espagne, Weisweiler, la conclusion d'un traité de commerce. (3) Un accord paraissait possible, quand au mois de juin 1843 un nouveau pronunciamiento, dirigé par le général Prim, renversa Espartero, qui dut bientôt s'enfuir et trouva un refuge à Londres, où les banquiers de la Cité l'accueillirent avec empressement.

Ces événements donnaient, à la question du mariage de la reine d'Espagne, une importance particulière. Aberdeen était d'accord avec Guizot pour penser que les désordres politiques ne cesseraient pas en Espagne avant qu'elle fût résolue. Mais il avait jusque là voulu laisser aux Espagnols seuls le soin de la trancher. L'Angleterre, disait-il, n'a pas et ne veut pas avoir de candidat. Seulement, tout le monde à Londres n'observait pas pareille neutralité. Le prince Albert, peut-être avec l'aveu secret de la reine Victoria, souhaitait voir régner

(1) Hall, 240-242.
(2) Hall, 341-342. Guizot, VIII, 115-116.
(3) Cowley à Aberdeen, 13 mai et 16 juin 1843. F. O.

à Madrid un de ses cousins, le prince Léopold de Saxe-Cobourg, frère de celui qui, ayant épousé la reine Maria de Portugal, était déjà installé sur l'autre trône de la péninsule. Au
moment même de la chute d'Espartero, l'affaire était en train
à Lisbonne, dans le plus grand secret, et c'est par une dépêche
du ministre britannique en Portugal qu'Aberdeen en fut averti.
Il s'adressa aussitôt au prince Albert, qui reconnut que le
choix de Léopold était « depuis quelque temps » regardé par
la reine Victoria et par lui comme le meilleur. (1)

La situation devenait assez dangereuse. Car l'Angleterre
avait, au moins officieusement, donné l'exclusive aux fils de
Louis-Philippe. Et celui-ci, à son tour, excluait tous les princes ne descendant pas de Philippe V. L'affaire pouvait tourner
en querelle personnelle entre les souverains de France et d'Angleterre, au temps même où leur intimité devenait le principal
appui de l'entente. Aberdeen se décida donc à sortir de la
réserve où il s'était tenu jusque-là, et il écrivit à Paris, pour
proposer, dans un langage assez embarrassé et vague, de
« s'unir sérieusement et consciencieusement avec la France pour
aider l'Espagne à établir et à maintenir un gouvernement stable. » Guizot répondit en expédiant à Londres le maréchal Sébastiani, chargé de répéter que le Roi avait « renoncé à toute
idée d'une alliance espagnole pour un de ses fils. » Il rapporta,
en échange, semble-t-il, l'assurance d'Aberdeen que la candidature Cobourg avait, sur son avis, été abandonnée par le
prince Albert. (2) Accord purement négatif et qu'il y aurait
eu avantage à préciser. Les deux ministres en eurent l'occasion
quelques jours plus tard, quand la reine Victoria vint, au début
de septembre, faire au château d'Eu sa première visite à Louis-
Philippe. Mais des deux parts, on semblait éviter d'aller au
fond des choses et de poser des questions précises. Guizot cher-

(1) Le Prince Albert à Aberdeen, 20 juillet 1843. *Queen Victoria Letters*, I, 485.
(2) Cowley à Aberdeen (secret), 14 août 1843, F. O. Il n'y a de trace
de la mission de Sébastiani, ni aux A. E., ni dans les *Mémoires de Guizot*.

chait à entraîner Aberdeen, qui ne se laissait faire qu'à demi.
Il finit pourtant par admettre le principe, posé par Louis-Philippe, du « mariage Bourbon » et même il dit, un peu plus tard, à Sainte-Aulaire, que l'Angleterre abandonnait, en cette affaire, le premier rôle à la France. (1) Le mot — et la chose — pouvaient plaire à Guizot, à l'heure même où l'entente cordiale recevait sa consécration officielle.

Encore fallait-il savoir à qui, et comment, appliquer le « principe » de marier la reine d'Espagne à un descendant de Philippe V. Il n'y en avait que quatre qui ne fussent pas mariés: le fils aîné de don Carlos, les deux fils de don François de Paule, tous trois cousins germains d'Isabelle, et le comte de Trapani, son oncle maternel, frère du roi de Naples. Le fils de don Carlos, connu sous le nom de Comte de Montemolin, était écarté pour des motifs politiques, son père n'ayant pas renoncé au titre de prétendant. Les fils de don François déplaisaient beaucoup à Christine. Tant que vécut leur mère, elle ne voulut pas entendre parler d'eux ; même après la mort, au début de 1844, de cette sœur détestée, elle ne leur fut guère plus favorable. Elle traitait le cadet, don Enrique, duc de Séville, de « révolutionnaire », parce qu'il était lié avec les progressistes, et ne s'en cachait pas. Quant à l'aîné, don François d'Assise, duc de Cadix, elle n'avait que sarcasmes pour son allure efféminée, sa voix suraiguë et ses hanches étroites. Trapani, qui n'avait que seize ans, était enfermé, par ordre de son frère, dans un collège de jésuites à Rome. On le disait arriéré et déplaisant, et comme Napolitain, il était peu sympathique aux Espagnols. Louis-Philippe, enserré dans les limites qu'il avait lui-même fixées, ne savait pour qui se décider. Il hésita d'abord entre Montemolin, qui avait ses préférences comme représentant de la branche aînée, et parce que Metternich lui était favorable, et Trapani, qui, étant le neveu de la

<hr>

(1) Aberdeen à Cowley. 15 déc. 1843. F. O. ; Hall. 349 ; Guizot, VIII, 153.

reine Marie-Amélie, lui tenait de près. Peut-être gardait-il, au fond du cœur, un secret espoir que, les quatre princes étant décidément impossibles, la candidature d'un de ses fils pourrait être accueillie. Il est vraisemblable que le prince Albert faisait un raisonnement analogue en faveur de Cobourg.

Christine, de retour en Espagne au mois de mars 1844, poursuivit sa politique, qui n'avait jamais été simple ni droite. Dès son arrivée à Madrid, elle dit au ministre d'Angleterre qu'elle songeait toujours au mariage Cobourg (1). Et c'est probablement à la même époque qu'elle eut l'idée d'offrir à Louis-Philippe, pour le duc de Montpensier, la main de sa seconde fille, l'infante Luisa-Ferdinanda. D'après le témoignage de Guizot, cette offre ne parvint à Paris qu'à l'automne de 1844 (2), et les Anglais n'en eurent connaissance qu'au mois de décembre (3). La reine Victoria, aussitôt qu'elle en fut avisée, s'y opposa. « C'est l'équivalent d'un mariage avec la reine Isabelle, dit-elle, et l'Angleterre ne l'acceptera jamais (4). » Mais Louis-Philippe était tenté par la grosse fortune que, du chef de son père, l'infante était appelée à recueillir, d'autant que le jeune duc de Montpensier, surnommé « mon dépensier » par son père, n'avait pas recueilli, pour son compte, la tradition d'économie de la famille d'Orléans (5). La nouvelle du projet se répandit bientôt. Quand, au mois de juillet 1845, l'époux morganatique de Christine, Munoz, fit un voyage à Paris, lord Cowley crut qu'il venait pour arranger l'affaire. Guizot jugea prudent d'avertir Aberdeen, et comme, un peu plus tard, il recevait la visite de l'ambassadeur britannique à Madrid, Bulwer, qui se rendait à Londres en congé, il en profita pour lui dire que d'après un accord entre Louis-Philippe

---

(1) Bulwer à Aberdeen, 1ᵉʳ avril 1844, F. O. ; Hall, 371.
(2) Guizot, VIII, 211, 224.
(3) Cowley à Aberdeen, 16 déc. 1844, F. O.
(4) Victoria à Léopold Iᵉʳ, 14 janvier 1845 : *Queen Victoria letters*, II, 32.
(5) *Morning Chronicle*, 2 sept. 1846.

et Christine, la reine Isabelle devait épouser un des fils de don François de Paule, et l'infante Luisa le duc de Montpensier. Mais ce second mariage, désiré seulement pour des raisons de fortune, n'aurait lieu que plus tard, et quand serait né un héritier du trône d'Espagne (1).

Aberdeen ne paraît pas avoir fait d'objections. Mais Peel dut en faire, car au second voyage d'Eu, au début de septembre 1845, la reine Victoria et Aberdeen demandèrent des précisions. Au sortir de l'entretien, le ministre écrivit à Peel que Guizot et Louis-Philippe étaient d'accord pour attendre: « J'ai compris distinctement que ce n'était pas seulement un mariage et un enfant, mais *des* enfants qui étaient nécessaires pour assurer la succession. Il m'a semblé que c'était tout ce qu'on pouvait désirer à présent, et qu'on pouvait sans danger laisser envisager la question du mariage avec un prince français, pour le cas où l'éventualité prévue se produirait. Bien des choses peuvent arriver dans le cours de peu d'années (2). »

Aberdeen ne faisait, en somme, qu'ajourner la solution du problème. A vrai dire, l'autorité nécessaire pour le résoudre commençait à lui manquer. En rentrant d'Eu, il trouva sa situation ministérielle très diminuée. Tous les adversaires de l'entente cordiale travaillaient à répandre, dans l'opinion, la crainte d'une invasion française. On réclamait des armements navals et même des préparatifs militaires. Palmerston ne cessait de répéter qu'il fallait prendre ses précautions, ne pas se fier à la France : « *Fidarsi è bene, ma non fidarsi è meglio* » disait-il (3). Plusieurs membres du cabinet, sir James Graham entre autres, étaient de son avis. Wellington les soutenait. Robert Peel fut aisément gagné à leurs craintes. Aberdeen parla de leurs soupçons à Guizot, pendant le voyage d'Eu.

(1) Bulwer, III, 215.
(2) Aberdeen à Peel, 6 sept. 1845, *Queen Victoria letters*, II, 44. Cf. Guizot à Bresson, 19 septembre, Guizot, VIII, 226.
(3) A son frère, 6 sept. 1845 ; Ashley, I, 491.

« C'est ridicule, répondit-il. Le Havre est à la merci de l'Angleterre, qui pourrait le bombarder et le détruire avec deux navires à vapeur (1). » De retour à Londres, Aberdeen eut tant de peine à faire partager autour de lui sa confiance dans l'entente, qu'il aima mieux offrir à Peel sa démission: « C'est ma conviction délibérée et ferme, dit-il, qu'il y a moins de raisons aujourd'hui qu'il y a quatre ans de se méfier du gouvernement français et de douter du maintien de la paix... Il me semble que nous agissons actuellement sous l'influence d'une panique. » Peel refusa la démission, qu'il tenait pour « irréparable ». Et il en référa à Wellington. Le vieux « duc de fer » restait partisan de l'alliance avec la France, mais comme on l'entendait en 1815, « avec quelque précaution contre le danger d'hostilité de sa part ». Il s'attendait à la guerre, probable de plus en plus, certaine en cas de mort de Louis-Philippe, « parce que le sentiment dominant dans l'âme des Français est une implacable hostilité. Nous ne pouvons changer leurs sentiments », ajoutait-il (2).

Peel parvint, non sans peine, à calmer le différend. Mais les adversaires d'Aberdeen, dans les Chambres et ailleurs, en furent encouragés. Au Foreign Office même, les anciens amis et partisans de « Palm » brûlaient de reprendre les traditions de fierté et même d'arrogance de 1840. Ceux des diplomates, anglais et autres, qui croyaient bon de faire leur cour aux souverains et d'être agréables au futur ministre en soutenant à Madrid les chances d'un prince de Cobourg, recommencèrent à y travailler. Le 2 novembre 1845, au cours d'une conversation sur l'Espagne, Brünnow, l'ambassadeur de Russie à Londres, dit au comte de Jarnac, chargé d'affaires français: « On voit bien comment finira cette question du mariage de la Reine : elle épousera le jeune prince de Cobourg. L'Angleterre sera contente, vous aussi, et tout le monde avec vous. » Et

---

(1) Aberdeen à Peel, 8 sept. 1845 ; Parker, *Peel papers*, I, 402.
(2) Parker, I, 405. Stanmore, *The Earl of Aberdeen*, 175.

comme Jarnac protestait: « Oh! reprit Brünnow, lord Aberdeen ne veut pas non plus de cette combinaison, mais elle se fera à son insu (1). » En même temps, on apprit à Paris que le prince Léopold allait faire un voyage à Lisbonne, près de cette cour du Portugal, d'où l'on avait, une fois déjà, tâché de préparer son mariage avec Isabelle. Guizot, inquiet, envoya Jarnac aux informations chez Aberdeen. Le ministre ne savait rien, mais il fit une démarche auprès du prince Albert, et au retour, dit à Jarnac: « Je puis vous répondre, sur ma parole de *gentleman*, que vous n'avez rien à craindre de ce côté (2). » Aberdeen était la loyauté même; mais qui pouvait répondre de son successeur? Le cabinet conservateur était très ébranlé. Cinq semaines plus tard, la nouvelle de sa retraite parvenait aux Tuileries. Elle y jeta la consternation. Aux premières nouvelles, Louis-Philippe, tremblant pour le sort de l'entente, écrivit à la reine Victoria, faisant appel à ses sentiments et à ceux du prince Albert, demandant même leur « assistance » personnelle. Il ne disait pas contre qui, mais il était facile de lire, entre les lignes, le nom redouté de Palmerston (3).

Le danger passa pour cette fois. Lord John Russell, appelé pour remplacer Peel, ne put former le ministère, lord Grey ayant refusé d'y entrer, si les Affaires étrangères étaient confiées à Palmerston, qui ne voulait pas d'autre portefeuille (4). Après quelques jours de crise, le cabinet conservateur rentra en fonctions, et Victoria, pour le premier de l'an 1846, envoya cette bonne nouvelle à Louis-Philippe (5).

Avant la crise, Guizot se plaignait déjà de ne pouvoir obtenir de l'Angleterre, contre la candidature Cobourg, le « *non positif* » qu'il avait lui-même donné contre le mariage

---

(1) Guizot, VIII, 235.
(2) Guizot, *ibid.* ; Stanmore, 177.
(3) Louis-Philippe à Victoria, 16 décembre 1845, *Queen Victoria letters*, II, 57.
(4) Ashley, I, 492.
(5) *Queen Victoria letters*, II, 70.

d'Isabelle avec un prince français. Il soupçonnait, non sans raison, que Marie-Christine voulait, pour sa fille, un époux moins médiocre, à tous égards, que son oncle Trapani ou l'un de ses cousins, et n'avait pas renoncé à obtenir Montpensier par crainte de Cobourg ou Cobourg par crainte de Montpensier. Les chances de Trapani, déjà faibles, étaient réduites à rien par la chute du ministre Narvaez, son principal avocat auprès d'Isabelle. Celles de don Francisco ou de don Enrique paraissaient nulles. Cobourg n'allait-il pas reparaître? C'était la crainte, sans cesse exprimée par l'ambassadeur de France à Madrid, Bresson, celui-là même qui, en 1830, avait fait, à Bruxelles, élire Nemours pour faire échec à Leuchtenberg.

Bresson était actif, entreprenant, très désireux de réussir, inquiet surtout d'être joué par son collègue britannique, Bulwer, qui de son côté le soupçonnait de toutes sortes d'intrigues ténébreuses. Bresson interrogeait souvent Christine sur ses intentions définitives, il n'obtenait que des réponses captieuses et contradictoires. Dans l'hypothèse d'une décision brusque, qui l'obligerait d'accorder Montpensier ou de subir Cobourg, il souhaitait une autorisation, au moins tacite, d'agir comme il avait fait en Belgique quinze ans auparavant. Guizot finit par être gagné par ces instances. Mais il ne voulait pas agir à l'insu d'Aberdeen, si loyal envers lui dans toutes les circonstances. Il fit donc venir Jarnac à Paris et lui remit, pour le gouvernement britannique, un document, connu sous le nom de *memorandum* du 27 février 1846, et destiné, dans sa pensée, à prévenir toute surprise. Constatant que la reine Isabelle et sa mère ne paraissaient pouvoir se décider en faveur d'aucun des descendants de Philippe V, il exprimait la crainte d'un retour au projet Cobourg. Le prince Léopold était à Lisbonne ; on parlait de son prochain voyage à Madrid. Si les soupçons qu'inspiraient ces nouvelles étaient fondés, et que le mariage devînt « probable et imminent », Guizot se tiendrait pour délié de l'engagement pris à Eu, et « libre d'agir immédiatement pour parer le coup en demandant la main, soit de la reine, soit de l'infante, pour le duc de Montpensier » (1). En conclusion, il demandait le concours formel de l'Angleterre pour faire en sorte que la reine épousât un descendant de Philippe V, et empêcher que l'infante fût mariée, soit à Léopold de Cobourg, soit à un autre prince étranger à la maison d'Espagne. C'était bien là le « *non* positif » que Guizot cherchait à obtenir depuis si longtemps.

Contre cette déclaration, assez inattendue en somme, et qui pouvait paraître inquiétante, Aberdeen n'éleva aucune protestation. Robert Peel et Victoria, à qui, sans aucun doute, elle fut communiquée, ne semblent pas avoir protesté non plus. Quand plus tard Palmerston prétendra n'en avoir pas eu connaissance, ni Aberdeen, ni Peel, ni la reine, n'interviendront cependant pour le contredire. Il règne, sur ce point assez important, un doute qu'on peut trouver singulier. Le plus vraisemblable est qu'Aberdeen, pris entre les engagements contractés envers Guizot et le désir de ne pas contrarier outre mesure la préférence secrète de la reine et du prince Albert pour Léopold de Cobourg, aurait souhaité une solution moyenne. Si la reine épousait Montpensier, ne pouvait-on unir l'infante avec le prince de Cobourg, ou inversement? C'était le vœu de Christine, que Bulwer, le 28 mars 1846, transmit à Aberdeen de sa part. Celui-ci communiqua aussitôt la proposition à Guizot, sans vouloir la prendre à son compte, mais en termes assez sympathiques, et en garantissant la sincérité de Bulwer. Mais l'offre demeura sans réponse (2).

C'est alors que Christine, mise sans nul doute au courant par Bulwer, se décida à faire, d'accord avec lui, une démarche qu'elle croyait décisive (3). Elle écrivit au duc régnant de Saxe-Cobourg, alors à la cour de Lisbonne, pour lui demander

(1) Guizot, VIII, 254.

(2) Guizot, VIII, 258. Il est remarquable que Bulwer, au tome III de sa *Life of Palmerston*, ne parle pas de cette démarche.

(3) C'est là ce que Stockmar (*Mémoires*, II, 156), et Th. Martin (*Life of Prince Consort*, I, 351), représentent comme un piège tendu à l'An-

si, dans le cas où la reine désirerait épouser le prince Léopold, ce choix serait approuvé par la famille et si la reine d'Angleterre « aiderait à mitiger d'injustes ressentiments ». Bulwer avait peut-être contribué à rédiger la lettre. Du moins, il se chargea de la transmettre et de plaider la cause de Christine à Londres. Sa lettre à Aberdeen contenait tout un plan d'action : changer le ministère espagnol, trop lié avec Bresson, convoquer les Cortès ; leur proposer le mariage Trapani, qui serait refusé sûrement ; mettre ensuite Léopold en avant, et aussitôt le vote acquis, célébrer le mariage. Après quoi, on informerait du « fait accompli » le gouvernement français, et l'on adoucirait sa mauvaise humeur en offrant un mariage immédiat de l'infante avec le duc de Montpensier (1).

Cette fois, Aberdeen fut très net, et Robert Peel plus encore : il fallait désavouer cette intrigue. Rappelant ses engagements réitérés envers la France, le ministre écrivit à Bulwer qu'il entendait n'être pas démenti par ses agents : « J'ai averti le gouvernement français, et j'ai ajouté que vous aviez agi sans mes instructions et entièrement à mon insu, mais que nos propres vues et opinions n'avaient subi aucun changement (2). »

Louis-Philippe et Guizot se montrèrent touchés de cette loyauté. Le prince Albert ne put que l'approuver. Mais quand il reçut de Lisbonne la lettre de Christine et la demande d'avis de son cousin, sa réponse fut un peu moins nette. Il blâmait Bulwer d'avoir, en se mêlant à l'affaire, donné « une juste raison de plainte à la France ». Il conseillait de répondre négativement à Christine, mais sans renoncer à l'espoir que le projet pourrait renaître, quand toutes les autres combinaisons auraient échoué par la résistance de l'Espagne (3). Aberdeen

gleterre et devant permettre à Guizot de se départir des engagements d'En. Ce machiavélisme, encore admis par l'éditeur des *Lettres* de la Reine Victoria, est complètement rejeté aujourd'hui par les historiens anglais.

(1) Stanmore, *The earl of Aberdeen*, 165 ; Bulwer, III, 190.
(2) Stanmore, 166.
(3) Th. Martin, *Life of Prince Consort*, I, 351-352.

dut sentir que Bulwer n'avait pas tout à fait déplu, car il répondit à son offre de démission par un refus aimable (1). Même quand l'ambassadeur d'Espagne vint, un peu plus tard, lui demander si l'Angleterre aiderait la reine à résister aux instances de la France qui voulait lui imposer un des princes de Bourbon, il répondit que le choix d'un autre prince ne causerait à Londres « aucun déplaisir » (2).

Guizot n'eut pas connaissance de toutes ces démarches et il continuait à se louer de la cordialité de son collègue britannique. En fait, et il s'en rendait compte, la France avait regagné en Espagne, depuis 1840, beaucoup d'influence, et il n'est pas contestable que c'était au détriment des intérêts britanniques. Quand on faisait, dans la presse whig, le bilan de l'entente cordiale, les avantages acquis par la France y apparaissaient à peu près seuls. Pendant longtemps, Aberdeen avait pu faire une réponse victorieuse : si la France dominait en Espagne, en Grèce le parti anglais était au pouvoir (3). Mais là aussi, la situation venait de changer, et Aberdeen ne se le dissimulait plus.

Après la crise de 1840, la France avait perdu beaucoup d'influence à Athènes. On avait compté sur elle, en Grèce, pour faciliter la cession de la Crète au royaume hellénique, au moment où le traité du 15 juillet forçait Méhémet-Ali de l'évacuer. Mais Palmerston y avait mis son *veto*, et la France l'avait laissé faire (4). Après la chute des whigs, le cabinet Peel avait conservé, à Athènes, le ministre de leur choix, sir Edmond Lyons. Celui-ci, continuant la politique de Palmerston, travailla vigoureusement à transformer la monarchie d'Othon, jusque-là à peu près absolue, en un régime constitutionnel. Si peut-être il ne prit pas une part directe à la révolution pacifique

(1) Bulwer, III, 226.
(2) Note du 26 juin 1846 au duc de Sotomayor (*Correspondence relating to the Marriages of the Queen and Infanta of Spain*).
(3) Sainte-Aulaire à Guizot, 3 mai 1844 (Thureau-Dangin, VI, 185).
(4) Driault, *Hist. diplomatique de la Grèce*, II, 215-220.

qui, le 15 septembre 1843, força le roi d'accorder la convocation d'une assemblée nationale, « il se donna pour politique d'accaparer la révolution comme s'il l'avait faite ». Quant à la France, elle se contenta pendant assez longtemps de témoigner à la Grèce, par l'organe de Guizot, « une sympathie tutélaire un peu pédante » (1). Aberdeen en montra beaucoup de satisfaction, et les deux ministres prescrivirent d'un commun accord à leurs agents respectifs de s'unir entièrement pour respecter, de la manière la plus absolue, l'indépendance de la Grèce constitutionnelle. Dans le gouvernement provisoire, constitué après la réunion de l'assemblée nationale, on vit figurer Mavrocordato, ancien ministre à Londres, et chef de l'ancien parti « anglais », à côté de Colettis, ancien ministre à Paris, ami personnel de Guizot et dont les sympathies françaises étaient connues de tous. Le cabinet, définitivement constitué en 1844, fût même présidé par Mavrocordato, dont Lyons devint le conseiller permanent et quasi-officiel. Mais de nouvelles élections eurent lieu, qui renversèrent le « parti anglais » et portèrent au pouvoir Colettis, peu favorable à l'Angleterre et ennemi déclaré de Lyons. Guizot prit aussitôt la défense de Colettis auprès d'Aberdeen. Il écrivit à son ministre à Athènes, Piscatory : « J'ai beaucoup agi à Londres. Je continue. Je crois que je réussirai à détruire toute confiance dans Lyons. »

L'ancien commodore ne se laissait pas faire, et il entama une véritable guerre d'influence avec Piscatory, qui tourna bientôt à l'avantage de celui-ci. Le général inspecteur général de l'armée, nommé Church, qui était d'origine anglaise, fut destitué, malgré les protestations d'Aberdeen. Le duc de Montpensier vint à Athènes en septembre 1845 et fut accueilli très chaleureusement. Colettis refusa de réduire les effectifs militaires pour reprendre le service des coupons de la dette, réclamé impérieusement par les porteurs anglais, et Guizot approuva sa résistance ; même il consentit à une nouvelle avance d'un million

(1) Driault, II, 242 et 247.

en capital (1). Au début de 1846, l'école française d'Athènes fut inaugurée en grande pompe. « M. Lyons est battu à plate couture » écrivait Thouvenel, alors secrétaire de légation à Athènes (2). Mais au delà de Lyons, cette « victoire » atteignait l'Angleterre. Guizot en prenait assez aisément son parti. Il semblait oublier que si la patience et la modération de lord Aberdeen, sa volonté de maintenir intacte l'entente cordiale n'avaient guère de limites, la durée du ministère Peel en avait de très proches. Du jour où Aberdeen ne serait plus là, une réaction très vive de l'orgueil britannique était à craindre, à Athènes comme à Madrid.

II

Le 25 juin 1846, Robert Peel, mis en minorité aux Communes par une coalition des radicaux et des protectionnistes, donnait sa démission. Le lendemain, lord John Russell formait un cabinet whig, où cette fois lord Palmerston prenait le portefeuille des Affaires étrangères, lord Grey ayant retiré l'opposition qu'il y avait faite quelques mois plus tôt. Le nouveau ministère était assez faible et désuni. Sa majorité était mince, et il n'avait guère d'appui à la cour. La reine ne se cachait pas du regret que lui causait la retraite de Peel et surtout d'Aberdeen (3). Elle se rendait compte que le retour de Palmerston serait très mal vu en France, et elle souhaitait une prochaine entrevue avec Louis-Philippe pour effacer cette mauvaise impression. Palmerston lui-même sentait que l'animosité des Français contre lui, et celle qu'on lui connaissait à leur endroit, pouvait le gêner. Il avait eu soin, l'année précédente,

(1) *Id.*, 280-90.
(2) Thureau-Dangin, VI, 193.
(3) Victoria à Léopold Iᵉʳ, 7 et 14 juillet 1846. Q. *Victoria letters*, II, 87 et 89.

de se mettre en rapports suivis avec Thiers, lors d'un court séjour que ce dernier avait fait à Londres. Puis, en avril 1846, il avait fait le voyage de Paris, s'attachant à conquérir les sympathies de l'opposition, celles de Thiers surtout, et à désarmer les méfiances, même celle de Louis-Philippe, à qui il adressa une lettre très déférente lors d'un attentat auquel le roi venait d'échapper (1). Il revint à peu près sûr qu'en France un parti important le soutiendrait, et l'aiderait, au besoin, à renverser Guizot.

Celui-ci ne se dissimulait pas qu'il allait retrouver en face de lui un adversaire résolu. Mais il croyait sa propre situation meilleure. D'abord, à son avis, si la rupture de l'entente survenait, c'est à Palmerston, non à lui-même, que tout le monde, en Angleterre, l'attribuerait. Ensuite, les attaches connues du ministre anglais avec le parti avancé d'Espagne ne pouvaient que mettre en défiance les deux reines et le gouvernement de Madrid. En tout cas, il était bien décidé à engager la lutte: « Ce ne sera pas moi, écrivit-il à Londres, qui livrerai l'Espagne à lord Palmerston (2). » Quant à la question des mariages, son parti était pris, et il écrivit à Bresson, dès le 5 juillet: « Entrez sans hésiter dans la voie que le duc de Rianzarès nous a ouverte le 28 juin: le duc de Cadix pour la reine et le duc de Montpensier pour l'infante... Poussez décidément le duc de Cadix, et placez le duc de Montpensier à côté de lui (3). » Il n'était plus question, comme dans l'arrangement d'Eu, d'attendre la naissance d'héritiers du trône d'Espagne pour faire le mariage du duc de Montpensier, et à cet égard, Guizot s'écartait sensiblement, quoique d'une façon implicite, des engagements pris envers Victoria et Aberdeen.

Ce que Guizot ne pouvait ou ne voulait dire, le directeur des affaires politiques, Desages, et le duc de Glucksbierg, premier

(1) *Revue rétrospective*, 188.
(2) Guizot, VIII, 287.
(3) *Id.*, VIII, 286.

secrétaire de Bresson à Madrid, le disaient, paraît-il, dans des lettres qui accompagnaient celle de Guizot. Du moins c'est ainsi que Bresson l'entendit, et il confia aussitôt à la reine Christine que Louis-Philippe consentait, « dans toute combinaison Bourbon » à ce que le mariage du duc de Montpensier avec l'infante fût célébré — ou du moins déclaré — en même temps que celui de la reine. En outre, il faisait secrètement agir la presse espagnole en faveur du duc de Cadix (1).

A l'heure où Guizot s'était décidé à « lâcher la bride » à Bresson, il était au Val-Richer, occupé, en apparence, à préparer sa réélection, et peu soucieux, sans doute, de rentrer à Paris où le roi lui reprendrait aussitôt la direction de l'affaire d'Espagne. Il faut rendre cette justice à Louis-Philippe qu'il fit preuve, dans la circonstance, d'une fermeté et d'une droiture qui l'honorent. Attribuant, ou feignant d'attribuer la déclaration faite à Madrid à un excès de zèle de Bresson, il exigea, par trois lettres successives (2), qu'un désaveu immédiat, formel, et par écrit, fût transmis à la cour d'Espagne: « Je n'ai jamais trompé personne, disait-il, et je ne commencerai pas aujourd'hui à laisser tromper qui que ce soit sous mon nom. » Guizot tardant à lui envoyer la formule de ce désaveu, il la rédigea lui-même. A vrai dire, il ne s'en tenait plus tout à fait aux termes de la convention d'Eu, qui exigeait, avant le mariage Montpensier, la naissance d'héritiers du mariage de la reine. L'esprit de la promesse était un peu oublié. La lettre, du moins, était respectée. Point de *simultanéité*. Le roi, là-dessus, était formel. Guizot l'était beaucoup moins. A cette date, il était sans nouvelles de Palmerston, et ce silence lui semblait de mauvais augure. Pourquoi désavouer Bresson, quand il suffisait de le contenir ? Il n'obéissait donc qu'à demi, et même s'efforçait de gagner le roi à ses propres vues, quand une lettre de Londres lui parvint, où il vit aussitôt sa propre

<hr>

(1) *Revue rétrospective*, 181-82.
(2) Deux du 20 juillet, une du 24. *Revue rétrospective*, 182-183.

justification, et le moyen de lever les scrupules de Louis-Philippe.

Dans un entretien avec le comte de Jarnac, le 20 juillet, Palmerston avait donné lecture et copie d'instructions qu'il venait d'adresser à Bulwer. Énumérant les prétendants possibles à la main de la reine d'Espagne, il nommait en première ligne le prince de Cobourg, puis les ducs de Cadix et de Séville, sans faire d'objection à aucun des trois. Il se livrait ensuite à une longue série d'accusations politiques contre le parti au pouvoir en Espagne, et invitait Bulwer à les faire parvenir à « tous ceux qui ont le pouvoir de remédier aux maux actuels » (1).

Cette démarche, assez mal calculée, était surprenante. On l'a attribuée seulement au désir qu'avait Palmerston de dire leur fait, d'une façon indirecte, aux *moderados* de Madrid, qu'il détestait, sans attacher à l'affaire des mariages une importance particulière (2). En réalité, c'était pour lui l'essentiel. Il venait d'apprendre, par une dépêche de lord Cowley, que Louis-Philippe s'opposait absolument au mariage Cobourg. Guizot, recevant l'ambassadeur après l'audience royale, avait même menacé de mettre Montpensier en avant pour la reine. Cowley disait encore qu'il y avait pour cela un arrangement secret avec Narvaëz, alors à Paris (3). Palmerston, déjà naturellement si enclin à la méfiance, avait donc voulu prendre les devants, en excluant Montpensier par prétérition. Mais il allait plus loin, sans le dire à Jarnac. Une lettre personnelle à Bulwer, du même jour, et plusieurs autres qui suivirent, prescrivirent de mettre en avant Cobourg, tantôt pour la reine, tantôt pour l'infante. Mais en tout cas, pour l'une ou l'autre, point de Montpensier. C'était là « le plus important ». L'Angleterre,

(1) Palmerston à Bulwer, 19 juillet 1846. F. O.

(2) Hall, 386.

(3) Cowley à Palmerston, (*private and confidential*), 13 juillet 1846. F. O. Le 20, il signale encore qu'un agent espagnol, Miraflorès, est venu demander Montpensier pour la Reine.

si l'on passait outre, romprait à la fois avec l'Espagne et avec la France (1).

Guizot ne savait naturellement rien de ces intrigues. Mais la dépêche à Bulwer, transmise par Jarnac, suffit à le mettre en éveil. Jarnac avait remarqué que Palmerston, tout en disant qu'une lettre privée accompagnait la dépêche, ne la lui avait pas montrée. Guizot soupçonnait un « complot » et se demandait si Christine n'en était pas. Il le dit au roi, en lui envoyant les pièces, et il insista pour laisser Bresson promettre la *simultanéité* : le succès de Montpensier, dit-il, était à ce prix (2). Mais le roi tenait bon. Il voulait aller directement aux Anglais, prendre l'adversaire « corps à corps » et non par le détour de Madrid. Le 25 au soir, à Neuilly, il vit lord Cowley, et lui dit tout net qu'il ne voulait pas de Cobourg, qu'il en faisait une affaire personnelle. Quant à Montpensier, il n'avait aucune ambition en Espagne, n'irait jamais y vivre, s'il épousait l'infante, et habiterait avec sa femme à Paris, « dans le cercle de famille ». Par son ordre, Marie-Amélie écrivit à Marie-Christine que les deux mariages ne devaient *absolument pas* être simultanés. Le 10 et le 12 août, il s'obstinait encore, repoussait une proposition de Guizot apportée par Glücksbierg, réclamait un désaveu officiel pour Madrid, « une pièce nette et précise, qui ne comporte pas d'*équivocacion* » (3). Il ne céda enfin que le 14 ou le 15, et Guizot finit par lui arracher, à une date que ses *Mémoires* n'indiquent pas, l'autorisation d'écrire à Bresson qu'il « pouvait aller de l'avant » et qu' « en tout cas il serait fermement soutenu » (4).

(1) Palmerston à Bulwer, 19 juillet, 3, 16, 22, 25 août (Bulwer, III, 218-38). Hall, on se demande pourquoi, signale à peine cette correspondance.

(2) Guizot à Louis-Philippe, 24 et 25 juillet: *Revue rétrospective*, 184 et 186.

(3) *Revue rétrospective*, 198.

(4) Thureau-Dangin, VI, 225. L'auteur a eu communication, par la famille de Bresson, des copies de sa correspondance avec Guizot, dont les minutes et originaux, emportés par le ministre en 1848, sont au Val-Richer.

Quelle raison décida ce revirement du roi ? Sans doute eut-il connaissance, de Madrid ou d'ailleurs, des démarches secrètes de Palmerston pour empêcher le mariage de Montpensier et des instances de Bulwer à Madrid en faveur de Cobourg (1). Il semble avoir été influencé, comme en 1830, par l'avis de sa sœur Adélaïde, qui penchait toujours pour les initiatives hardies (2).

Quoi qu'il en soit, Bresson, une fois laissé libre d'agir, consentit à conclure simultanément les mariages des deux princesses, et la nouvelle fut publiée le 4 septembre 1846: la reine d'Espagne était fiancée au duc de Cadix et l'infante Ferdinanda au duc de Montpensier.

L'événement, annoncé par Bulwer dès le 29 août, fut connu à Londres aussitôt qu'à Paris. Le *Morning Chronicle* du 1ᵉʳ septembre donnait déjà le double mariage comme très probable; le 4 il confirmait le bruit répandu, ajoutant que c'était un renouvellement du pacte de famille, la réussite, une seconde fois, de ce que l'Angleterre avait combattu de toutes ses forces au début du XVIIIᵉ siècle, de ce que les victoires de Wellington avaient empêché au XIXᵉ. « Il nous sera permis, ajoutait le journal de lord Palmerston, de ne pas avoir l'hypocrisie d'en paraître satisfaits. » Un peu plus tard, le chef du Foreign Office, dans une lettre à Bulwer, répétait: « Si le gouvernement français persiste à adopter le système d'ambition sans scrupule qui sous Louis XIV et Napoléon dirigea sa politique étrangère,... les relations entre l'Angleterre et la France redeviendront ce qu'elles étaient pendant les règnes de

____

(1) Bulwer y avait travaillé dès le milieu de juillet, avant d'avoir reçu les lettres de Palmerston; (Hall, 390). Stanmore (168), assure que Christine eut communication d'extraits de ces lettres, et les montra à Bresson. On peut noter aussi que Christine avait annoncé à Louis-Philippe l'opposition de Palmerston au mariage Montpensier. Guizot, en envoyant la lettre au roi, ajoute : « Ceci confirme bien mes soupçon sur l'envie qu'ont les Cobourg de ce mariage pour eux-mêmes ». (*Revue rétrospective.* 22).

(2) R. Arnaud, *Adélaïde d'Orléans*, 348.

Napoléon et de Louis XIV » (1). Au chargé d'affaires de France, il dit qu'à Paris on ne voulait plus « ni de cordialité, ni d'entente ». Il fit entreprendre, par le *Morning Chronicle*, une campagne contre Guizot et Louis-Philippe, qui bientôt tourna à l'injure et à la diffamation. Non seulement le roi des Français était accusé d'avoir manqué à sa parole, mais on prétendait qu'il avait fait décider le mariage de la reine d'Espagne avec don Francisco, sachant que ce dernier était incapable d'avoir des enfants, et en vue d'assurer la succession à ses propres descendants. Bientôt le reste de la presse, qui avait d'abord montré plus de sang-froid, se rallia au *Chronicle*, et très peu de personnes, dans le public britannique, doutèrent de la mauvaise foi et de l'ambition tenace imputées aux Français.

C'est alors qu'apparut l'inconvénient et le danger de la politique suivie à Paris depuis 1841. On avait négligé de donner à l'entente cordiale une autre base que des sympathies personnelles de ministre à ministre et de souverain à souverain, soutenues, quand il le fallait, par une majorité parlementaire docile. A présent, on ne pouvait plus compter en Angleterre, pour maintenir l'accord, que sur des influences personnelles, réduites et douteuses. La tactique de Guizot et de Louis-Philippe fut donc de s'en prendre uniquement à Palmerston, et de chercher un appui contre lui dans le ministère et à la Cour. Jarnac fut chargé, auprès de lord Russell, d'une démarche directe, qui tendait à obtenir de lui le désaveu de Palmerston, et qui, assez maladroite en elle-même, ne fit qu'empirer les choses. (2) En même temps, Guizot essayait d'obtenir de lord Aberdeen une justification de sa conduite. Mais l'ancien ministre lui répondit : « Je ne puis comprendre comment on a pu trouver juste ou nécessaire de renoncer aux engagements contractés volontairement avec moi l'an dernier... Vous devez avoir des raisons que je ne connais pas... » (3).

(1) A Bulwer, 16 septembre 1846. Bulwer, III, 247.
(2) Détails dans Thureau-Dangin. VI, 230.
(3) *Revue rétrospective*, 326.

De son côté, Louis-Philippe faisait appel aux sentiments personnels de la reine d'Angleterre. Il chargea la reine Marie-Amélie de faire part à Victoria du mariage de « son fils chéri », assurant qu'elle et le roi pensaient seulement « retrouver dans l'infante une fille de plus ». Louis-Philippe avait fait, la veille, en gage d'affection fidèle, expédier d'Eu un panier de ces mêmes pêches tant appréciées par la reine d'Angleterre en 1843 (1). Victoria, qui dans les premiers jours peut-être, avait repoussé les accusations contre Louis-Philippe, était déjà, au moment où lui parvint la lettre de Marie-Amélie, fort en colère contre lui. Palmerston lui avait dit que Guizot expliquait son acte par la réapparition de la candidature Cobourg. Or elle avait elle-même conseillé, au mois de mai, l'abandon de cette candidature. Depuis, au mois d'août, Palmerston, sans vouloir en proposer ouvertement la reprise, avait essayé, par une lettre qui est un chef-d'œuvre de subtilité, de s'y faire encourager par la reine de quelque manière, et de faire ratifier ainsi l'intrigue que, depuis près d'un mois, il menait secrètement avec Bulwer. (2) N'ayant pas réussi, il nia effrontément, et se défendit d'avoir jamais rien fait qui pût servir d'excuse à Guizot et à Louis-Philippe. Victoria, consciente d'avoir elle-même travaillé contre les Cobourg, et ne sachant rien de plus, se jugea trahie. Le 8 septembre, elle écrivait au roi des Belges : « L'arrangement du mariage de la reine d'Espagne, *couplé avec celui de Montpensier, est infâme...* Guizot a eu le front de dire à Normanby que la désignation de Léopold comme un des candidats avait tout changé... Cela est *trop* fort, puisque *nous* étions assez honnêtes pour *presque empêcher* le mariage de Léopold, qui aurait *pu avoir lieu*, et dont Palmerston, à présent, regrette bien l'abandon (3). » Elle répondit à Marie-Amélie une lettre très froide, où, rappelant

(1) *Queen Victoria Letters*, II, 101.

(2) Palmerston à la Reine Victoria, 19 août 1846. *Queen Victoria Letters*, II, 97. La réponse de la reine manque.

(3) Q. *Victoria Letters*, II, 100.

l'engagement d'Eu et son propre refus « d'arranger le mariage » de Léopold avec la reine d'Espagne, elle témoignait de la « surprise » et du « bien vif regret » que lui avait causé l'annonce soudaine du *double mariage* (1). Le reproche final était justifié. Louis-Philippe et Guizot avaient eu le tort, quand leur inquiétude sur le mariage Cobourg avait repris, de ne pas en avertir la reine Victoria. Sans doute auraient-ils alors été rassurés, et l'intrigue de Palmerston rendue impossible (2). Le silence gardé paraissait maintenant, de leur part, un signe de mauvaise foi (3).

Louis-Philippe, se souvenant de ses hésitations et de ses scrupules, eut le sentiment de l'erreur commise. Il passa trois nuits à rédiger un mémoire justificatif qu'il fit tenir par la reine des Belges à Victoria, afin de détruire, disait-il, « son injuste préjugé » (4). Il soutenait que Palmerston, le premier, avait *dévié* des engagements d'Eu en remettant en ligne le prince de Cobourg; sa propre *déviation*, à lui, consistait dans la simultanéité des mariages. S'il y avait consenti, c'est du jour où il lui avait été « démontré » que ce retard aurait rendu « non seulement possibles, mais probables et presque inévitables, des combinaisons qui auraient marié la reine Isabelle, soit au prince Léopold de Cobourg, soit à quelque autre prince étranger aux descendants de Philippe V ». Il terminait par un plaidoyer éloquent et ému en faveur du maintien de l'entente cordiale.

La reine, pendant quelque temps encore, songea peut-être à un accommodement possible. « J'espère que les dix jours qui

(1) *Ibid*, 101.

(2) Feu M. Paul Cambon nous disait à ce propos : « on pouvait *crever* cela sans rompre l'entente ».

(3) La Reine Victoria comprenait bien du reste que Palmerston avait « mal conduit (*mismanaged* l'affaire ». Elle écrivait au Roi des Belges : « Si notre cher Lord Aberdeen était encore à son poste, tout cela ne serait pas arrivé... Guizot n'aurait pas escamoté *Aberdeen* avec le désir de triompher de lui comme il a fait de Palmerston... C'est *lui* (Palmerston) encore qui *indirectement* nous met en querelle avec la France ». (14 septembre ; *ibid.*, 102.)

(4) *Revue rétrospective*, 16, 22.

viennent nous apporteront une *aurore* », écrit-elle le 21 septembre à la reine des Belges (1). Mais le prince Albert et son confident Stockmar insistèrent pour qu'elle répondît point par point à Louis-Philippe, et se défendît d'avoir, comme le supposait le roi, vu les choses « par la lunette de lord Palmerston ». Elle fit donc, le 27 septembre, une réponse détaillée et assez acrimonieuse, dit qu'elle avait vu les pièces elle-même, jugeait le désaccord *personnel* et extrêmement pénible, et avait le devoir de s'opposer au mariage de Montpensier (2). Une démarche de Jarnac, qui vint lire à lord John Russell, le 1ᵉʳ octobre, un mémoire à peu près identique à celui du roi, n'eut pas plus de résultat (3). L'entente était bien et définitivement rompue. « Je ne puis plus désormais avoir jamais confiance dans le roi », disait Victoria. Toute correspondance fut interrompue entre eux. La reine demanda même au roi des Belges de ne plus aller à Paris, et ce désir fut exaucé (4).

III

Peel, en apprenant la rupture de Victoria et de Louis-Philippe, avait dit: « Maintenant que la bonne entente est détruite, la guerre peut survenir à tout moment (5). » On put croire, pendant plusieurs semaines, que telle était la volonté de Palmerston. Il essaya d'abord de procéder par intimidation à Madrid, pour faire rompre les mariages. Mais le gouvernement d'Isabelle, appuyé sur les Cortès, réunies le 14 septembre, ne céda pas. Une seconde démarche, qu'il prétendait fonder

(1) *Queen Victoria Letters*, II, 105.
(2) *Life of Prince Consort*, I, appendice.
(3) Le Mémoire est aux Archives de l'Ambassade de Londres. Cf. Russell à Victoria, 1ᵉʳ octobre 1846 : *Queen Victoria Letters*, II, 107.
(4) Victoria à Léopold Iᵉʳ, 29 sept. 1846. Q. *Victoria Letters*, II, 106.
(5) *Id., ibid.*

sur le traité d'Utrecht, ne réussit pas davantage. Renouvelée
à Paris, la protestation fut repoussée, presque dédaigneusement, par Guizot (1). Alors, lord Palmerston se laissa entraîner à des procédés qui peignent son caractère, et qui, s'ils
n'étaient demeurés secrets, auraient pu avoir de redoutables conséquences.

Il croyait se souvenir que Louis-Philippe, en 1810, avait
essayé de se faire agréer comme roi par les Cortès espagnoles,
au moment de l'insurrection contre Joseph Bonaparte, et qu'il
avait été écarté par le gouvernement provisoire, pour un motif
tiré des traités d'Utrecht. Il ordonna, le 18 septembre (probablement le jour où il connut l'existence du mémoire adressé
par Louis-Philippe à Victoria), de rechercher aux archives
les documents de cette époque. Il n'y trouva pas ce qu'il cherchait; le duc d'Orléans avait bien fait, en 1808, la demande
d'être autorisé à séjourner en Espagne, mais l'opposition était
venue de l'Angleterre, et non des Espagnols. Par contre, il
découvrit un grand nombre de lettres de Louis-Philippe, qui,
répondant à des soupçons d'ambition personnelle, protestait
de son dévouement à la branche aînée en des termes que sa
conduite en 1830 avait bien démentis. D'autres lettres du
prince témoignaient avec précision des obligations pécuniaires
qu'il avait au gouvernement anglais et de sa docilité envers
lui. Palmerston donna l'ordre de faire des extraits et des copies
de ces pièces, d'en composer deux mémoires qui lui seraient
soumis et imprimés ensuite, pour l'usage du cabinet britannique.
Il revit plusieurs fois les manuscrits, corrigea les épreuves, et
ayant consacré à cette affaire, qu'il disait *très pressée*, beaucoup de temps et de soin, il fit envoyer, le 17 octobre, les deux
recueils à la reine, à ses collègues du cabinet et aux agents
diplomatiques anglais dans toutes les cours européennes (2).

Quelques-unes des pièces qui composent ces mémoires

(1) Détails dans Thureau-Dangin, VI, 253.
(2) F. O., *State papers*, 148, vol. 772.

offraient, ce qui est assez remarquable, beaucoup de ressemblance avec des documents dont la publication avait été annoncée en 1834 à Londres, par une aventurière surnommée la *Contemporaine*, et qui avaient paru depuis à Paris en 1841, dans la *Gazette de France*, puis dans la *France*. Ce dernier journal, poursuivi par le gouvernement de Guizot pour usage de faux, avait été acquitté, bien qu'une grande partie des pièces fussent évidemment fabriquées (1). Mais les documents du Foreign Office, tous autographes, datés et signés, avaient un autre caractère. Il en résultait que Louis-Philippe, en 1808, avait, une première fois, demandé à venir d'Angleterre en Espagne pour y chercher sa mère, alors réfugiée à Figueras. Il y avait été autorisé, et avait cherché ensuite à rester dans la Péninsule, à la tête d'un corps de troupes napolitain. Une seconde fois, en 1810, il avait été appelé par le Conseil de régence d'Espagne à prendre le commandement des troupes nationales en Catalogne. Le ministre d'Angleterre à Palerme avait autorisé son départ. Mais l'accueil qu'il avait reçu en Espagne et sa propre attitude avaient inquiété le ministère britannique et on l'avait obligé à se rembarquer. Dans les deux circonstances, Louis-Philippe avait protesté par écrit, auprès des cours de Naples et de Londres, de la pureté de ses intentions, mais en quels termes! « Mon objet est pur, écrivait le prince, mes expressions sont simples. Jamais je ne porterai de couronne tant que le droit de ma naissance et l'ordre de succession ne m'y appelleront pas. Jamais je ne me souillerai en m'appropriant ce qui appartient légitimement à un autre prince. Je me croirais avili, dégradé, en m'abaissant à devenir le successeur de Buonaparte... J'aspire à être un des instruments dont la Providence se servira pour en délivrer l'espèce humaine, pour rétablir sur le trône de mes ancêtres le roi mon aîné et mon maître... » Et encore: « Je suis lié au roi par tous les

____

(1) Sur cette affaire, v. *Revue rétrospective*, 11-15, et Thureau-Dangin, IV, 435 et suiv.

serments qui peuvent lier un homme et je serais le plus vil des parjures si je pouvais seulement songer à les violer... Il n'y a que des parvenus sans naissance et sans âme qui s'emparent de ce que l'honneur leur défend de s'approprier. » Et le prince ajoutait, avec toute l'imprévoyance de la jeunesse: « J'écris cela parceque *verba volant et scripta manent* (1). »

D'autres lettres, de 1809, rappelaient combien il était « peu Français », protestaient de sa fidélité à la Grande-Bretagne: « Mon attachement pour elle restera le même en quelque lieu que la fortune puisse me conduire, et tant que j'existerai je ne cesserai de faire des vœux pour la prospérité de l'Angleterre, pour le succès de ses armes, et pour que les circonstances me mettent enfin à portée de déployer mon zèle pour la cause glorieuse qu'elle soutient avec tant de persévérance (2). »

On conçoit aisément ce qui aurait pu se passer si Louis-Philippe et Guizot avaient connu la démarche secrète de lord Palmerston. Le ministre anglais avait-il l'intention que les pièces compromettantes pour Louis-Philippe fussent, à Paris, communiquées à la presse ? Rien ne permet de le croire (3). Il est probable qu'il voulait surtout s'en servir pour convaincre les puissances européennes de la duplicité du roi des Français, et les amener à blâmer l'attitude de son gouvernement dans l'affaire des mariages espagnols. Si telle était son intention, il y échoua complètement. Ni à Berlin, ni à Vienne, ni même à Saint-Pétersbourg, il ne parvint à obtenir une déclaration qu'il pût utiliser contre la France. Guizot put tirer avantage de cet échec: « C'est, dit-il, le fruit de six ans de bonne politique: elle nous fait pardonner notre succès, même par les cours qui ne nous aiment pas (4). »

(1) A Canning, 7 septembre; à la Reine de Naples, 8 juillet 1808. F. O., *ibid.*

Au duc de Portland, 12 décembre 1809. F. O., *ibid.* Les mêmes formules sont répétées dans une lettre du même jour à Georges III.

(3) Il avait fait écarter du mémoire les nombreuses demandes d'argent adressées, à l'époque, par le duc d'Orléans aux ministres anglais.

(4) Thureau-Dangin, VI, 260.

Il ne restait plus à Palmerston que d'essayer une vengeance personnelle contre Guizot. Il le tenta à la fin de 1846, quand il crut pouvoir préparer, pour la rentrée des Chambres, d'accord avec l'opposition politique française, le renversement des ministres de Louis-Philippe. C'est à ce moment qu'il entra en rapports avec Thiers, par le canal de l'un des bibliothécaires en chef du British Museum, sir Anthony Panizzi, qui était l'ami intime de l'ancien ministre. Bien qu'une partie seulement des pièces de la correspondance engagée à ce sujet soit connue (1), il semble que l'initiative des pourparlers soit venue de Thiers. Il demanda et obtint des documents pour combattre la politique de Guizot et critiquer son exposé de la négociation. Lord Normanby, qui avait remplacé lord Cowley à l'ambassade de Paris, et qui était un homme politique plus qu'un diplomate, eut aussi de fréquents rapports avec le chef de l'opposition. Guizot, mis au courant des menées de son adversaire, entra de son côté, par l'intermédiaire de Mme de Liéven, en correspondance avec quelques-uns des ministres anglais, entre autres lord Clarendon. Un médiateur officieux, Charles Greville, vint à Paris au début de janvier 1847, et une sorte de négociation s'ébaucha qui tendait à renouer, si possible, par dessus la tête de Palmerston, les liens brisés de l'entente cordiale. Mais Thiers vint au travers de cette combinaison; il essaya d'intimider Greville en lui répétant que Guizot avait perdu la confiance du roi, et que Louis-Philippe, trop « poltron » pour braver l'Angleterre, le renverserait bientôt. Puis il avertit Palmerston. Le *Times* révéla l'espèce de mission confiée à Greville, et Palmerston publia sur les mariages espagnols un *Blue book* qui rendit toute conciliation désormais impossible. Dans les der-

(1) Les lettres de Thiers et une partie de celles de Panizzi ont été publiées par Fagan (*The life of sir Anthony Panizzi*) et utilisées par Thureau-Dangin (VI, 180 et suiv.). Les minutes de Thiers, ainsi que les réponses de Panizzi devraient se trouver dans les *Papiers Thiers* à la Bibliothèque Nationale. Nous les y avons cherchées en vain.

niers jours de janvier, Greville rentra à Londres sans avoir réussi (1).

A la rentrée des Chambres, les explications de Guizot avaient été fort bien accueillies par la majorité. Le discours du trône était muet sur les relations avec l'Angleterre. Le duc de Broglie, à la Chambre des pairs, railla justement l'opposition qui, naguère furieuse contre un ministère « esclave de l'Angleterre », lui reprochait maintenant d'avoir « sacrifié l'alliance anglaise ». Guizot fit le récit des négociations à son point de vue, ne parla plus que d'une « amitié générale » avec l'Angleterre et recueillit des applaudissements presque unanimes.

A la Chambre des députés, Thiers, après quelque hésitation, prit la parole, et s'appuyant sur deux dépêches de lord Normanby, publiées dans le *Blue book*, il accusa Guizot d'avoir varié dans son attitude, au sujet du mariage Cobourg, et d'avoir provoqué, sans un motif valable, la rupture de l'alliance anglaise. Guizot se défendit hautement, reconnut « la gravité de la situation », mais ne craignit pas de prendre la responsabilité des conséquences. Quand la discussion de l'adresse fut terminée, il recueillit 248 voix contre 84.

La rupture devenait, de ce fait, en quelque sorte officielle. Elle dégénéra bientôt en querelle personnelle entre Guizot et Normanby. Le ministre avait dit à la tribune que dans une dépêche du 25 septembre, à laquelle Thiers avait fait allusion, l'ambassadeur avait mal reproduit ses paroles. Normanby persista dans ses dires, et les journaux de gauche soutinrent que Guizot avait menti. Un peu plus tard, Guizot ayant reçu une invitation à l'ambassade d'Angleterre, Normanby lui écrivit que c'était par une méprise due à l'erreur d'un secrétaire. Guizot raconta l'histoire, et le jour du bal, donna lui-même une réception; l'affluence fut très grande, tandis que les salons

(1) Toute cette négociation est racontée dans les *Mémoires* de Greville, 2ᵉ partie, II, 426 et suiv., III, 19 et suiv. Elle est longuement étudiée dans Thureau-Dangin, VI, 284 et suiv.

de Normanby demeurèrent presque vides. Il fallut que l'ambassadeur d'Autriche, Apponyi, s'entremît pour arranger cette ridicule affaire.

IV

Jusqu'à la fin de la monarchie de juillet, les relations franco-anglaises devaient rester désormais non seulement froides, mais proprement hostiles. Du moment de sa rupture avec la France, Palmerston commença de soutenir, en Europe, les mouvements nationaux qui se préparaient. Il expédia en Italie lord Minto, pour encourager le pape et le grand-duc de Toscane dans leur politique libérale et nationale. Il protesta contre l'annexion de Cracovie par l'Autriche, que Guizot laissa passer sans même un blâme. Et il chercha partout en Europe à susciter des adversaires à la France. A la fin de janvier 1847, il écrivait à Bloomfield, ministre à Pétersbourg, une lettre confidentielle qui, en même temps qu'elle marque un effort pour se rapprocher de la Russie, représente, de sa part, une sorte d'oraison funèbre de l'entente cordiale avec la France (1) : « Nous sentons qu'une cordiale et intime entente entre l'Angleterre et la Russie est essentielle pour les intérêts des deux pays, et qu'il n'y a rien, dans une politique bien comprise de leur part, qui puisse prévenir ou empêcher une pareille intimité et cordialité. Nous sentons vivement, et nous sommes parfaitement convaincus que si nous sommes dans des termes d'intimité et de cordialité avec la Russie, nous pouvons nous reposer sur sa bonne foi et sa sincérité, et compter sur sa fermeté; car en ce qui concerne nos bons amis et voisins les Français, on ne peut se fier à eux d'une semaine à l'autre ou du soir au lendemain. Même quand ils n'ont pas l'intention arrêtée de

(1) F. O., *private collections, Bloomfield papers*, 29.

tromper, leur inconstance, leur vanité, leur amour de l'esbrouffe (*splash*) font d'eux les plus incertains de tous les alliés.

« Naturellement, c'est notre objet et notre intérêt d'être en bons termes avec la France. L'Angleterre et la France ont beaucoup d'intérêts, commerciaux et politiques, dans le monde entier, qui sont perpétuellement en contact, et une bonne entente entre Paris et Londres est nécessaire pour prévenir que ce contact ne dégénère en collision. Mais quant à faire foi dans le gouvernement français, ou à ressentir aucune réelle confiance en lui, je pense que chacun en Angleterre a eu maintenant les yeux suffisamment ouverts pour qu'il n'arrive à personne de tomber dans cette erreur. »

Comme expression des sentiments personnels de Palmerston, cette lettre est bien en deçà de la réalité ; comme témoignage de l'opinion britannique en général, les termes en sont beaucoup plus justes.

On a pu se demander souvent si la disparition, en Angleterre, de tout sentiment réellement sympathique à la France n'avait pas contribué à la chute du gouvernement de juillet. Les historiens favorables à Palmerston et quelques historiens français également, ont fait remarquer que la rupture complète avec l'Angleterre, en rejetant Guizot et Louis-Philippe dans le camp de la réaction politique, à l'étranger comme en France, leur avait aliéné tout à fait la partie libérale de l'opinion monarchique. D'autres sont allés jusqu'à soutenir que l'ambassade britannique n'avait pas été étrangère à la préparation directe des journées de février. Ce point, qui mériterait une étude spéciale, est trop en dehors de l'histoire de l'entente cordiale proprement dite pour que nous entreprenions de le traiter ici. On nous permettra seulement de rappeler l'attention sur les conséquences que paraît avoir eues, en faveur de la révolution, la rupture *économique* qui accompagna et qui même, sans que le public y prît garde, avait précédé la rupture politique de 1846.

Nous avons déjà eu l'occasion de signaler les conséquences

heureuses qu'aurait pu avoir, pour l'établissement d'un accord durable entre la France et l'Angleterre, la collaboration de l'industrie et du capital britanniques dans l'établissement des chemins de fer français. Guizot, en acceptant de la compagnie anglaise qui construisit la voie de Paris à Rouen, le rôle personnel de distributeur des indemnités d'expropriation dans son département, n'avait pas dédaigné de recueillir le profit électoral que cette collaboration pouvait lui procurer.

Sous cette forme particulière, l'entente cordiale paraissait devoir, après 1841, prendre un nouveau et plus important développement. C'est ainsi qu'en 1842, lorsque fut décidée la construction des grands réseaux, une société avait été constituée, pour l'établissement du chemin de fer de Paris à Tours, entre des ingénieurs et capitalistes de Manchester et un groupe français, présidé par Walvein, maire de Tours, en vue d'obtenir la concession des travaux. Le ministre des Travaux publics Teste, après avoir promis aux demandeurs de leur donner la préférence, s'ils réunissaient en Angleterre les capitaux nécessaires, revint sur sa parole et fit accord avec une compagnie française, qui recueillit aussi des capitaux anglais, mais sous une direction exclusivement nationale. La réclamation de Walvein, portée à la Chambre des pairs, amena une discussion publique et fort instructive. On y apprit que le capital britannique concourrait aussi, pour plus de 50 millions, à la construction du chemin de fer de Lyon (1). La facilité avec laquelle les entreprises françaises de chemins de fer trouvaient le concours des capitaux britanniques engagea le ministère Guizot, lors des élections de 1846, à promettre aux électeurs la construction d'un très grand nombre de voies ferrées. Normanby, qui relate le fait dans une dépêche du 30 juillet 1847, qualifiée de *lumineuse* par Palmerston (2), ajoute que la rupture de l'en-

(1) P. V. de la Chambre des Députés, 1843, vol XIII, annexes, p. III. Chambre des Pairs, 1843, t. IV, 2.581 et suiv.

(2) F. O. *Archives, France, 320, (private and confidential)*. V. ci-après, appendice, N° II.

tente, en retirant aux entreprises françaises le concours de l'industrie et du capital britanniques, n'a pas seulement rendu impossible l'exécution des promesses du gouvernement; elle a empêché, en outre, le développement rapide des entreprises déjà commencées, et déçu l'espérance de s'enrichir que la classe moyenne avait fondée sur cette collaboration.

D'autre part, la réforme douanière de Peel, en 1846, avait ouvert au commerce français l'espoir de voir augmenter rapidement ses exportations en Angleterre sans que le marché intérieur français cessât de lui être réservé. La « rupture complète », conséquence des mariages espagnols, en arrêtant les commandes anglaises, « a détruit la sécurité de la classe qui comptait sur l'alliance pour ses intérêts matériels ».

Si l'on ne peut, au premier abord, accepter sans réserve les observations de l'ambassadeur d'Angleterre, il paraît néanmoins qu'elles contiennent une part importante de vérité. On a pu voir, au cours de cette étude, et malgré les lacunes importantes de notre documentation en ces matières, que le rôle des intérêts économiques avait été, dans l'histoire de la première entente cordiale, assez important pour influencer directement, à plusieurs reprises, les tendances et les actes de la diplomatie. On ne saurait s'étonner qu'ils aient, après la rupture, continué d'exercer cette influence sur l'opinion française et sur la destinée du régime. Faut-il aller plus loin, admettre, par exemple, que si le concours de la finance anglaise eût été plus largement acquis lors de la crise agricole qui, en 1847 et 1848 atteignit presque aux proportions d'une famine, la Révolution en eût été retardée, ou rendue moins redoutable (1) ? On ne peut faire ici que des hypothèses et signaler l'intérêt du problème, en l'absence d'éléments, à nous connus, qui permettent de le résoudre. Nul doute, cependant, que les hommes d'Etat anglais n'aient eu sans cesse, à la fin du règne de Louis-Phi-

____

(1) A la fin de 1846, la Banque de France trouva à Londres, sur dépôt de rentes et à 5 % d'intérêt, un crédit de 1 million sterling (*Compte rendu du gouverneur, 27 janvier 1848*).

lippe, les yeux ouverts sur les embarras financiers de la France, et que Palmerston, quoi qu'il en dise, n'ait vu avec quelque dépit la Russie nous apporter une aide efficace, en acquérant sur le marché de Paris 50 millions de rentes françaises, payables en fournitures de céréales (1).

Une chose est, en tout cas, incontestable. L'alliance des capitaux franco-anglais, que Louis-Philippe et ses ministres avaient parfois souhaitée, n'avait jamais pu se réaliser, tant la timidité du gouvernement était grande à l'égard de l'industrie et de la finance « nationales ». Elle passait cependant, aux yeux des démocrates et des socialistes, pour un fait accompli, et cette conviction déchaînait à la fois, contre la royauté de juillet, les haines sociales et les colères patriotiques. On en trouve un témoignage caractéristique dans le livre que publia, en 1847, un écrivain fouriériste, Toussenel, sous ce titre bizarre: *Les juifs rois de l'époque, ou la féodalité financière*. « J'entends par là, disait l'auteur, tous les *banquiers, marchands d'espèces* », et plus généralement, « tous les liseurs de Bible, qu'on les appelle Juifs, ou Genevois, Hollandais, Anglais, Américains ». Mais c'est aux Anglais qu'il s'en prenait surtout: « Ils sont là, derrière les roches blanches de leur île, un millier de familles au plus, une nichée de vautours que le génie du mal tient attachés sur le flanc de l'humanité pour boire son sang et déchirer ses chairs (2). » Et il montrait les actionnaires des chemins de fer anglais maîtres de la Chambre des Communes, bientôt aussi de la Chambre française. Celle-ci « en votant l'indemnité Pritchard, a déclaré qu'elle tenait moins compte de la vie des soldats français que des intérêts de boutique des trafiquants anglais ». Sous cette influence dominante, pas de politique nationale possible. Le *Journal des*

(1) Palmerston à Normanby, 23 avril 1847 ; F. O. ; à Bloomfield, 2 avril 1847 ; *ibid., Bloomfield papers ; Compte rendu cité du gouverneur de la Banque de France*.

(2) P. 38.

Débats est « un journal anglais imprimé à Paris ». La capitale elle-même « n'est qu'un des comptoirs, qu'un des sièges principaux de la féodalité financière ». C'est « le maintien des privilèges accordés aux grands capitalistes par une législation d'ancien régime qui rive à l'alliance anglaise, source de toutes nos hontes, la France de juillet. Voilà la vérité qu'il faut que tous les écrivains de la presse nationale répètent chaque jour (1). »

Lamartine était plus logique et plus juste en dénonçant, un peu plus tard, le tarif des douanes comme « le livre d'or du monopole », comme « l'évangile du mensonge social et de la cupidité du protecteur », la cause principale de « l'enchérissement de la vie et du travail du peuple » (2). Mais ce « monopole », ce n'était pas, malgré les légendes, pour complaire aux capitalistes anglais que Louis-Philippe et Guizot l'avaient maintenu et même renforcé. Ils avaient au contraire sacrifié la solidité et la durée, sinon l'existence même de l'entente cordiale, à ces puissances exclusivement françaises que nomme Toussenel : « Mines et forges d'Anzin, de Fourchambault, de Saint-Amand, du Saut-du-Sabot, d'Alais, de la Grand'Combe, de Decazeville, forêts de M. le comte Roy et de M. le marquis d'Aligre, raffineries de MM. Perier, Delessert, pâtures à élèves de M. le maréchal Bugeaud, fabriques de drap de MM. Grandin et Cunin-Gridaine (3). » En récompense, le roi et son ministre recueillaient à la fois les rancunes des masses contre « Carthage », et leur haine, aussi puissante et moins aveugle, contre la « féodalité financière ». En donnant pour base à son alliance avec l'Angleterre, non pas seulement l'entente précaire des personnes, mais l'accord permanent des intérêts commerciaux, Louis-Philippe n'en serait pas devenu plus impopulaire. Il eût, à n'en pas douter, conso-

(1) P. 174.

(2) Discours prononcé à Marseille, le 24 août 1847, devant l' « Assemblée du libre échange ».

(3) Toussenel, p. 153.

lidé sa situation extérieure. Et s'il avait compris et suivi l'exemple de Robert Peel et des tories réformateurs, peut-être eût-il aussi trouvé là, en France même, l'occasion de sauver son trône et sa dynastie, en cessant d'en lier le sort à celui d'une classe sociale plus détestée que lui encore, et qui devait, au reste, l'abandonner au jour du danger.

CONCLUSION

Au terme de cette étude, assurément bien incomplète, de la première Entente cordiale, il nous sera sans doute permis de revenir, en conclusion, sur deux constatations déjà faites à plusieurs reprises au cours du récit, et qui nous paraissent avoir, aujourd'hui encore, conservé toute leur valeur.

La première est que l'alliance franco-anglaise, ébauchée en 1830, et poursuivie, avec des interruptions et des traverses, jusqu'à la fin de 1846, a été, bien que restreinte et troublée, profitable aux intérêts généraux de l'Europe et au maintien de la paix.

La seconde est que l'insuccès partiel de cette alliance, ses crises, sa rupture finale, tenaient surtout à son caractère exclusivement politique, au défaut de connaissance réciproque, d'union intellectuelle et morale des deux peuples, et à l'absence de tout accord économique. Si la reprise et le succès de l'entente cordiale ont été différés pour de si longues années, la faute en est à l'*insularisme*, non seulement des Anglais, mais des Français eux-mêmes (1), et aussi à l'antagonisme commercial entre deux puissances pourtant indispensables l'une à l'autre.

---

(1) Cobden écrit en 1846 à John Bright, qui déplorait la rupture : « L'origine de tout le mal vient de la nature combative, énergique, vaniteuse, pleine de dédain pour l'étranger... de cette noble créature insulaire, John Bull ». (Cité par J. Bardoux, *Essai d'une psychologie politique de l'Angleterre contemporaine ; les crises belliqueuses,* 259). Et Sinclair Lewis a noté de nos jours que la France est peut-être de tous les pays civilisés celui où l'on remarque le plus d'insularité dans la masse du peuple, et le moins parmi les esprits cultivés. (*Figaro,* du 4 sept. 1925).

Que conclure de là, sinon qu'une semblable alliance est possible, et à de certains égards nécessaire, mais ne saurait jamais être durable, si elle n'est que l'œuvre des diplomates, et ne se fonde pas solidement, de part et d'autre, sur l'accord des hommes d'affaires et l'entente des hommes de pensée?

APPENDICES

N° 1

(Voir page 234)

H.-L. BULWER TO THE EARL OF ABERDEEN

Paris, Sept. 10. 1841.

My Lord,

...There is this moreover to be said with respect to M. Guizot, viz. that he is the first Minister in his Country, since M. C. Perier, who pursues a system and professes that sort of character which, if not unsuccessful at first, finishes by improving its authority over a nation. Indulgent, as to men. Positive, as to things, moderate in his views, determined in their execution, if he can but pass through the novitiate of office, he is more likely to take root there than any of his Predecessors. .

But much, after all, will depend on accident,—which in this Country has greater influence than in any other, and many events in the ensuing Session may derange the most sensible speculation that can be now formed as to its fortunes.

With respect to ist Foreign Policy, this must in the main be guided by the disposition of the King, the disposition of the Minister for Foreign Affairs, the disposition of the nation.

In one sentiment these all unite—a desire for peace; and I am therefore firmly of opinion, that peace will be the great object with the present Government, to which all will be subordinate, but at the same time it is not to be imagined, that it is the only object.

No ministry in France will ever exist without perpetually struggling to increase the influence of France in Foreign Countries. The difference will be in the manner of so doing.

M. Guizot has his own notions upon this subject, notions in conformity with his pursuits and his disposition, and which are combined with the Policy he would wish to pursue at home.

This Policy teaches him to desire a constitutional Government but to keep the Constitution and the Government strictly respected. He would give the power to the middle classes (there exist no higher in this Country) but to that portion of the middle Classes which is sober, temperate and disciplined.

He thinks that if such a Government on such a foundation could be established it would reestablish the moral influence which he believe to be the real influence of France on the continent, an influence compromised by perpetual follies and perpetual changes of late years : thus restoring to the French that consideration which they once undoubtedly had and now no longer possess. He is for extending this influence not by the army (for which he has none of the respect entertained by M. Thiers) but by alliances, treaties, intercourse.

Germany is the Country which especially attracts his attention because he has studied its literature, has in some respects the mind of its inhabitants, and believe moreover that this alliance between two people, of which the one has wished for and enjoyed every liberty prematurely, and the other is moving slowly and step by step towards liberal institutions, will in some degree steady the movement of ideas in his own country. He wishes, therefore, if possible, to create a propensity in France to look to the public opinion in Germany, and a feeling in Germany favorable to the French character and constitution.

This seems in a certain degree bookish (if I may use such an expression) and theoretical: but it is according to the character of the person of whom I am speaking, and I have the means of knowing that it is precisely in accordance with the language he holds to those he wishes to influence, and that he has taken no small pains to carry it out by forming connexions with the German Press, and dictating the inspirations of French writers.

King L. Philippe looks at, and reasons upon the matters more as a man of the world, but he arrives at the same conclusions. He desires peace as necessary to his Dynasty, and dreads war as likely to produce a state of things too turbulent for his hand to guide. He would wish to be on intimate terms with the German Sovereigns : 1st because thus he has no military Power to apprehend and 2^d because there is something which would be more flattering to his vanity, in the alliance of these absolute Princes, than in that of Sovereigns whose policy may in a greater degree be dictated by their subjects.

In short, the principal desire of the King and his Minister is, as I stated in April and still think, to maintain peace and connect this Country as closely as possible with the former States.

But tho' such is the particular result of the dispositions to be now found in the King, the Ministry and the Country, there are other more permanent influences by which the conduct of France will be always in a certain degree regulated and which ought never to be lost sight of.

In the first place there is the national character of the French people: vain, showy and fonder ever of parading than of exercising power. No King, no minister, no momentary and transient combination of circumstances will alter, though it may modify, this disposition.

Secondly, there is in all states that have played a great part in the affairs of the world, but more especially in this state, a policy of tradition, which it will never forget itself, and which other states would do well also to remember.

I say that this traditional policy is more powerful in this nation than elsewhere, and I say so for this reason, there have, at different periods, been men of great ambition and ability, the absolute rulers of this country, and ruling it according to its passion after glory, who have conceived great plans for its aggrandizement, some of which have been successfully executed.

These plans remain in its archives and have sunk into the minds of generations of official men.

At the head of administration, the permanent and worthy part of which is thus composed, are placed ephemeral ministers, who have rarely bent their attention to the subjects treated of by the departments over which they are suddenly called to preside and who rarely preside over those departments long enough to acquire views from their personal experience.   On the contrary from the first moment of their entry into office everything is presented to them in a certain light, they see all the correspondence conducted in a certain tone, and they rather lose the particular notions they might at first have possessed, than express their own to those with whom they are brought necessarily into contact, and on whom they are for the most part obliged to rely.

I have myself known no inconsiderable number of ministers for Foreign Affairs, their personal intercourse has differed greatly according to their character and their manners, they have been distinguished for the prudence or violence with which they carried out their opinions, but their policy on certain subjects has always been fundamentally the same.

The extension of french influence over Belgium and towards the Rhine,—the predominance of France in the Mediterranean and along the african coast, in Egypt, in Syria, the submission of Spain to her influence and authority,—such are the objects to which no minister, that I know of, from the year 1815 up to the year 1841 (and of course I might go much further back) has ever been insensible ; nor, indeed, could he have been so.

It is not to be presumed therefore that the immediate objects to which I have previously alluded will occasion the abandonment of these other objects, tho' it will and must govern the manner of their pursuit.

The King's personal character will have no inconsiderable influence.

It is one possessing a variety of contrasts of which it may be well to speak.

Remarkably shrewd in dealing with present difficulties, H. M. Louis Philippe is not a person of considerable foresight, and is rather distinguished for the skill with which he extricates himself from difficulties than for the judgement for which he avoids them.

Possessing excellent good sense, and being moreover, as I believe, an honest man, in the general acceptation of that word, he is nevertheless so fond of scheming and intriguing that he will scheme and intrigue for things, which he sees, and which with an curious frankness which forms one of the peculiarities of his character, he will deprecate as useless and impracticable.

A firm adherent, as I have already said, to Peace, he is not only fond of all the paraphernalia of war, large armaments and the like, but he is moreover ambitious and would pursue with zest up to a certain point any plans of national and family aggrandizement. Essentially, in many respects, the citizen, and striking persons of an enterprizing and energetic mind by a certain want of grandeur and elevation of sentiment, He is, nevertheless, not without the qualities which since Louis XIV have been considered the heritage of the Bourbons, nor by any means free from the desire after a high, dignified, influential and even ostentatious position. To be surrounded by great alliances, to possess great power, to live in great pomp, are all agreeable to his character, tho' he professes a contempt for hereditary claims, affects a strong attachment to the middling and moderate courses of life, and is homely and familiar in his manner and conversation. The latter indeed is most remarkable for its ease, its power and its earnestness, its shrewdness and its abundance, and containing a mixture of frankness and of art from the influence of which few persons can escape. Such a character as this, tho' avoiding war, is not fond of tranquillity: it is never turbulent, it is always active: it is not daring and yet it may be deemed ambitious: it is not to be supposed capable of any great folly and yet it is not to be measured by the rules of absolute wisdom.

Thus, while from the present feelings of the monarch, the ministry and the french nation, we may expect peace,—from the natural qualities of the first, the influences acting upon the second, and the permanent character of the third, we are not to expect repose.

All Governments supported Mehemet Ali in Egypt up to the moment when it was necessary to abandon him, or engage in a general conflict with the whole of Europe. So the present Government extends its protectorate over Tunis, sends money to

Syria, has had Agents travelling throughout Greece, has been imposing, by the presence of its fleet near the Balearic Islands, on Spain, and keeps up intrigues in favour of the party over which it has most influence in that country, always moreover reserving for itself a position which places its enfeebled neighbour, even when ruled by an adverse Government, in a certain degree under its authority.

« Mind what you are about! » said M. Guizot the other day to M. Hernandez the spanish chargé d'affaires. « Mind what you are about ! we hold in one hand bankruptcy, and in the other civil war. We have only to demand the money you owe us and you are ruined. We have only to let loose upon you the emigrants whom we retain, and your country is torn to pieces by the factions which you fancy you have subdued ».

In the same manner with respect to Belgium. I do not myself believe that a commercial league between the two countries is to be attempted. This might produce too violent a sensation in England and great dissatisfaction in Germany. But neither on the other hand is the plan wholly abandoned, its justice is maintained, its approach is to be smothered. Throughout the whole course of affairs, in short, there is the same tendency to aggrandizement checked by the same causes for moderation and as long as things remain in this present state, I should say, if I may respectfully express my opinion, that an english minister need entertain no serious apprehensions as to any conduct that might justify or call for war, but at the same time, that he should place no implicit confidence in the assurances which this or any Government may give as to all absence of ambition, though I should be more inclined, I confess, to place such reliance on the present Government than on any other that could be formed.

In a word, in directing our own policy we may feel pretty secure against french hostility, in observing that of France we should be watchful against french intrigues and encroachments, and lastly if I may venture to say anything as to the manner of treating all affairs with this or any other french cabinet, I should say that the utmost firmness of purpose and the utmost courtesy of method, are the best and only permanent means of preserving those friendly relations which it must ever be our policy to cultivate, as long as they can be made compatible with our national dignity and interests.

With respect to the internal condition of the country and the chances it enjoys of tranquillity and prosperity, the conclusion to draw may be difficult, but there are many interesting circumstances to remark.

I have already stated that there is no man and no party in opposition to the Government that can be said to possess popularity. I might make a similar remark as to the persons and parties rallied round the Government. The King moreover, who has hitherto had strong party amongst the Bourgeoisie and the National Guard of Paris, has been extremely discredited by the publication of the famous letters, and more especially by the turn of the law suit instituted against them. Thus there is no individual or body of individuals throughout the Country, to which it can be said that any great portion of the people look up whit reverence, affection or sympathy.

The same may be said, and this perhaps is more remarkable, with regard to ideas or opinions.

I know none at this moment which can be called popular or deeply rooted in the national mind — a general sort of indifference prevails.

The result of such indifference is no doubt uncertain. It may tend to conserve or it may be inadequate to defend the established order of things. But at all events it delivers a good deal to any accident or momentary burst of excitement, which would find nothing in its passage to moderate or arrest its course.

The only two causes for such accident or burst of excitement that one can see at the present moment, tho'. of course in this country we live at the foot of a Volcano, — are the unpopularity of the Census and the scarcity of provisions.

With regard to the first, the conduct of M. Humann who issued his ordonnance without consulting any one of his colleagues, has certainly had very serious effects, and produced a deep and general discontent.

It must be admitted however that the government having got

into this scrape, took the best means of getting out of it, not abandoning the Act, which would have had the worst effects, putting down all violent manifestations againts it, but so explaining, modifying and executing it, as to remove almost all the reasons for which it was opposed.

The Council General (sic) also in giving almost unanimously their sanction to the principles of the measure have been of much service and all fear of any general or violent resistance may now be considered at an end.

As to the scarcity of provisions and high price of bread, that alarm also seems pretty well subsided.

The supply of corn in France, relative to the population, is calculated on an average to furnish a supply of about 250 days more than is required.

The present harvest, tho' indifferent, is not remarkably bad, a large supply remains of last years growth and the prices at present, where the result of the crop through the Country is known, are little more.

There does not therefore, so far as I can see, appear any immediate danger of any of those commotions which have so frequently disturbed this Country, but on the other hand, if any such commotion were to occur, they might have a more perilous character than on some other occasions.

Such is one of the results of that general indifference of which I have spoken. It also has another result to which I shall now allude. The want of any strong moral influence in a country delivers it over very much to that body which is merely the representative of Force. The King is perfectly aware of this, and he relies and leans upon the Army, not merely as a means of government, sanctioned by temporary expediency, but as a permanent system of civil policy.

The power and favor of the Buonapartists, immediately consequent upon his accession to the throne, the elevation of Napoleon's statue on the column in the Place Vendome, the demand for this Warrior's ashes, the occupation of Algiers, the fortifications of Paris, all these things little and great proceed from one and the same idea, that on the army and on the army mainly he must depend. One of his common sayings indeed is, that a Frenchman en bourgeois is the most turbulent animal on the face of the earth, but that in an uniform he assumes an entirely new character, and tho' not always well disciplined as a soldier, is always excellently disciplined as a citizen.

Hitherto (since 1830 at all events) the remark has proved correct, and on all occasions (some of rather a trying character) the soldier has stood firm, and in opposition to various causes and pretexts for discontent, supported the government in whose name he was enrolled.

It is to be remarked however that up to this time, he has been supported by the National Guard. At Toulouse, recently, this was not the case, and should any similar occasion ever occur at Paris, the moment would no doubt be critical, and on it might depend the fate of this nation for some time to come. A reflexion here not without importance almost naturally presents itself.

The King relies on the Army and seems determined on maintaining peace.

Is not one inconsistent with the other, and will not the Military, if necessary to maintain the throne, dictate a contrary policy to the Sovereign? It seems at first sight strange, but one of the principal reasons for Louis Philippe desiring to possess a large Army is that he believes the Army more peaceably inclined than the country from which it is taken.

The country is represented in a great measure by the press, which has nothing to lose by war, and always something to gain by excitement.

In its train are all the active and ambitious young men without any fixed career or employment—the young men in this country always governing the old—while the working classes themselves are foolish enough to imagine that war, by thinning their numbers, will give those who remain higher wages and a greater chance of employment.

But with respect to the Army—if we first look at the ranks, we shall find them filled not by men who adopt the military profession either because they fancy it or because they have no other calling, but because they chanced to select an unlucky number at the conscription.

They are only anxious to return to their unhappy relations

and ordinary pursuits from which war would alienate them altogether.

The officers on the other hand adopting the Army as a profession, feel their lot in life to be fixed, but they are mostly from the middle classes of life, having few wants and little ambition, and are therefore rather disposed to rise slowly and gradually in rank than to risk their lives on the chance of more rapid preferment.

A certain number undoubtedly are of a more ardent and chivalrous disposition, but for these Africa offers honour and promotion and death.

I will not say that this line of argument which is the King's, is completely true, but there is certainly some truth in it.

On no occasion when the Nation has been most excited has the Army displayed any extraordinary or passionate zeal, or given any symptoms of a desire to force the wishes of a government that was for peace.

The state of things I have been describing then, though not perfectly secure and perhaps fully as insecure as at any moment since 1830, does not still present any marked or immediate peril, and my conviction is that as long as this present dynasty is on the throne, that throne is likely to stand. . . . . . .

BULWER.

(F. O., Archives, France, vol. 241, n° 269.)

Nº II

(Voir page ...)

LORD NORMANBY TO VISCOUNT PALMERSTON
(*Private and confidential*)

Paris, July 30. 1847.

[L'année précédente, lorsque lord Normanby est arrivé à son poste, le gouvernement venait d'avoir aux élections un succès sans précédent et les lettres de juillet s'étaient passées dans l'enthousiasme. Tout a changé depuis. Pourquoi ? Parce que le gouvernement avait promis l'établissement de chemins de fer partout, dans la plus petite circonscription, et qu'on attendait de lui les moyens de réaliser le conseil donné : « Enrichissez-vous. » Il est impossible, pour quelqu'un qui n'a pas vécu en France les douze derniers mois, de se faire une idée des abus du patronage ministériel en matière de travaux publics et surtout de chemins de fer. Cela seul probablement a empêché pendant les élections des protestations contre l'alliance anglaise. L'impopularité de Guizot n'est pas venue en effet de cette alliance, c'est son impopularité personnelle qui a eu de l'influence sur l'opinion publique par rapport à l'alliance.]

...The railways, to which every one at that time was looking, not only as the source of national wealth, but of personal aggrandizement, were expected to be assisted by english capital and in some instance directed by english enterprize, any national susceptibility was for the time laid aside.

[Il y a une autre raison, d'ordre commercial :]

...For the first time it has been declared in the english Parliament by the minister that we would made such reductions in our tarifs as were thought desirable without any regard to reciprocity. I cannot pretend that the french people either understood or adopted our theory or intended to follow our example, or had any confidence in its steady aplication by ourselves, but they thought it might be of immediate advantage to them, and they could not deny its disinterestedness, and it, therefore, seemed with many to dispel a too general prejudice, that our interest in the internal welfare of a people is simply in proportion to the importation of cottons and hardware.

[A ce moment, l'alliance paraissait forte. Lord Normanby a été très bien accueilli à son arrivée par le roi Louis-Philippe. Mais ensuite est survenue l'affaire des mariages espagnols. La rupture complète de l'alliance anglaise a détruit la sécurité de la classe qui y comptait pour ses intérêts matériels. Le gouvernement n'a pu tenir ses promesses électorales et a profondément déçu les électeurs. Les scandales politiques ont fait le reste.

Quelle ressource désormais ? Changer de ministère ? Aucun chef de parti ne voudra prendre le pouvoir en laissant au roi l'autorité qu'il a maintenant avec Guizot. Celui-ci consent même à servir les intérêts personnels et dynastiques de Louis-Philippe. Aucun autre que Guizot ne voudra du duc d'Aumale au gouvernement général de l'Algérie, où il va être nommé. Louis-Philippe veut même le faire vice-roi.

Les finances sont mauvaises. Beaucoup de citoyens respectables supportent de lourdes charges, telles que le service de la garde nationale, et n'ont aucun droit politique. Il n'y a pas de droit de réunion, et la liberté de la presse n'est que nominale.]

Considerations of foreign Policy exercise a very different degree of influence upon public opinion in this country and in England. Much dissatisfaction has been felt at the abandonment for merely dynastic objects of useful alliances, to which those most interested in the permanence of the present system were attached certainly—not by sentiment, but from a feeling of security; and still more indignation has been expressed, that the government should have sought new strength in the sympathies of those absolute powers, who are at this moment endeavouring, by threats of force, to repress peaceable movements in favor of liberal reforms in different parts of Europe.

Such being a few of the grievances which are producing political excitement from one end of France to the other, your Lordship will permit me, in conclusion, to say a few words on the present position of the depositaries of power in this country, and of the different feelings towards them of the different classes of Society.

Even in a confidential dispatch to Your Lordship, I feel it to be a delicate matter to comment upon the personal character of the King, and I willingly pass by without notice the popular opinion with reference to His Majesty, because such exaggerated expectations accompanied the mode of his elevation to the throne, that it was not possible but that in his position disappointment must be the result; but it is a fact, upon which I make no comment, but wich exercises a considerable influence upon the present state of affairs, that such has been his conduct in turn towards every statesman whom the system has produced, that there is not one at this moment who retains the slightest faith in his sincerity.

The middle class, in the Society by whom the compromise of 1830 was imagined and maintained, soon lost many of the illusions as to all political effect, and were for some time consoled by the material advantages which comparative tranquillity brought with it; but having been stimulated for party purposes into extravagant speculations, they are now become disaffected upon the complete failure of the hollow expectations, and in this feeling revert to the political deception which, they say, has throughout been practised.

Neither of the extremes of Society ever viewed the revolution of July with very favourable eyes. There exists but a shadow of an aristocracy, with broken fortunes and without privileges, but there is still some of the old french spirit to be found, much improved this time by adversity. Country retirement in their own land has done much more for them than exile in foreign parts formerly did. Many of them exercise a most beneficial influence in their own neighbourhood, and when they come to Paris, they are still the fraction of society the most distinguished for varied acquirements and cultivated tastes. In the Clubs, amongst all the young men, and in the principal salons of reception, the tone in general is hostile to the present state of things. This is shown, amongst the most lively, by open ridicule of the court, and with the most respectable by marked alienation from it.

To turn from this to a much more serious quarter, from which the system is threatened, I will not repeat to Your Lordship any vague rumours as to the spread of Communism, but merely mention one fact, which shows that a dread on this subject has reached the more orderly amongst the Republicans as well as the Government. The Prefet of Police, on the last day of the fêtes, received intelligence that M. Marrast, the Editor of the National, and some of the theoretical Republicans had held a meeting, with some of the chiefs amongst the Communists, and had persuaded them not to venture anything upon the occasion of these fêtes, ostensibly because the time was not come, but really from a dread of the objects of the cooperation connected with this spirit amongst these classes. I heard another fact which is of serious import. There has been, within the last nine months, withdrawn from the saving Banks of Paris sixteen millions of francs. Under all these circumstances, it is not surprizing that the anniversary of the *Three Glorious days* should have struck me as a popular fête without any popular feeling. It is a commemoration of that which is felt by those collected to have been a mockery, a periodical rejoicing at that which is treated as the source of perpetual disappointment. I have mixed with crowds in all parts of the world, and of all colours, as well as of all tempers, and I never saw so little joyous a mass as that amongst which I was on foot, at different periods of the days. This, recollecting the supposed constitutional gaiety of the French character, is more remarkable. I felt it to be a subject for serious reflection, when on the last night, at the time of the splendid fireworks from the Place Louis Quinze, one saw that square, so fruitful in fearful recollections of the past, crowded with thousands, who evidently had no sympathy with the rejoicings on the present, and which might soon exercise so dark and doubtful an influence on the future.

I am not one of those tho' who take the most desponding view of the future; I still think, that if a change of men was accompanied by timely reforms and by a thorough purification of the channels of administration, that the very alarm at the designs of others, to which I have alluded, might induce many to rally round the framework of the present constitution, who would otherwise in theory go further,—but then these reforms, to be successful, must be prompt and sincere.

There are other reasons which may temporarily postpone any catastrophe, without in the same way removing its predisposing causes. The present bounteous harvest may remove immediate pressure from all classes. The army is numerous, well distributed, and as yet said to be well disposed, but this must be the last resource of a dynasty which sprang from a popular insurrection, and should the movement of the people be general, and the throne only defended by the troops, one knows that the ultimate result must be either anarchy or military despotism, and in either case the system which struggled into life within the barricades would leave to posterity no other monument than the fortifications with which it surrounded Paris.

The mobility of the French character always renders it

difficult to speculate upon the future, but I have given Your Lordship, only in too much detail, the grounds upon which I think there is serious cause for uneasiness, in the present state of the public mind, and I have only to beg Your Lordship to accept my sincere apologies, at having been led to do it at such an unconscionable length.

NORMANBY.

(F. O., Archives, France, vol. 320.)

TABLE

ACHEVÉ D'IMPRIMER
POUR F. RIEDER ET Cᵒ
PAR LES ARTISANS
IMPRIMEURS, A PARIS
LE 12 JUIN 1926.

REVUE D'HISTOIRE MODERNE

publiée par la Société d'Histoire Moderne

Comité de Direction :

CHARLES SCHMIDT, Président de la Société d'Histoire Moderne.

LÉON CAHEN, Secrétaire Général de la Société d'Histoire Moderne.

L. BENAERTS — L. FEBVRE — P. RENOUVIN

Secrétaire de la Rédaction : J. CASEVITZ

Les historiens qui s'intéressent aux périodes récentes de l'histoire ont déploré la disparition, causée par la guerre, de la *Revue d'Histoire Moderne et Contemporaine*. La *Revue d'Histoire Moderne* vient combler le vide laissé par un périodique qui rendait aux travailleurs des services incontestables et incontestés. Rétablie sur de nouvelles bases, la *Revue d'Histoire Moderne*, tout en s'inspirant des préoccupations critiques de l'ancienne publication, s'efforcera d'être une manifestation scientifique de collaboration internationale. Elle permettra aux historiens de s'éclairer les uns les autres, de se connaître mieux et de formuler des programmes pratiques de travail.

Prix : **25 fr.**